列島祝祭論

安藤礼二

作品社

列島祝祭論／目次

列島祝祭論

翁の変容

1　来たるべき祝祭学

民俗学と国文学を一つに総合した独創的な学である「古代学」を打ち立てた折口信夫に導かれるようにして、これまでさまざまな「翁《おきな》」を観てきた。

最も狭義の「翁」といえば、能楽の「翁」であろう。どの流派においても、「翁」は舞台をはじめるための特権的な演目として位置づけられている。「翁」は、洗練の極にまで高められてしまった能楽のきわめて古い形態、原初の舞台芸術そのものの在り方を教えてくれる。「翁」は舞であるとともに神事である。この「翁」という演目のみ、演者はその面《おもて》を舞台の上でつける。神聖なのは人間の身体ではなく「翁」の面の方なのだ。しかも「翁」は舞台の上に、相次いで二体登場する。まずは白、そして黒と。舞台を最初に清めるのは、面をつけない若々しい「千歳《せんざい》」である。次いで、能のシテ方が白い「翁」の面をまとい、ゆっくりと厳かに舞う。「千歳」と白い

「翁」が退場してしまった後、能の狂言方が躍動的な「揉《もみ》ノ段」を舞い、黒い「翁」の面をつけ、鈴を手に「鈴《すず》ノ段」を舞う。この黒い「翁」は三番三《さんばそう》（もしくは三番叟）と呼ばれている。黒が白を反復し、黒が白を「もどく」、つまり過剰な「真似」をするのだ。

白と黒、能と狂言、厳粛と滑稽。二つの対立する要素が、良く似た分身であると同時に正反対の姿をもつ鏡像でもある二体の「翁」によって、激しい反復のうちに一つに統合されていく。「翁」とは、文字通り、差異と反復の芸術としてある。人間はそのとき――差異と反復が一つに重なり合い、一つに融け合う瞬間――人間ならざるもの、すなわち人間を超え出た「神」へと変貌を遂げる。しかも、「翁」は洗練された能の舞台を離れ、人里離れた山奥の村々で、無名の人々によって担われ、今日までその荒々しい原初の生命力を保ち続けていた。愛知と静岡と長野の県境、天竜川沿いの村々で現在でも演じられている霜月神楽《しもつきかぐら》、奥三河の「花祭り」、新野《にいの》の「雪祭り」、坂部の「冬祭り」、そして水窪《みさくぼ》の「西浦田楽《にしうれでんがく》」に折口信夫は通い詰め、何ものかに取り憑かれたようにそれら変身の舞を見つめ続けていた。折口は天竜川沿いの村々で演じられている霜月神楽のなかに「翁の発生」、すなわち翁の「原型」を見出したのである。

「もどき」たちが次々と舞を披露した後、神楽のクライマックスには、柔和な「翁」ではなく、凶暴な「鬼」が出現する。人々は、その「鬼」を荒々しい神、つまり「荒神」と名づけていた。「翁」の起源には「鬼」すなわち「荒神」が存在している。それは折口信夫の創見ではない。なによりも能を舞台芸術として大成した室町期の偉大な演者にして理論家である世阿弥《ぜあみ》自身が、自分たち猿楽の徒の起源として「荒神」を位置づけているのである（『風姿花伝《ふうしかでん》』「第四神儀云《しんぎにいわく》」）。世阿弥の娘婿の金春禅竹《こんぱるぜんちく》は、さらに一歩踏み込む。「翁」は「鬼」であり「荒神」であり、それゆえ人は「翁」となることで森羅万象あらゆるものに変身することが可能になる。「翁」によって人は動物、植物、鉱物、さらには自然を構成する諸元素と一つにつながり合うことが可能になる、と(『明宿集《みょうしゅくしゅう》』)。

天竜川沿いの村々に人々を結束させる神楽をもたらしたのが、修験の徒であったことが今日では分かっている。しかも、その修験の徒たちが「荒神」の種子を撒いたのは天竜川沿いの村々だけではなかった。列島の南と北の山岳地帯、たとえば宮崎県の椎葉《しいば》、あるいは岩手県の早池峰《はやちね》。そのどちらにも山伏神楽が伝えられ、神楽のクライマックスには、やはり、荒々しい仮面をまとった山の神すなわち「荒神」がその姿をあらわしていた。「荒神」は胎児のように自らの頭に「胞衣《えな》」をまとい、「母胎」そのものを模した舞台に立ち現れる(椎葉神楽についての井上隆弘の諸論による)。舞台とは、生命を孕む母胎そのもののことであった。人間は自らの手で、生命を生み出す自然を創出しているのだ。人工と自然、精神と物質といった区分は消滅してしまう。

明治の末年、『後狩詞記《のちのかりことばのき》』『石神問答』『遠野物語』という連続する三冊の書物を刊行し、たった一人で民俗学という新たな学問を創り上げてしまった柳田國男。その柳田が、三冊の書物で主題としたのは、平地とは異なった生活を営む「山人」の問題だった。さらには、「山人」と「平地人」の境界の地に出現する、記紀神話には記載されていない異貌の荒ぶる「神」、という問題だった。「山人」は、境界の地で「神」そのものに変身する。その「神」は無名——記紀神話に記載されていない——であることによって、逆に無数の名前をもっていた。道祖神、山神、荒神、姥神《ウバガミ》、子《ネ》ノ神、子安、石神、そして「サグジ（シャグジ）」……。折口信夫は、そうした柳田のヴィジョンに震撼させられ、自らの進む道を民俗学に定めた。

もちろん今日では、柳田が当初抱いていた山人＝列島の先住民説は否定され、折口のいう「翁の発生」も中世までしか遡ることはできず、折口が幻視した「古代」までは到底届かないことが明らかにされている。しかし、柳田の『後狩詞記』が問題としていたのは宮崎県の椎葉に伝わる狩猟儀礼と「山の神」の問題であり、同じく『遠野物語』の各所に出現する異形の山人たちの故郷は岩手県の早池峰だった。いずれも聖なる山と俗なる平地の「中間」に位置する境界の場所だった。そして先述したように、椎葉にも早池峰にも、「荒神」あるいは「山の神」に自ら変身していく修験者たちの神楽が伝えられていた。

結局のところ、列島の山人とは、山の信仰をその身をもって生き抜いていった人々、修験者たちのことだったのである。柳田國男と折口信夫は、まったく同じ「翁」と「荒神」という主題に、まったく異なった立場からアプローチし、それぞれの学を深めていったのだ。だから、表面的な対立を乗り越えて、柳田國男の民俗学と折口信夫の古代学を、「翁」と「荒神」をめぐる祝祭学、すなわち「翁の発生」をめぐる来たるべき祝祭学として組織し直すことは充分に可能だと思われる。柳田の探究の帰結として位置づけられる常民論ではなく、柳田の探究のはじまりに位置づけられる山人論。さらにはその山人論を引き継ぎ、放浪する乞食《こつじき》としての芸能者《ホカヒビト》と即位する王者としての天皇《ミコトモチ》を二つの極として完成した折口の芸能論。その二つの学を、最も創造的なかたちで一つに結び合わせなければならないのだ。その交点に立ち現れてくる来たるべき祝祭学は、「翁の発生」を媒介として芸術学と歴史学を一つにつなぐ。

それでは、「翁の発生」の射程は、一体どこまで届くのか。その範囲を確定するためには、「花祭り」に代表される天竜川沿いに残された霜月神楽の源泉にまで遡っていく必要がある。それは同時に柳田民俗学のはじまりに位置づけられる『石神問答』と折口古代学の一つの帰結として位置づけられる「大嘗祭の本義」に一つの総合を与えることにもなるだろう。「花祭り」をもたらした修験の徒たちは、どこから来て、どこへと向かったのか。大洋にひらかれた「熊野」から来て、山上の聖なる湖たる「諏訪」へと向かったのだ。『花祭りの起源』(岩田書院、二〇一二年)と『「花祭り」の意味するもの』(同、二〇一五年)を相次いで刊行した山﨑一司は、そうまとめてくれている。

天竜川は諏訪湖を源流として太平洋に注ぎ出る。山上、つまり天上に位置する聖なる湖と、地上の果てに際限もなく広がる大洋を、長大にうねる一つの大河が一つに結び合わせているのである。垂直に屹立する山と、水平に果てしもなく広がる海を、文字通り巨大な蛇のように蛇行する一本の河が一つにむすび合わせる。そうした構造は「島」の典型的な在り方でもある。あるいは、無数の島々からなる列島日本をそのまま体現し、象徴するかのような構造でもある――柳田も折口も、列島日本を「山島」(島山)の無数の連なりと捉えていた。その列島の中央部、深い森を貫き、山上の聖なる湖へと向かう険しい道を往き来していたのが「熊野」の修験者たちであった。世阿弥の夢幻能の一方の主人公(ワキ)である「諸国一見《いちげん(いっけん)》の僧」も、その多くが修験者であり、「熊野」に関係している。出発点である「熊野」は、世阿弥や禅竹の故郷である「大和」(奈良)

をそのなかに含み込み、天皇の起源である「伊勢」をそのなかに含み込む。

それでは終着点である「諏訪」には一体何があるのか、あるいは一体誰がいるのか。「諏訪」には「神憑《かみがか》り」によって地上に生み落とされる原初の王がいた。神が人になり、人が神になる「現人神」がいた。

「諏訪」には、正体不明のミシャグジ神――石の神にして蛇の神――の憑依によって生きたまま神になる、つまり「現人神」となる一人の年若き少年、「大祝《オオハフリ〔オオホウリ〕》」がいた。「大祝」になることができるのは、八歳から十三歳（十代前半）までの、いまだ性を知らない少年だった。その少年に憑依するミシャグジ神とは、『石神問答』で柳田國男が主題とした、記紀神話の圏外に存在する無数の小さな神々、さまざまな境界（山地と平地の境界が同時に生と死、人間と人間ならざるものの境界になる）に立てられる石――ある場合には男根状の石棒――の神を代表するものだった。蛇の神もまた、おそらくは古代の大和朝廷とは対立関係にあったと推定される出雲系の神社に特有のものである。諏訪大社に祀られているのは、国譲りに敗れた出雲の神、建御名方神《タケミナカタノカミ》である。能楽の成立と深い関連をもった奈良の大神《おおみわ》神社、春日若宮の祭神もまた蛇（子蛇）であった。

諏訪の地で幼き「現人神」として即位する「大祝」の儀式は、「花祭り」の基盤となった大神楽――数年もしくは十数年に一度、三日三晩かけて行われる――に設営された「白山《シラヤマ》」の儀式と酷似する。極楽浄土を模した神楽の庭に柱が立てられ、人々がそのなかに籠もるための巨大な「山」が、白い布と白い紙で築かれる。深夜にその「山」、つまり人工の子宮にして人工の「母胎」を切り裂いて人々を解放する者こそが「鬼」であった。神楽を執り行う者たちは、人々が生まれ清まる、つまり死と再生を体験するために籠もるその「白山」を「真床襲衾《マドコオフスマ》」と称していた。『日本書紀』によれば、天孫降臨の際、神の子であるニニギがそのなかに包まれて地上に降臨してきた寝具であり、その後も、神の子たちが異類たる海神の姫たちと性の交わりを交わす度にあらわれる敷物(「裳」にして「衣」)である。「真床襲衾」に包み込まれ、蛇が脱皮するようにして肉体的な死から甦る王とは、折口信夫が「大嘗祭の本義」で幻視した原初の即位式における天皇の姿そのものであった。

宮坂光昭によって整理された、諏訪大社(上社)における「大祝」の即位式は、次のような一連の儀式からなる(『御柱祭と諏訪大社』所収、筑摩書房、一九八七年)。聖域は樹木と石によって画される。巨大な柊の木の下に聖なる「石」(霊石)がある。石のまわりには垣がめぐらされ——白い「幕」が引かれた八角の「神殿」が築かれる(この細部のみ宮地直一の『諏訪史』[古今書店、一九三七年]による)——美しく装われた少年がそのなかに入り、石の上に着座する。柊の木に降ろされたミシャグジ神はまず石に宿り、次いで少年に憑《つ》けられる。少年は気を失い、神憑りし、「大祝」となって蘇生する。聖なる樹木と聖なる石が、人が神へと変身するための野生の舞台となる。

野生の舞台には、大神楽の「白山」のような仮設の「神殿」が設けられ、そのなかで人が神に変身するための「神憑り」が行われる。世阿弥は、能のはじまりに天の岩戸神話の「神憑り」を位置づけていた(前出『風姿花伝』)。岩戸とは自然が創り上げた聖なる子宮である。大神楽の「白山」も、大祝の「神殿」も、自然の聖なる子宮たる洞窟を模して創り上げられた人工の子宮である。自然であり、人工でもある洞窟のなかで行われる儀式。折口信夫はそれを「鎮魂」と称した。折口は、神楽の本質は「鎮魂」にあると一貫して説いていた。しかも折口のいう「鎮魂」は、強烈な力をもった霊魂を憑依させること、あるいはその憑依させる技術そのものを意味していた。「翁の発生」の起源、「翁」と「荒神」の起源には、「憑依」によって人が神になるという尋常ではない事態が想定されていた。

来たるべき祝祭学は、そうした憑依の諸相、芸術の起源にして権力の起源を探る学になるはずだ。そしてその学が踏査しなければならない領域はこの列島の「内」だけに限られるわけではない。柳田國男も折口信夫も、列島の固有信仰を明らかにするために、まず参照したのが列島の「外」、その北の限界＝境界を生きるアイヌの人々であり、同じく南の限界＝境界を生きる琉球（沖縄）の人々であった。北の人々も南の人々も、彼方の世界から神としての霊魂を招き、彼方の世界に神としての霊魂を送っていた。霊魂（「たま」）こそが、この列島の原初の神なのだ。折口信夫は繰り返しそう述べていた。アイヌ語の「カムイ」もまた、神とともに霊魂そのものをあらわす言葉であった（カムイという語は本土から移入されたものであるという――ただし単なる移入語と考えるよりも、両者に共有される原初の意味をもつと考えることも可能である）。霊魂、すなわち「たま」あるいは「神」を共通してもつことによって、人には森羅万象あらゆるものに変身することが可能になる。もしくは、森羅万象あらゆるものが人のように語り、人に変化《へんげ》することができる。アイヌの人々の神話のみならず、能楽の舞台でも実現されていることである。

しかしながら、「外」とは、「内」と完全に切り離されて、純粋なまま、無垢なまま存在するユートピアではない。境界とはまさに「外」と「内」が接触し合い、相互に浸透し合う場所である。「外」はつねに変容することをやめない。アイヌの人々は交易の民、世界と直結する海をフィールドとした、きわめて広範な交易網を組織した能動的な商業の民だった（以下述べることはそのまま琉球の人々にもあてはまる）。誇り高きアイヌの人々は、帝国日本に暴力的に編入されるまで――それはたかだか百五十年ほど前に生起した出来事に過ぎない――大規模な水田稲作農耕を採用しなかった古代的《アルカイック》な狩猟採集民であると同時に近代的《モダン》な大交易民であった。近代的な国境が画定されるはるか以前に、アイヌの人々は千島列島を通じてカムチャツカ半島に、樺太《カラフト》（サハリン島）を通じてシベリア沿海州に到達していた（琉球王朝が列島の実質的支配を受けながら中国――明および清――と活発な交易関係を続け、それをもとに独自のアイデンティティを築き上げたこととパラレルである）。交易は、ある場合には戦争と見分けがつかない。

当然のことながら、海の交易民であるアイヌの人々は、古代から中世にかけてのヤマトとも密接な関係をもっていた。瀬川拓郎の『アイヌ学入門』（講談社現代新書、二〇一五年）によれば、アイヌの人々のカムイを中心とした呪術的世界観は、列島中世の修験道や陰陽道の受容をもとに再編成された可能性が高いという。瀬川は、続けてこう述べている。アイヌの人々が行う「行進呪術」（戦いの際に男と女が行列を作りながら行進し、呪詛の言葉を天に向かって投げかける）の中核に、折口信夫がやはり列島中央部に伝わる霜月神楽の神事＝舞の中核に位置すると考えた「反閇《ヘンバイ》」の儀礼と同様のものが見出される、と。列島の「外」に起源があるのでもなく（柳田や折口は列島の「外」に起源を想定した）、列島の「内」に起源があるのでもなく、「外」と「内」とは絶え間のない交換を続けながら、その「習合」の果てに、それぞれの信仰と芸能の「原型」が形づくられたのである。

来たるべき祝祭学は、起源ではなく「原型」を探究する学として組織されなければならない。空間的な「外」と「内」の関係は、時間的な「外」と「内」の関係としても読み替えられる。諏訪を論じた宮坂も、アイヌを論じた瀬川も、ともに、その基盤に「縄文」を見出している。「縄文」が一万五千年以上の持続をもった「冷たい社会」(時間的な変動が限りなくゼロに近い社会)であるのに対して、「弥生」から現在まではその五分の一以下、もしくは六分の一以下の持続しかもたない「熱い社会」(時間的な変動が等比級数的に増大していく社会)である。「縄文」(過去)と「弥生」(現在)は明らかに対立している。縄文は現在の「外」にあり、「弥生」は現在の「内」にある。空間的な「外」と「内」をその相互関係、さらには「習合」の関係からしか考えることができなかったように、時間的な「外」と「内」もまたその相互関係、「習合」の関係からしか考えることはできないであろう。

諏訪にも、アイヌにも、古代的——縄文的かつアルカイック——な要素が残されているのかもしれない。しかし、同時に両者とも、明らかに近代的——現在的かつモダン——に変容したものでもある。縄文、すなわちアルカイックな狩猟採集社会を時間的な起源として考えるのではなく、一つの初期条件として、そのなかで絶え間のない「習合」が起こり、変容が繰り返されていく一つの「条件」として考えていく必要があるはずだ。それはアイヌの人々が到達した北方世界を視野に入れる際にも同様であろう(繰り返すまでもなく、琉球の人々が到達した南方世界にも適用される)。

来たるべき祝祭学は、その対象を列島から半島へ、さらには大陸へと拡大していかなければならない。

自らの霊魂を自らの身体の「外」、すなわち彼方の世界へ送り、またその彼方の世界から此方の世界へ霊魂とともに帰還する。そうした霊魂の技術者を、列島日本の北に広がる世界、北方の氷原を生きるツングース系の人々は、「シャマン」と呼び慣わしていた。ツングース系の人々が生きるのはシベリアの氷原に限らない。彼ら、彼女ら、氷原の狩猟採集民は、アムール河を越えて、満洲の平原、モンゴルの草原にまで広がっている——二〇一五年夏に黒龍江省博物館で開催されていた展覧会では、「ツングース」という言葉が、民族的かつ文化的な理念としてきわめて象徴的に用いられていた。列島から半島を経て大陸へ。来たるべき祝祭学が主題とする「憑依」を中核に据えた社会の探究は、いわゆるシャマニズム文化圏全域を、その対象に含む。

しかも、シャマニズムは狩猟採集社会、農耕社会、遊牧社会に共通して見られ、さまざまな宗教を「習合」し、変容し続けて現在に至っている。国家以前の原初的《アルカイック》な共同体から、国家をはるかに乗り越えていった遊牧民たちによる帝国（モンゴル族の元および満洲族の清）に至るまで、人間たちが創出したありとあらゆる集団の形態を貫いて存続している。満洲でもモンゴルでも、シャマニズムは仏教の密教的な展開と密接に結びつき、ほとんどその間に明確な差異を見出すことができないほど一つに融け合っている。そもそもモンゴル族および満洲族が取り入れたチベット密教そのものが、同様の性格をもっていた。そうした事実は、列島の中世に花開いた修験道や陰陽道が、やはり仏教の密教的な展開、その結果として形になった神仏習合思想と密接に結びつくことで教義が整えられていったことと完全にパラレルである。能楽の「翁」もまた、神仏習合思想の最も美しい一つの結晶化と考えられる。

列島の「憑依」を問い直すことは、アジアのシャマニズムを問い直すことと等しい。しかしながら、現在、シャマニズムという概念は、あまりにも拡張され過ぎ、そのことによって逆にあまりにも単純化され過ぎている。シャマニズムという概念をその言葉通りに限定し（つまり世界に普遍の問題ではなく、まずはアジアに固有の問題として考え）、厳密化していかなければならない。シャマニズムという主題が広く宗教学全体の問題として考察されるきっかけになったのは、ルーマニアに生まれた宗教学者ミルチャ・エリアーデが世に問うた大著、『シャマニズム』（一九五一年——『シャーマニズム』上・下、堀一郎他訳、ちくま学芸文庫、二〇〇四年）によってである。しかし、この大著は、シャマニズム概念を著しく世界全体に拡張するとともに（狭義のシベリアから南北アメリカ大陸、さらには東南アジアからオセアニアにまで）、正式なタイトルの後半を占める、「エクスタシスの古代的な技術」（les techiniques archaïques de l'extase）に明らかなように、ある種の「超越」にのみその霊魂の技術の方向を限ってしまった。

エリアーデは、シャマニズムを人類に普遍的な、原初の——古代的《アルカイック》な——宗教と定義し、さらに、シャマンによる霊魂操作のより原初的（古代的）な技術として「脱魂」（ecstasy）を位置づける。シャマンは、自らの霊魂を、この世界の根源的な「最高存在」（一神教以前の創造主）に向けて飛ばし——自らの「外」に出し——その「最高存在」と一体化する。それが起源的なシャマニズムの姿なのである。シャマニズムは自らの「外」に霊魂を「超越」させる技術なのだ。しかしながら、それは柳田國男や折口信夫がその可能性を探ろうとした「憑依」(possession)とは明らかに方向が逆転している。「憑依」は自らの「内」に、「外」なる霊魂を「内在」させる技術だったからだ。エリアーデの「脱魂」に特化されたシャマニズム論に消極的な異議申し立てを行ったのが、深層心理学者カール・グスタフ・ユングと宗教学者ルドルフ・オットーの手によって創設されたエラノス会議で、エリアーデと直接話を交わした経験があった井筒俊彦であった。

井筒は、エリアーデを追悼する文章に、こう記している。エリアーデは「エクスタシス」を主題としたシャマニズムだけを論じたのではない。「エクスタシス」という魂の超越的な探究ばかりでなく、なによりもその学のはじまりにおいては、インドのヨーガに代表される魂の内在的な探究、「外《エクス》」ではなく「内《エン》」を深めること、すなわち「エンタシス」を主題としていた。エリアーデは、人間の魂の超越と内在を同時に、なおかつ複眼的に論じることができた稀有な宗教研究者であり宗教実践者であった、と(大意をまとめた)。井筒は、明らかにエリアーデがシャマニズムから切り捨ててしまった「憑依」を、エリアーデ自身がヨーガ論で用いている「エンタシス」という術語によって回復しようとしている。

井筒俊彦は、柳田國男と折口信夫の教えを間接的かつ直接的に受けた研究者であり表現者だった。その井筒もまた哲学が発生してくる基盤に「憑依」を、「原始的シャマニズム」を幻視していた。井筒自身が「私の無垢なる原点」と記した『神秘哲学』(一九四九年)とは、ギリシアの自然哲学とギリシアの密儀宗教、プラトンのイデア論、アリストテレスの形相《けいそう》質料論、さらにはそれらの総合であるプロティノスの一者論の起源に舞踏神ディオニュソスの「憑依」を定位した著作だった。「憑依」が人間に明らかにしたのは、自然を超越していく方向ばかりでなく、自然へと内在していく方向でもあった。井筒は、その二つの方向を、それぞれ「エクスタシス」（脱自）と「エントゥシアスモス」（神充）と名づけた（オルフェウス教の教義とプラトン哲学にもとづく）。

陶酔の神にして舞踏の神であるディオニュソスに憑依された女たちは、ディオニュソスを体現する聖なる牡牛に襲いかかり、貪り喰らう。そのとき「神と犠牲獣と人間とは完全に融合帰一する」。神と聖獣と人間の区別は消滅し、有限の自我は肉体を離れ（「脱自」）、跡形もなく消滅したその自我のあった場所には森羅万象あらゆるものが一つに入り混じり、すべてが神的な要素に満ち溢れる（「神充」）。「全」が「一」となり「一」が「全」となる。このような言語化不可能な体験――すなわち言語を超えてしまうという意味で「神秘」の体験――の「一」（超越）なる側面からギリシアの密儀宗教が生まれ、プラトンのイデア論に引き継がれ、「全」（内在）なる側面からギリシアの自然哲学が生まれ、アリストテレスの形相質料論に引き継がれ、両者は相矛盾したままプロティノスによる一者の「体験」によって一つに総合される。

これが井筒俊彦の『神秘哲学』の結論である。柳田國男と折口信夫による「憑依」の民俗学を最も創造的に引き継ぐ試みであり、井筒が提起した「神秘体験」を自他の区別が消滅してしまう「純粋体験」と読み直せば、西田幾多郎の哲学を最も動《ダイナミック》的に乗り越えていく試みでもあった。神道的な民俗学と仏教的な哲学の総合――神仏習合思想の新たな次元での再生――とその乗り越え、と言い換えることも可能であろう。井筒は、エラノス会議への参加を契機として、神秘的な体験から打ち立てられる「神秘哲学」完成の方向を、西洋から東洋へと大きく切り替え、総合的な「東洋哲学」樹立を志した。来たるべき祝祭学は、柳田國男の民俗学、折口信夫の古代学、井筒俊彦の東洋哲学の最も創造的な継承として完成されなければならない。

「習合」を経ることによって「原型」が立ち現れる（諸言語が混交することによって原型的な言語が生成されるという「クレオール」という概念もそこに重ね合わせたい）。それは列島においてもアジアにおいても変わらない。柳田國男の民俗学においても、折口信夫の古代学においても、井筒俊彦の東洋哲学においても。来たるべき祝祭学は、純粋な起源を探る学になるのではなく、「習合」の果てにはじめて立ち現れてくる「原型」を探る学にならなければならない。民俗学も古代学も東洋哲学も、列島に固有の信仰、アジアに固有の信仰ではなく、習合の果てに原型として生起する列島の信仰、アジアの信仰を探る学として再構築されなければならない。この場合の信仰とは、いうまでもなく芸術的な表現全体をカバーするものである。来たるべき祝祭学は芸術学と歴史学、宗教学と哲学の交点に形づくられるはずだ。

起源は過去にしか探ることはできないが、原型とはこれから未来に立ち現れてくる可能性を探ることでもある。そう言った意味で、来たるべき祝祭学は、文字通り、未来の学となるのである。

2　石と樹木の王

諏訪大社は上社《かみ》と下社《しも》からなり、上社は前宮と本宮、下社は春宮と秋宮からなる。それぞれ四つの宮には、もちろん社殿は存在するが、より重要なのは社殿を取り囲むように建てられている四本の巨大な柱である。この柱は、現在でも七年に一度、聖なる山から伐り出され、人々が生活する街の直中《ただなか》を曳かれ、社殿の四囲に建て直される。建て直されることによって、神の宮が創設された始原の時間と空間が、いまここに甦る。いわゆる「御柱祭」である。神の宮、神を招くための聖なる建築とは、静的で死んだものではなかった。反復のたびごとに生命が再生するような、動的で生きたものだった。四本の柱に囲まれた聖域に招かれた神は、宮から宮へと移動していく。下社では、春宮から秋宮へ、秋宮から春宮へ、木製の舟に乗せられて。上社では、本宮から前宮へ、前宮から本宮へ、飾り立てられた等身大（二メートル弱）の「御杖柱」を先頭とした行列とともに。

　諏訪の神は、巨大な柱を目指して降臨する。神は身体をもたない。一人の少年（「祝《ハフリ》」）の身体を借りて、いまこの場所にその姿を顕わす。諏訪の神は、一人称で人々にこう語りかける。「我ニ於テ体ナシ、祝ヲ以テ体トス」。四本の巨大な柱が神の降臨する場所を体現するように、一人の少年の身体は神そのものを体現する。人となった神、文字通りの「現人神」たる聖なる少年王、「大祝《オオハフリ》」がここに生まれる――以下、「大祝」の即位に関しては、前掲書『御柱祭と諏訪大社』の他、古部族研究会編『古代諏訪とミシャグジ祭政体の研究』（永井出版企画、一九七五年）、三輪磐根『諏訪大社』（学生社、一九七八年）、田中基『縄文のメドゥーサ』（現代書館、二〇〇六年）等を参照し、骨格を抽出したものである（なお宮坂、田中は『古代諏訪とミシャグジ祭政体の研究』にも参加しており、彼らを含めた参考書籍のほとんどすべての著者たちが、ある部分までは依拠している宮地直一の『諏訪史』については、後に触れる）。

「大祝」は神そのものであるので、厳重に結界された聖なる場所から動くことができない。大地に足をつけることさえ許されない。聖なる身体をもった少年王の身代わりとして、「大祝」の分身のような少年たちが「神使」として任命される。「神使」たちは、聖なる少年王が物理的かつ霊的に支配する領地を巡回していく。四本の柱が神を迎え入れるための容器であったように、「大祝」の身体は神そのもの、不定形で激烈な力であるその霊魂を迎え入れるための容器であった。容器は永続しない。四本の柱がいったん廃棄された後に建て直されるように、性を知らない少年から大人になった「大祝」は退位し、新たな無垢な少年が「大祝」として即位する。容器は永続しないが、容器に注がれ、容器を満たす神、その霊的な力を象徴する霊魂は、永続するのだ。

諏訪上社を本宮とともに構成する前宮は、諏訪盆地を望む山の中腹に位置し、眼の前には八ヶ岳の美しい姿が広がっている。その前宮における「大祝」の即位の詳細、さらには「大祝」を中心とした数多い神事の詳細が現在では明らかにされている。古代から中世にかけての諏訪祭祀の中心も、おそらくはこの前宮にあったと推定されている（宮坂、田中らによる）。なぜそのようなことが可能になったのか。明治維新とその後に続いた神道の道徳化、いわゆる「国家神道」化によって、宗教としての神道の中核に位置づけられる「神憑り」は禁止され、同時に神仏習合的な要素を色濃くもっていた民間の芸能も禁止された。さらにはそれら、宗教にして芸能を担っていた修験の徒たちも強制的に解散させられた。神官は世襲ではなく、国家から任命されることとなった。近代国民国家の主権者とされた「天皇」の一族を唯一の例外として、神に仕える者たちはすべて「宗教」から排除されてしまった。「秘密のヴェール」が解き明かされたのだ（「天皇」の一族を除いて……)。近代日本は、前近代的な「神憑り」の宗教を禁じられながらも、その中枢には、「神憑り」によってのみ可能になる宗教的な呪術王が君臨するという、きわめて歪んだ体制を採用することになった。その歪みを正そうとした政策は極端から極端に揺れ、世界戦争という無残な結末を招くことになった。

諏訪に育まれてきた「大祝」の制度も「国家神道」によって解体され、諏訪と密接な関係をもつとともに、もう一つの「天皇」の一族と称することも可能な出雲の「国造」の制度も解体された。諏訪「大祝」は廃絶し、出雲「国造」は「国家神道」の枠を逃れ、新興宗教、すなわち神道の「教派」(出雲大社教)として生き延びることを図った。その過程で、神秘のヴェールに包まれ、直系者への口伝という壁に阻まれていた出雲国造や諏訪大祝など「現人神」即位の詳細が記録され、公開され、宗教としての神道の可能性を探究しようと志していた研究者にして実践者に、調査の道がひらかれたのである。「翁の発生」(芸能論)と「大嘗祭の本義」(天皇論)をそのなかに含む『古代研究』(全三冊)を書き上げた折口信夫(一八八七—一九五三)と、前編と後編の全二冊からなる『諏訪史』第二巻を書き上げた宮地直一(一八八六—一九四九)は、いずれも、そういった宗教研究者にして宗教実践者であった。そして二人はまったくの同時代を生き抜いた——宮地の一族である宮地巖夫は掌典として大正の大嘗祭を取り仕切り、若き折口が所属した教派神道を擁護し称揚する結社「神風会」の顧問を務めていた。

宮地直一も折口信夫もともに、出雲国造の即位式(「火継《ほつぎ》式」)の詳細を知る立場にいた。出雲国造もまた、諏訪大祝と同様、その人間としての身体は滅びても、神としての力の源泉である霊魂（霊《ホ》＝火《ホ》）は決して滅びないのだ。国造の身体を引き継ぐ者に、その霊魂（霊＝火）もまた引き継がれる。出雲国造にとって、諏訪大祝にとって、さらには、大日本帝国の主権者たる天皇にとって、身体とは、その力の源泉である霊魂を容れるための器にすぎない――宮地は『諏訪史』において大祝と国造の即位式を天皇の即位式（大嘗祭）と比較対照している。しかも、彼ら、彼女ら（折口は原初の天皇は女性であると考えていた）、憑依によってこの世に生まれた原初の王たちが為している力の源泉たる霊魂を身体に附着させる技術である「鎮魂」は、列島各地を放浪する芸能者たち、あるいは修験者たちが祝祭のなかで行っていることと完全に等しかったのである。

「神憑り」を成り立たせるためには二つの極を必要とする。一つは神憑りする「神主」、もう一つは神憑りさせる「審神者《さにわ》」である。「審神者」は「神主」に神を憑依させ、神の言葉を語らせる。その神の言葉は現在を根底から変革する未来の言葉、聖なる予言となる。諏訪の大祝もまた神の言葉を語る――折口は神の「御言」（ミコト）を自らの内に保持する（モツ）ことができる存在、「ミコトモチ」として天皇を定義していた。「神主」と「審神者」という対《ペア》の原型は、『日本書紀』に描き出された神功皇后《じんぐう》と武内宿禰《たけのうちのすくね》にさかのぼる――『日本書紀』の編者自身が神功皇后を卑弥呼に重ね合わせており、神功皇后の体現する神の声を聴き神の子を孕む原初の女帝というイメージが柳田國男および折口信夫の「南島」への関心をかき立てた（「南島」においては現実の政治的権力を担う王と超現実の霊的権力を担う王の姉妹という対《ペア》の構造が近世、あるいは近代に至るまで生きていた）。しかしながら、この対の構造を、「憑依」の技術として磨き上げていったのは、中世から近世にかけて聖なる山をその活動のフィールドとした修験者にして芸能者たちであった。幕末期に相次いで生まれた「神憑り」によって教祖が誕生した教派神道各派（天理や金光）は、いずれもそうした修験＝芸能的な環境に起源をもっていた——その一つの帰結として、結局最後まで「教派」として認められることのなかった大本が、「神憑り」の詳細を人々に広く公開することになった。

諏訪においても、「大祝」が現人神として即位するためには、神《じん（みわ）》氏の一族に属する少年に神を憑依させるために、守矢氏の一族に属する「神長《じんちょう》」が必要であった。「神長」が審神者であり、「大祝」が神主なのだ。つまり、「大祝」は古代的な存在であるとともに中世的かつ近世的な存在でもあった。その二重性、および多重性は列島日本の宗教者たち、芸能者たちに共有されている。宮地直一がはじめて活字化した「神長」の一族に伝わる記録によれば、その神こそがミシャグジと呼ばれる記紀神話の「外」に位置する神だった（『諏訪史』においては、そこまでは断言されていない）。

記紀神話をベースに道徳として整理された「国家神道」の外、空間的かつ時間的なその外に、宗教としての神道がもつ真の可能性を探ろうとしていた宮地直一や折口信夫にとって、柳田國男が著した一連の書物、『後狩詞記』『石神問答』『遠野物語』の出現は大きな衝撃をもって受けとめられたと思われる。『石神問答』は、後に柳田自身が列島の「固有信仰」と名づける、列島における神道の原初形態に一つの明確な構造を与えたものだったからだ。『後狩詞記』はその序章、『遠野物語』はその応用例と考えることも可能である。ただし、『石神問答』は、複数の他者との往復書簡をそのまま一冊にまとめた、柳田自身にとっても問題提起的な書であるため、主題は多岐にわたり、論旨の展開は複雑をきわめていた。その核心を読み解くことは容易ではないが、来たるべき祝祭学は、『石神問答』の絶えざる読み直しのなかでしか可能にならないはずだ。

柳田が『石神問答』で念頭においているのは、列島日本の現在、すなわち農耕社会(階級分化以降の社会)の時間的な外にして空間的な外に存在する狩猟採集社会(階級分化以前の社会)の信仰である。空間的な外としてはアイヌの人々の社会が何度も明示的に参照されている。時間的な外としては、現在であれば、縄文の人々の社会となるであろう。残念ながら、柳田の時代には、いまだ縄文を列島における独立した一時代、狩猟採集を生業の中心として一万五千年以上持続した社会とは考えられていなかった(柳田自身、方言周圏論とパラレルな、空間的辺境の問題として縄文を考えていた)。それでは、『石神問答』から導き出される、神道の原初形態とは一体どのようなものなのか。

人々は、二つの世界——聖なる山と俗なる平地、無限の神と有限の人間、あるいは死と生——が一つに交わる境界の地に、二つの世界を一つに結び合わせる「何か」を建てる。それは巨大な樹木であり、巨大な石である。あるいは巨大な樹木と巨大な石が交叉する境界の場所を、聖なる領域として定める。その場所に神聖なる力が満ち溢れたとき(あるいは神聖なる力を満ち溢れさせるために祝祭が行われたとき)、それまでは二つに分裂していて交流のなかった神と人、無限と有限、死と生が一つに入り混じる。ある場合には、森羅万象あらゆるものが一つに融け合う。それが列島に住みついた人々が、そのはじまりにもっていた信仰であり、その状態をあらわすことこそが芸術表現の究極とも考えられていたものであった。しかしながら、柳田は、すでにこの『石神問答』の段階で、そのような神道の原初的な形態が、そのままでは――純粋かつ無垢な状態のままでは――とうてい成り立つものではないことを明言してくれてもいる。

柳田は、シャグジの神とは「雑神」であるという。純粋な起源など考えられないほど、さまざまな「外来神」が習合してかたちになった神である、とも。柳田は仏教以前に伝来されていたと推定される「道教」を重視している。さまざまな形態をもって列島各地で信仰されていた原初のシャマニズムが、「道教」を通して一つに習合されたのだ、そのことによって「神道」という一つの総合的な形態を備えることができたのだ、とさえ記している。修験道の成立を考える上でも避けて通ることのできないテーマである。折口信夫の『古代研究』がはじまるのは、その地点からである（折口は繰り返し、『石神問答』前後の柳田の著作から受けた影響の大きさを口にしている）。さらに、宮地直一の『諏訪史』（前編＝昭和六年刊、後編＝昭和十二年刊）は、柳田國男の民俗学と折口信夫の古代学の一つの創造的な総合として形になったものだった。ミシャグジ信仰について、御柱信仰について、宮地は柳田と折口の著作を絶えず参照している。

宮地は、一方では歴史以前である「縄文」をも視野に入れている。諏訪には、おそらくは巨石信仰とむすびついた特異な縄文文化（尖石や井戸尻）が花開いている。そうした巨木と巨石が一つに交わる原初の神殿で、蛇神にして天空神、さらには自然の元素《エレメント》そのものでもある原初の精霊が憑依することで、少年は神になる。しかし、その即位の場所で、少年が籠もることになる仮設の建物、「八角の殿宇」は、中世の神仏習合期、「唯一宗源の玄理」を唱え、大胆な新習合宗教ともいえる特異な神道の体系を構築した吉田神道に特有のものであった、と続けていく。宮地は古代的《アルカイック》なものと現代的《モダン》なものの両者の習合を、その目で見ることができた。しかるに一方、宮地の『諏訪史』からはかり知れない影響を受けているはずの現代の研究者たちが、宮地があえて踏みとどまった地点を軽々と乗り越えて、あまりにも安易に諏訪と縄文を同一視してしまうことには強い違和感を覚える。諏訪と縄文を安易に同一視するのではなく、クレオールとしての列島日本を再考していくことが、なによりもまず必要とされるであろう。

「外」と「内」とは、その境界の地で、絶え間のない交流と浸透を重ね、「外」でも「内」でもない、あるいは「外」でも「内」でもある、一つの習合としての、一つの原型としての文化を構築しては、破壊している。列島日本には、アジアのさまざまな文化が流れ込み、習合し、原型としての文化が磨き上げられている。現在、諏訪では「大祝」の職は廃絶させられてしまった。しかしながら、おそらくは、巨木と巨石が交わる冬の「窟」に籠もった「大祝」と「神使」の春の目覚めを祝う饗宴の儀式、その名残であろう「御頭祭《おんとうさい》」は存続している（「大祝」が人々の前にはじめてその姿をあらわす機会であったともいわれている）。諏訪上社の本宮から前宮に、「御杖柱」に率いられた神の行列が到達する。前宮の十間堂の内部に「御杖柱」が運び込まれ、その中心に立てられる。さまざまな植物で飾り立てられた「御杖柱」に、かつては七十五頭の鹿の頭が、現在では数頭の剝製が、供えられる（そのなかには生きた雉も含まれている）。まだ血腥《ちなまぐさ》さが残されていた過去の狩猟儀礼の再現であるとともに、そこで動物と植物が一つに混じり合い、神と人間が一つに交じり合う原型としての祝祭が執り行われている。

諏訪では「神憑り」を通して少年たちが神になり、伊勢では「神憑り」を通して少女たちが神になる。伊勢にはアマテラス、太陽の女神にして現実界の支配者たる「姉」がおり、出雲にはスサノオ、月の男神――折口信夫の先達である平田篤胤はそう解釈した――にして幽冥界の支配者たる「弟」がいる。諏訪は、伊勢と出雲を一つに結び合わせる。アマテラスにしてスサノオ、生産の神にして破壊の神、光にして闇、「翁」にして「鬼」である荒神。列島日本に生まれた原型としての宗教の神、原型としての芸能の神は、その中間の地に、その境界の地に生み落とされたはずである。

3 「花祭り」から

折口信夫の学問は直観的であり、実証性に乏しいと現在でも言われ続けている。

確かに折口は出典をほとんど示さないし、時間的かつ空間的にかけ離れたさまざまな事例を、強力なアナロジーの力で、いわば強引に一つに結び合わせてしまう。特に、その学問的な代表作と自他ともに認める『古代研究』(全三冊)の中心ともいえる、天皇の即位式を正面から扱った「大嘗祭の本義」に関しては、実証史学の分野から、折口個人の幻想に過ぎず、学者というよりは詩人としての資質をもったいささか神がかった一人の人間が創り上げた壮大な虚構《フィクション》であると、全否定に近い評価が下されている。しかし、折口説に対するこのステレオタイプの批判は、本当に的を射ているのだろうか。

たとえば、折口が「大嘗祭の本義」で提出した、衣裳であると同時に寝具であるような「真床《マドコ》襲衾《オフスマ》」に包み込まれ、権威の源泉である「天皇霊」を付与されることで死から再生して即位する古代の王という禍々しいヴィジョンは、ある種の表現者たち、まさに近代の列島日本が生み落とすことができた偉大な「フィクション」の創り手たち――三島由紀夫、大江健三郎、中上健次という名前をあげれば充分であろう――に絶大なインパクトを、現在においても与え続けている。折口のヴィジョンは確実に、一つのリアルに届いていたのだ。

しかしながら、現実の「大嘗祭」の場で、折口が『日本書紀』から見出してきた「真床襲衾」や「天皇霊」という特異な術語が使われたという記録はまったく存在しない。「真床襲衾」や「天皇霊」は、折口が、いまだにその核心部分が闇に閉ざされている即位式の詳細を解き明かすために、列島日本の「歴史」――文章資料――としてはそこまでしかさかのぼることができない最古の神話の書から恣意的に抜き出してきた二つの概念(「真床襲衾」＝天孫降臨、「天皇霊」＝蝦夷への呪詛と宣戦布告)をコラージュすることで創り上げられたフィクションである。そういった点で、折口学説への批判は、完全に正しい。ただ、折口が使っている意味で、「天皇霊」という言葉を、権威の源泉たる「霊魂」を身体へ附着させる技術である「鎮魂」と言い換えるならば、「真床襲衾」と「鎮魂」がともに重要な役割を果たす場に、実は、折口は何度も立ち会っていたのである。

折口は、自らの「体験」をもとに、列島古代の呪術王即位の場の光景を描き出していたのだ。古代のフィクションは、現代の人々によって実際に生き直されていた。想像は体験に裏打ちされていたのである。そこに折口信夫のリアルが存在する。

折口が、何かに取り憑かれたように見続けていたと伝えられる、冬のきわまった夜に、天竜川流域のさまざまな場所――奥深い山中――で行われている「霜月神楽」、そのなかでも「花祭り」と総称される神事＝芸能。そこで人々は、「真床襲衾」としての「白山《シラヤマ》」に閉じ籠もり、死から再生する（「うまれきよまる」）ための「霊魂」を、司霊者たち――芸能の場で神聖なる「霊魂」を操作する行者＝呪術師たち――から「鎮魂」されていた、つまり、その身に付与されていたのだ。折口の「大嘗祭」には「花祭り」という現実のモデルが存在していたのである（厳密にいえば、折口が実際にその目で見た、現在の「花祭り」の原型として、中世から近世にかけて行われていた「大神楽」）。

ただし、問題はより複雑である。折口は、現在でもその姿を伝えている芸能の場から大嘗祭を成り立たせている基本構造を抽出することに成功した。しかし、そもそも折口に列島の固有信仰たる神道の教義と実践、つまりは列島の「呪術的思考」が結晶化したものが大嘗祭であるという想いがなければ、「花祭り」という芸能の発見はなかったはずだ。すなわち、折口の学のはじまりから、古代の呪術王の即位式たる大嘗祭は、その最大の主題として考えられていたのだ。「花祭り」（芸能）の発見が、折口を、大嘗祭に体現される「民族論理」に導いたのではなく、大嘗祭が体現する「民族論理」を探究する過程で、「花祭」（芸能）の発見に導かれたのだ。

折口は、『郷土研究』という雑誌を創刊した柳田國男に宛てて、天上の神が天降るための「依代《ヨリシロ》」として立てられる巨大な柱や山（「標山《シメヤマ》」）を論じた「髯籠《ヒゲコ》の話」を書き上げて送った（「依代」および「招代《オギシロ》」は折口による造語、折口が創出した概念である）。いまだ民俗学なる学問が成立する以前、未来の民俗学者として世に出るきっかけとなった論考でもあった。柳田のもとでしばし留め置かれ、柳田による微妙な改変を加えた上で、大正四年（一九一五）から翌年にかけて発表されたその論考のなかで、折口はすでに大嘗祭について言及していた。しかも、天皇の身体自体を「依代」、つまりは「大嘗祭の本義」ではよりストレートに「魂の容れ物」と称される見解を先取りする形で述べながら。

折口は、そこに、こう書き残していた（『全集』2）――。

> 大嘗祭に於ける神と人との境は、間一髪を容れない程なのにも係らず、単に神と神の御裔《ミスエ》なる人とが食膳を共にするに止まるといふのは、合点の行かぬ話である。此純化したお祭りを持つた迄には、語り脱《オト》された長い多くの祖《オヤ》たちの生活の連続が考へられねばならぬ。其はもつと神に近い感情発表の形式をもつてゐた時代である。今日お慈悲の牢獄に押籠められた神々は、神性を拡張する復活の喜びを失うて了はれたのである。

「神と神の御裔なる人とが食膳を共にする」という大嘗祭の理解は、この当時だけでなく、現在でも繰り返し述べられている見解である。つまり、当時でも現在でも、実証的な史学としては、それ以上は述べることができないのだ。それが折口の「大嘗祭の本義」への批判としても繰り返されている。しかしながら、折口信夫の古代学は、そもそも大嘗祭論としてはじまったものであり、そのはじまりの段階ですでに、遠い将来、何度も繰り返される批判に前もって答えるものでもあったのだ。

折口古代学は大嘗祭論（「髯籠の話」）としてはじまり、大嘗祭論（「大嘗祭の本義」）として一つの完成を迎える。大嘗祭という祝祭において、神と人とは、ほとんど合一する（「大嘗祭に於ける神と人との境は、間一髪を容れない程」）、あるいは、この引用の直前になされた折口の表現を用いれば、「神人交感」するのである。

柳田國男は、大正の大嘗祭に、政府の側の事務官として参加していた。大嘗祭に関して、その際の貴重な「所感」を残しながら、以降、その学の中心的な主題となることはなかった。対照的に、折口信夫の関心は、大正から昭和にかけて、一貫して大嘗祭に向けられている。もちろん折口自身は、大正そして昭和と、二十年に満たない間に二度続けて行われた大嘗祭に直接参加することはかなわなかった。しかし、その二度に及ぶ大嘗祭を、宮中で取り仕切っていた掌典たちとは密接な関係を取り結んでいた。そうした関係性は、折口の大学時代にまでさかのぼる。

近代国民国家を統治するための「道徳」としての神道ではなく、前近代的な、いまだ「神憑《がか》り」の生々しさを伝える「宗教」としての神道の可能性を探究する。大学生だった折口信夫が参加していた神道系の結社「神風会」は、そうした「宗教」としての神道を実践しているグループ、国民「道徳」としての神道の枠組みからは外れるが、神道の「教派」（宗派）として国家から承認されていた、いわゆる教派神道各派と深い関係をもっていた。

神道は「神憑り」からはじまる。それは、江戸時代までは列島日本の唯一無二の「正史」としての役割を担っていた『日本書紀』を読む限り、誰もがたどり着く結論である。『日本書紀』において、アマテラスは一貫して「憑依神」として描き出されている。巻第一（「神代上」）の天の岩戸神話では、アマテラスを再生させるために、アマノウズメノミコトは「俳優」（「わざおぎ」）し、「顕神明之憑談」（「かみがかり」）、『古事記』では「神憑」）をする――能楽も神楽も、この地点にそれぞれ自らの芸の起源を定めている。

巻第五（「崇神紀」）では、宮中に祀ったアマテラスのあまりの「勢」（「いきおい」）、つまりは憑依の力）に恐れをなした天皇が、アマテラスを自らの娘に「託《つ》け」（「憑け」）て、宮中から外へと出す。巻第六（「垂仁紀」）になると、アマテラスは叔母から「離《はな》」たれ、姪――次代の天皇の娘――にあらためて「託《つ》け」（「憑け」）られ、あるいはその「御杖《ミツエ》」（神が宿る依代）とされ、都から遠く、あるいは長く、放浪を重ねた末、常世の国（他界）からの波が打ち寄せる伊勢の地に鎮座させられる（『古事記』にはこの一連の伊勢起源譚は一切記されていない）。

さらに、『日本書紀』には、「神憑り」を成り立たせる関係性とその構造までもが詳細に描き出されている。巻第九（「神功紀」）――つまり『日本書紀』は神功皇后を天皇として認めて独立した巻を与えている、それに反して『古事記』では与えられていない）で、皇后に「託《かか》り」（「憑り」）した神が発した「言《みこと》」に従わなかった天皇は滅び、皇后は自ら「祟れる神」を憑依させる「神主《かむぬし》」となって「審神者《さにわ》」に向けて、「神語《かむごと》」を語りかける。『日本書紀』の編纂者は、後の皇子たる応神を孕んだまま新羅《しらぎ》親征を断行した憑依する「男装」の女帝、神の子を孕んだ聖なる母を、『魏志倭人伝』に記された「鬼道」にもとづいて民衆を呪術的に統治していた――「鬼道に事《つか》へ、よく衆を惑はす」――倭の女王、卑弥呼と同定している。

『日本書紀』を貫く「神憑り」の理論を、中世の列島で、実践的に体系化したのが修験道の行者たち、いわゆる「山伏」たちであった。「山伏」たちは、自ら「審神者《さにわ》」となって、「神主」たる憑座（「よりまし」）に神仏の霊を憑依させることで未来を予見し、また「神主」の病を治す。能楽や神楽は、いずれも修験道の行者たちと深い関係をもちながら、「憑依」を中核とした、神事＝芸能として発展してきた。そして、幕末から維新期にかけて、後に教派神道各派として教義が整備される教祖たちにはじめて「神憑り」を引き起こさせたのもまた修験道の行者たちであった。列島日本の宗教も芸能も、最古の聖なるテクストを解釈することから生まれ、また再生している。折口の営為が位置づけられるのも、その聖典解釈者の系譜のうちであるだろう。

天理教の教祖となる中山みきも、中野市兵衛という山伏の先達が行った「寄加持」の「加持台」（よりまし）となることで最初の「神憑り」を経験するとともに、その「神主」（憑依の主体）としての力は、「審神者」のコントロールを離れて自立するとともに、暴走《オーバードライヴ》しはじめる。そこから「神憑り」の神道の、近代における復活がはじまる。「神主」たる中山みきは、アマテラスのように光り輝き、アマノウズメノミコトのように歌と踊りで人々を癒し、神功皇后のように厳しく神の言葉を語り、卑弥呼のように人々を魅惑することで従えた。中山みきに先導されるように、太古の女帝の力を引く、もう一人の「神主」が目覚める。大本《おおもと》の開祖、出口なおである。中山みきも出口なおも、自らに憑依した「元」の神――「はじめ」の神であり「もと」の神――が自らに語りかけてくる声を聞き、その声を自らの口を通じてそのまま語ったのだ。

原初の荒ぶる神の憑依によって、近代的な国家神道――近代国家の構成員たる国民を統合するための「道徳」としての神道――の枠組みが破壊されるだけではない。『日本書紀』編纂以来、列島に築き上げられてきた神話にもとづいた宗教と文化、さらには政治の体制、すなわち広義の天皇制の枠組み自体も破壊されてしまうのだ。みきに憑依した神も、なおに憑依した神も、記紀神話とは異なった、あるいは記紀神話を根底から覆してしまうような宇宙開闢神話を語りはじめてしまったからだ。みきが語る「天理」の教えも、なおが語る「大本」の教えも、明治政府は「教派」として認めることを渋った。逆に、天理にはその開教の初期から何度も弾圧を加えていた。

折口が「神風会」に参加したのは、そのような時だった。「神風会」の顧問たちは、明治政府に、天理を神道の独立した「教派」として認めるために五回にわたって出された請願書作成に協力していた。「神主」出口なおの「審神者《さにわ》」出口王仁三郎《おにさぶろう》もまた、「大本」の教義としての確立と、おそらくは「教派」としての承認を求めるために、「神風会」の顧問たちとコンタクトを取り、自らの教団を「神風会」の下部組織とさえ位置づけていた。「教派」として認められなければ、警察権力の絶え間のない介入を招く。神道は道徳であり、結社や集会の自由は認められていなかったからだ。

結局、天理は最後の「教派」として国家から承認され、大本は「教派」として承認されなかった。その結果、出口王仁三郎は、大本を神道ではなく「皇道」と位置づけ、「神憑り」を理論化するとともに、その方法の詳細を「鎮魂帰神法」として公開し、「神憑り」によって形になった異貌の宇宙開闢神話、出口なおに下された神の託宣の集成を『大本神諭』としてまとめ、広く世に問うたのである。

この後、大本からは、「鎮魂帰神法」によって無数の教祖たちが生み出されることになる。と同時に、二度にわたって国家から大弾圧を受け、宗教施設のほとんどすべてを跡形もなく破壊されることにもなった。国家は自らの分身にして、あり得たかもしれないもう一つの選択肢《オルタナティヴ》を許さなかったのだ。

王仁三郎は、「神憑り」の基本構造を、「鎮魂」と「帰神」という二つの概念として定義する（以下、王仁三郎の「鎮魂帰神法」については、津城寛文『鎮魂行法論』〔春秋社、一九九〇年刊〕に、また、折口が王仁三郎と同様の「鎮魂」の理解をしていたことについては、同じく、津城著『折口信夫の鎮魂論』〔同社、同年刊〕による）。

「鎮魂」は、「審神者《さにわ》」が霊魂を「神主」に附着させることを意味する。「帰神」——『古事記』で神功皇后の「神憑り」をあらわすために使われた言葉である——は、浮遊している霊魂が「神主」に取り憑くことを意味している。「帰神は鎮魂の受動態」（津城）なのである。エリアーデが『シャーマニズム』で定義した「脱魂」（ecstasy）が「鎮魂」、「憑依」（possession）が「帰神」と——完全にではないが——ほぼ重なり合う。「鎮魂」は能動的かつ意識的であり、「帰神」は受動的かつ無意識的である。つまり、列島日本を古代から現代まで、神話から芸能まで貫く「神憑り」は、「脱魂」と「憑依」、「鎮魂」と「帰神」という二つの方向、二つの技法を兼ね備えたものだった。

出口王仁三郎は、その古代的《アルカイック》にして近代的《モダン》な「神憑り」を実践的な宗教原理として磨き上げ、折口信夫もまた実践的な表現原理として磨き上げていったのだ。出口王仁三郎も、折口信夫も、そして近代国民国家の主権者たる前近代的な「呪術王」たる天皇も、「審神者《さにわ》」の役割を果たしながら、同時に「神主」の役割をも果たさなければならなかった。その点に、近代日本の可能性と不可能性、悲劇と喜劇の両者が相矛盾するまま両立しているのだ。

4 「大嘗祭の本義」へ

「神憑《がか》り」は、超現実世界を統《す》べる無限の存在（神）を、有限の存在（人間のみならず森羅万象）によって構成される現実の世界に降臨させ、顕現させる。その瞬間、無限と有限、超現実と現実、神と森羅万象は入り混じり、一つに融け合う。「神憑り」によって時間と空間の限定は解かれ、人間的な自我は粉々に破壊され、「外」の諸力と「内」の諸力が通底する。時間は直線的に流れることをやめ、円環を描く。空間もまた均質であることをやめ、量的には縮約されるが質的には拡大される。時間と空間、すなわち世界は「神憑り」によって更新され、再生する。

この列島日本で「神憑り」を組織化してきたのは修験道の行者たちであった。行者たちは自らの有限の身体、その物質の内部に、外部の力、神の無限の精神（霊魂）を宿らせる。そのためには、有限の身体そのものを「外」の力を受容するための器として、根底から変質させていかなければならなかった。行者たちは身体技法を練り上げ、歌と踊りの「反復」を通して、神の無限の力を、いまここに解き放つ。激烈な「外」の力に直接触れるために、行者たちは、社会の「外」を生きなければならなかった。社会の「外」へと排除されたのだ。行者たちは宗教の発生と芸術の発生、さらには権力の発生が等しいものであることを見抜いていた。しかも、その発生は遠い過去にただ一度だけ生起したものではなかった。いまここに、「反復」を通して何度でも甦ってくるものだった。

権力と芸術の基盤となった「神憑り」の諸相は、列島最古の歴史書、『日本書紀』にまでさかのぼっていくことが可能である。その地点が、歴史の以前であり同時に歴史の外部である「古代」と、歴史そのものとの境界線となっている。以降、中世、近世、近代と「神憑り」はその基本構造を保持したまま生き延びてゆく。否、「反復」によってさまざまな要素を取り入れながら、つまりはさまざまな要素を一つに「習合」しながら、その機能を純粋化させてゆく。「反復」はただ一つの起源という考えを拒否するとともに、多様なものを一つに結び合わせながら、原型のもつ無限の可能性を提示するのである。

「反復」のその機能は、列島のみならず、朝鮮半島、中国大陸東北部（満洲）、さらにはユーラシアの沿海州（シベリア）と草原（モンゴル）にまで共有されている。いわゆるシャマニズム文化圏である。『日本書紀』が、「歴史」の対象とするのも列島だけではない。朝鮮半島の諸国の情勢が、ある場合には、列島よりも詳しく記録されている。大陸中央部に位置する帝国（唐）と大陸の周縁部に位置する列島に生まれつつある新興国家（日本）との間でキャスティングボートを握っていた高句麗《こうくり》は、朝鮮半島の国家というよりは大陸の東北部（満洲）に位置する遊牧民たちの強国であった。疑いもなく、列島の文化の一つの源泉でもある。大陸の野生のシャマニズムがそのまま洗練されて、アマノウズメノミコトやアマテラスの「杖《ツエ》」となった古代の呪術王の娘たち、さらには古代の列島でおそらくは霊的には最大の力をもった女帝であった神功皇后の「神憑り」となったことは疑い得ない。それは国家の起源という問題に直結する。

この列島、さらにはシャマニズム文化圏全般では、「歴史」――叙事詩や物語として語られた上で書物に記録された「歴史」――は、「神憑り」によって可能になった。あるいは、「神憑り」によって生み落とされた。しかも、その「歴史」は単純に読み解いていけるものではなかった。『日本書紀』は、相互に矛盾し合う無数の「歴史」の記録をそのまま、「正史」のヴァリアントたる「一書」として収録していたからだ。列島において「歴史」は単数ではなく、複数だった……。当然のことながら、『古事記』や『風土記』、さらには断片として残されている祝詞類などをもそのヴァリアントの一種として考えれば、列島の「歴史」のもつ多層性、重層性はより増加する。

この列島で「歴史」を過去として背負い、それを未来につなげていくためには、当然のことながら、「解釈」が必要とされた。相互に矛盾し合う複数の「歴史」を整理しながら、そこから一つの物語を立ち上げていかなければならなかった。最古の聖なる書物に記録された「神憑り」を、理論として読み解き、実践として生き抜かなければならなかった。修験道の行者たちが行っていたのは、そのような二重の解釈学、「神憑り」の理論化とその実践を一つに重ね合わせるような特異な解釈学だった。折口信夫の古代学は、そうした「憑依」の解釈学の末端に位置づけられる。だからこそ、ある意味においては、世阿弥や禅竹が成し遂げた猿楽の理論化と実践、「翁」の理論化と実践を現代に引き継ぎ、それらを創造的に反復するものとなった。折口が「翁の発生」（芸能論）とともに「大嘗祭の本義」（天皇論）を書き上げなければならなかった理由でもある。

折口信夫の古代学は、国文学と民俗学の二つの柱からなる。それゆえ、折口の学問の分野での代表作『古代研究』は国文学篇と民俗学篇からなり、それぞれ「古代」を解き明かすための理論的な解釈学(「国文学の発生」諸稿に代表される理論的な国文学)と「古代」を創造的に再生するための実践的な解釈学(芸能論と天皇論に代表される実践的な民俗学)からなる。そう言うことも可能であろう。折口が求めた「古代」は、歴史以前と歴史以後の境界に位置するものだった。歴史の側から、その境界線たる「古代」を望み、「古代」の痕跡を探ったものだった。柳田國男と折口信夫にとっての北方の島々と南方の島々は、いずれも歴史に抗する共同体の痕跡、歴史の以前にして歴史の外部である「古代」がそのまま残存している特権的な場所である。その二つの極限の場所を、それぞれ鏡像のように参照しながら、あくまでも「歴史」の側から、列島の「古代」を、あるいは列島の固有信仰(それは同時に列島の固有表現でもある)を、考えてゆく。少なくとも、そのことが、柳田と折口によって創出された新たな学である「民俗学」がその当初にもっていた目的であり、いまだに色褪せないその可能性であったはずである。

なかでも、折口信夫にとって、絶え間のない反復によって「古代」を現代に直結させてくれる貴重な実例こそ、天竜川流域に広がる「霜月神楽」だった。「花祭り」の発見こそが、折口信夫の古代学を、理論的な解釈学から実践的な解釈学へ、国文学の理論と民俗学の実践が一つに融合した未曾有の解釈学(古代学)へと転換させたのである。折口の『古代研究』(全三冊)のそれぞれ画期となった論考をあげてみれば、以下のようになるであろう——。

国文学篇　「国文学の発生」第一稿(大正十三＝一九二四年)

民俗学篇1　「翁の発生」(昭和三年＝一九二八年)

民俗学篇2　「大嘗祭の本義」（昭和三年稿、発表は昭和五＝一九三〇年）

折口信夫は、大学時代から、天皇（王）と芸能の民がともに行う霊魂の操作技術たる「憑依」（神憑り）に深い関心を抱いていた。その理論化の端緒となったのが「国文学の発生」第一稿である（このときすでに折口は二度に及ぶ南島調査を終えていた）。しかし、「国文学の発生」を書き継いでいく段階では、発生における「憑依」の重視、さらには「憑依」をもたらし「憑依」を体現する外部から訪れる神＝人であるマレビトについては説かれてはいたが、マレビトがもつ真の構造（憑依における「対」の構造）、マレビトが「反復」（「もどき」）によって時間と空間、すなわち世界を絶え間なく再生していくという動的な観点は、いまだ見出すことはできない。折口が芸能論と天皇論を真に完成するためには、大正が終わる年にして昭和が始まる年、一九二六年の初春、地元に生まれた早川孝太郎にともなわれて、愛知、長野、静岡の県境、三信遠の境界の地で行われている「霜月神楽」（折口自身が命名者となった新野《にいの》の雪祭りと設楽《しだら》の花祭り、さらには西浦《にしうれ》の田楽）を見学する必要があった。

「霜月神楽」、そのなかでも特に花祭りの発見とその体験が、「翁の発生」を導き、「大嘗祭の本義」を完成させた。しかしながら、折口自身の手になる、花祭りの貴重なフィールドワークの記録の発表は、残念ながら『古代研究』の刊行には間に合わなかった。自身の著作からは孤立して、他者の書物、早川孝太郎の前後二編からなる大著『花祭』（昭和五年四月刊）の後編に付された「跋——一つの解説」としてかたちになった。しかも、より複雑なことには、折口によるこの解説は、早川の『花祭』刊行直前に、「翁の発生」がその創刊号に掲載された、雑誌『民俗芸術』の昭和五年三月号に発表されており、新旧二つの折口全集には、いずれもその雑誌発表の論考「山の霜月舞――花祭り解説」のみが収録されている。折口は雑誌掲載時から、早川の『花祭』刊行までのわずかな間に、その解説の末尾を書き直し、重要な増補をなしているのだ。

折口信夫が、花祭りのなかに見出そうとしたものを真に理解するためには、新旧二つの全集には収録されていない、「跋――一つの解説」を参照しなければならない。その「跋」に記された詳細な観察と調査をもとにして、折口は、芸能論（「翁の発生」）と天皇論（「大嘗祭の本義」）を完成したからだ（折口による「跋」の重要性を指摘したのは斎藤英喜であり、以下述べることは斎藤の論考「折口信夫「山の霜月舞」再考――「花祭」研究の現在へ」、佛教大学『歴史学部論集』第六号［二〇一六年三月］に導かれて可能になった）。折口は、「跋」に、花祭りを担ってきた人々について、こう記していた――。

日本には、国家意識のまだ確定しないほどの大昔から続いて、沢山の神人団体が漂浪して居ました。一種の宗教的呪力を持つて諸国を遊行し、其力で村々を幸福にもし、呪ひもした、後の山伏団体の様なもので、彼等は、時代々々の色合を受け、当世の宗教に近づいて行つた為に、多少の変化は見せて居ますが、本来の精神は、殆変らないで、かなりの後までも、芸能と呪力を持つて、旅を続けて居たのです。

折口は、花祭りを生み出した人々の生活形態を「傭兵」であるとともに「神人や山伏・聖の団体」と捉えていた。精神的な呪力による「戦争」を担う者たちである。「戦争」は二重の意味をもっていた。外部に存在する不可視の精霊たちとの戦いと、内部に存在する可視の人間たちとの戦いである。神聖な戦士にして神聖な呪者たちは精霊を屈服させ、そのことによって人間たちを結束させ、独立させる。折口のそうした解釈は、現代の花祭り理解からしてもそれほど的外れではない。「太夫《たゆう》」をはじめとして花祭りを率いている者たちは、いずれも、中世の呪術者たち、修験道の行者たちの血を引く家の者に限られている。多様で美しい舞にどうしても注意が集中してしまうが、花祭りはその最初から最後まで、厳重な神事、きわめて習合的で呪術的な神事に貫かれた儀礼の体系でもあった（ヴィジュアルフォークロアから映像人類学シリーズの6として制作された『花祭り　愛知県北設楽郡東栄町　月』［一九九三年］にその貴重な記録が収められている）。

花祭りの神事の中心になるのが「太夫」たちである。「太夫」たちは、聖なる山に満ちる精霊たちと対話を交わし、外側から訪れる精霊たちの聖なる力の暴発を結界によって防御するとともに、その力を結界の内側に招き、自分たちのために利用する。「太夫」は、不可視の霊的な力を操れる者という意味で、神楽研究のなかでは「司霊者」と名づけられた（あるいは「法者《ほうじゃ》」とも）。明治期、教派神道各派による「神憑り」の実践とその理論化から導き出された「審神者《さにわ》」そのものである。「審神者」に「神主」が必要であったように、山中の神事芸能、神楽では、「はやす法者」（司霊者）に対して「神がかる神子《みこ》」（憑坐《ヨリマシ》）が必要であった（井上隆弘『霜月神楽の祝祭学』岩田書院［二〇〇四年］における、岩田勝による整理にもとづく）。

司霊者（あるいは法者）は、外の不可視の力を、憑坐たる神子に憑依させることで可視化させる。

そのとき、神子（憑坐）は、外の世界に蠢く異形の精霊そのものへと変身を遂げる。花祭りに訪れる巨大な鬼、雪祭りに訪れる男根そのものを体現したような奇怪な「さいほう」や「もどき」などである。それらは、折口が南島の仮面祭祀に幻視したマレビトそのものでもある。法者は神子に憑依した精霊と対話を交わし、屈服させる。その際、法者もまたいくぶんかは異形の者たちに近づく。柳田國男を農政学者から民俗学者へと転身させた『後狩詞記』の舞台である宮崎の椎葉にも、『遠野物語』の舞台である岩手の遠野にも、同様の神楽が伝えられていた。正体不明の「山の神」を祀る山人たちとは、折口のいうマレビト祭祀を列島の各地に撒種した人々、放浪する芸能者たち、「野ぶしや山ぶし」、神を乞い神を招くホカヒビト、聖なる「乞食《ホカヒ》」たる「ごろつき」たちだった。

折口のいうマレビトとは、法者と神子、司霊者と憑坐、審神者と神主、憑依させる者と憑依する者という「対」の構造、互いに良く似てはいるが正反対の姿と機能をもった一対の鏡像という関係性のうちでしか成り立たないものであった。花祭りは、折口にマレビト祭祀の基本構造とともに、その祭祀が成り立つ諸条件をも明らかにした。神事と歌舞と芸能と。折口は、フランスの社会学者エミール・デュルケームが、聖なるものが俗なるもののなかへと顕現する祝祭を定義する際に用いた「集団的な沸騰状態」を、その身をもって体験していたのである。

列島で最も奥深い山中に、なぜこのような呪術者たちが多数集ってきたのか。折口は、端的に天竜の「水」が条件であったという。聖なる水を濯《すす》がれ、人は神として再生する。現在の花祭りでも、その舞の中心には、聖なる水を聖なる炎によって「沸騰」させる釜が置かれている。祝祭は、聖なる水と聖なる火が一つに結び合わされるところに成立するのだ。一昼夜をかけて行われた多様な舞の最後、四人の青年によって行われる複雑で華麗な渦を描くような運動の果てに、祝祭の参加者全員に、その聖なる「湯」が激しく濯ぎかけられ、人々は「うまれきよまる」。花祭りは「湯立《ゆだて》」の神事であり、「湯立」の舞、「湯立」の芸能であった。湯立の釜の上には、色鮮やかな五色の切り紙で作り上げられた天蓋のようなものが吊されている。湯立によってその天蓋が揺れる。そこに神が降臨しているのだ。

神が降臨する聖なる場所。折口が、花祭りに影響を与えていると推定した伊勢神楽では、その天蓋のようなものを「真床襲衾」と呼んでいたのである——「天蓋の様な形をしたもので、其を垂らすと、すつかり姿が隠れてしまふ事になるのだと思ひます。真床襲衾《マドコオフスマ》が蒲団の様なものであつたのは、極古代で、後にはそんな形になつたのです。此が伊勢の神楽に入つたのが何時であつたかは、一寸想像もつきません。又、後の神楽もそんなものはない様ですが、確に或時代には其があつたらしいのです。其を想像させるものが、設楽の山奥に伝はつた神楽の中にもあるのです」。折口が書き上げた「大嘗祭の本義」の核心ともいうべき、死を再生へと転換させる装置である「真床襲衾」。それは花祭りのなかに、正確にいえば、花祭りを生み出したより巨大な祝祭、複数の村落が共同して数年もしくは数十年に一度、数日数夜をかけて行われた「大神楽」のなかに設置された「白山」と等しいものであった。「伊勢の神楽の真床襲衾にあたるものを、こゝでは白山《シラヤマ》と言うたらしいです。此に這入つて生まれ出る式があつたのです」。

早川孝太郎の『花祭』後編は、その一巻をあてて現在では廃絶してしまった花祭りの巨大な母胎、「大神楽」の諸相を復元しようとしたものだった。折口もまた、早川と競うように、あるいは早川とは異なった手段を用いて、「大神楽」を、その中心に据えられた「真床襲衾」たる「白山」を、自らの手で復元しようとした。それが、ようやく十全なかたちを整えたのが『花祭』後編の末尾に付された折口による「跋」であった。折口が「山の霜月舞」を書き上げた後、村――折口の花祭り調査における特権的な場である豊根村山内――で生じた不幸のため調査を中断せざるを得なかった折口の求めに応じて、調査を続行した辻紋平から大神楽に関する報告が届く(この報告そのものは、先に参照した山﨑一司『花祭りの起源』の巻末に「資料」として復刻されている)。

その報告のなかで、辻は、大神楽は野外の「空地」で行われ、十二本の柱を立てて屋根を葺いた大規模な「舞土」(神楽宿)が設けられる、と記していた。それだけでなく、さらにそこに隣接するように、自然の地形そのものを利用して、地獄と極楽浄土を模した、三途の川を渡る「橋」と「白山」が作られる、とも。人々は、三途の川を渡って「白山」に入る。そのなかには悪神たちがおり、人々を苦しめるが、やがて真夜中過ぎに巨大な鬼とその眷属たちがあらわれ、悪神たちを退治し、「白山」を切り裂き、人々を救い出す。鬼によって救いだされた人々は、舞土の中央で沸きたぎる聖なる湯である「産湯」を浴びて「生まれ清まる」。「白山」は地獄を極楽へ、死を生へと転換させる装置、墓所にして母胎だった(同時にそこには神仏習合的な変身の空間がひらかれている)。

折口は、辻の報告をもとに、「山の霜月舞」の末尾を書き直す。「うつむろと白山」と「橋わたり」という重要な二つの節が書き加えられる。列島の芸能の根幹に、密閉された「空《うつ》」の場所、「うつむろ」に籠もるという行為が位置づけ直される（それは同時に天皇即位の秘儀そのものでもある）。「うつむろ」は墓所にして母胎である。そこに到るためには、此方と彼方を一つにつなぎ合わせる「橋」を渡らなければならない。「橋」によって現実と接合される超現実の舞台たる「うつむろ」。それは、折口が南島最大の聖地で見出したイザイホーの舞台そのものであり、能楽の舞台の原型でもある。イザイホー——神の島と呼ばれる久高《くだか》では、十二年に一度、島に生まれた女性たちが「神」となる儀式が行われていた。女性たちは、海から運ばれた白砂で清められ、森から切り出された巨大な樹木の葉で屋根を葺かれた聖なる小屋、折口いうところの「うつむろ」に籠もる。その聖なる小屋に到るために、女性たちは白砂のなかに埋められた聖なる橋を、七度、渡らなければならない。

能楽の舞台でも、演者は、仮面をまとって人間ならざるものへ変身する「鏡の間」から「橋」（橋掛かり）を通って舞台へと到達しなければならなかった。舞台では、仮面をまとい、どこの誰でもなくなった一つの身体を媒介として、現実と夢が一つに交じり合い、過去の死者と未来の生者が一つに融け合う。能楽を大成した世阿弥は、自分たちの芸の始祖たる秦河勝《はたのかわかつ》を、密閉された壺とともに地上に出現し、「うつぼ舟」に乗ってこの世を去った者として記録している（『風姿花伝』「第四神儀云」）。能楽は「うつむろ」のなかから生まれ、「うつむろ」のなかで完成したのだ。折口のなかで、南島の自然に満ちた野生の舞台と、能楽の極度に抽象化された人工の舞台が、花祭りの「白山」を通して一つにむすび合わされたのである。しかし、それだけでは、まだ無限は有限に孕まれないし、死は生へと転換されない。

舞台が死を生へと転換させる母胎となるためには、死を生へと転換させる「反復」が行われ、死を生へと転換させる「水」の儀礼が行われなければならなかった。花祭りは、折口に「もどき」という反復の芸能、聖なる水による権力の再生というコンセプトをもたらしてくれた。「跋」には「もどき」について、こう記されていた。「翁・禰宜・巫女などが出ますと、其について多勢のもどきが出ます」。その「もどき」とは「もどきと言ふ語は、「反対する」が古いのかも知れませんが、中世の芸能では、相手方と言ふ事になつてゐます。その外、翻訳する・物まねするなどの意味があるので、翁の通訳と言ふ事になるのですが、時には別様の言語、動作で説明する事もあります」。さらに「跋」の最後は、聖なる「水」を求めて三河の山奥に棲みついた「色々な芸能を行ふ一種の放浪の宗教家」たち、というヴィジョンで閉じられている。放浪の宗教家たちは、なぜこのような嶮しい山中を目指したのか。折口は、こう答えている。「山の彼方」には聖なる「水」があったからだ。「山の上の池・滝の水で浄めに来ると言ふ考へは、日本の宗教では大切なものになつてゐたのです」と。

折口が花祭りのなかに見出した「もどき」をさらに発展させるかたちで「翁の発生」がまとめられ、聖なる水による再生の呪術を司る「水の女」の存在、さらには司霊者（審神者）による憑坐（神主）への威力の源泉たる「外来魂」の附着（鎮魂＝憑依）という儀礼を一つに総合することで「大嘗祭の本義」がまとめられた。

折口は、「翁の発生」の後半ほとんどを「もどき」の意義の解明に費やす。折口は言う。「私は、日本の演芸の大きな要素をなすものとして、もどき役の意義を重く見たいと思ひます。

近代の猿楽に宛てゝ見れば、狂言方に当るものです。だが、元々、神と精霊と——其々のつれ——の対立からなつてゐる処に、日本古代の神事芸能の単位があります」。花祭りでは舞の自立性が高まっている。そのごく近くで行われている新野の雪祭りでは、異形の精霊たる「もどき」が登場して、自分の前に登場した、やはり異形の精霊たる「さいほう」の性的な舞を、滑稽かつ徹底的に繰り返す。折口は、「どこまでもどきが重なるのか知れぬ程です」と記し、こう続ける——「畢竟、古代の演芸には、一つの役毎に、一つ宛のもどき役を伴ふ習慣があつたからです」。

折口の言葉をまさに体現するような西浦の田楽では、芸能の自立性が高まり、やはり「もどき」をともないながら、さまざまな仮面劇が、一夜を徹して行われていた。同じく山中の祝祭である新野の雪祭りも西浦の田楽も、聖なる火をともす役割に「空舟」を用いている。折口は、「翁の発生」の結論部分で、こう述懐する。白と黒の翁が登場する能楽の「翁」においては、威厳を保ったオリジナルの白よりも、滑稽にもどくコピーの黒の方が、より顕現的な存在に思われる、と。「一体、白式・黒式両様の尉面では、私に言はせると、黒式が古くて、白式は其神聖観の加はって来た時代の純化だ、とするのです」。

反復によって、オリジナルとコピーの差異は消失してしまう。重要なのはオリジナルではなく、コピーの方なのだ。コピーの反復こそがオリジナルの純化をもたらす。三島由紀夫は、折口の名前を出さず、自死の二年前（一九六八年）に発表した「文化防衛論」のなかで、二十年に一度行われる伊勢神宮の式年造替——内宮と外宮という鏡像のように存在する二つの宮を構成するすべてのもの（建築及び宝物）が破壊され、そのすぐ隣の「空地」に再構築される——をモデルに、日本文化のもつ特質を、そう語っていた。折口、そして三島の見解を建築家の磯崎新は、やはり伊勢の式年造替をモデルとして「イセ――始原のもどき」として創造的に捉え直した。始原は隠されること、「空」であることによって、逆に反復をもたらす。反復は、外のさまざまな要素を内へと取り組んだ上で、それを純化する。

伊勢には、再生をもたらす「水の女」であるとともに憑依する皇祖神、アマテラスが祀られていた。謡曲「三輪《みわ》」では、三輪山の祟り神、皇女と交わり、皇女に死をもたらす男性性そのものを体現する「蛇神」がアマテラスと重ね合わされていた(蛇は脱皮を続けることで永遠性もまた象徴する)。アマテラスは永遠の生命であるとともに有限の存在、男であるとともに女、つまりは相反する二つの極を一つに結び合わせる両性具有者であった。大嘗祭における天皇もまた、死者の身体を聖なる水で甦らせ、幼子として復活した王とはじめて交わる「水の女」と、「水の女」に神の子を孕ませる天上の父なる神という二役を果たさなければならなかった。折口は、こうまとめている――「大嘗祭に来られる神は、どんなお方か、よく訣らぬ。天子様は、神を招く主人でいらつしやると同時に、饗宴をなされる神である。つまり、客であり、又神主でもある。神の為事を行ふ人であると同時に、神その者でもある。だから、極点は解らぬ。結局、お一人でお二役つとめなされる様なものである」。

原初の王は「対」としてしか存在しない。この矛盾を解き明かすこと、あるいはこの矛盾を生きることが折口の古代学であった。それは、近代という視点から「翁の変容」を探究することでもあった。いよいよその一つの源泉、中世における「翁の発生」に移らなければならない。

翁の発生

1　『風姿花伝』の後戸

柳田國男や折口信夫が、列島の各地で変容を重ねながらも現代までその「原型」を保ち続けてきた「翁《おきな》」（もしくは「石神」ことサグジの神）を自らの探究のはじまり、さらにはその探究の中心に据え、民俗学という近代の新たな学を組織したとするならば、「翁」という芸能そのもの、つまりは「能」を理論的にも実践的にも確立したのが、室町期――中世末期――に登場した世阿弥とその娘婿の金春禅竹《こんぱるぜんちく》であった。世阿弥も禅竹も、現在でも充分に通用する（あるいは形式においても内容においても、容易に凡百の概説書を凌駕してしまう）「翁」という芸能に関する理論書にして歴史書を書き残していた。

もちろん、世阿弥と禅竹が生きた時代（中世末期）と柳田と折口が生きた時代（近代）の間には、「近世」というやっかいな――いまだ正確に定義することのできない――断絶の時代が存在している。能そのものの在り方も、近世を通過することによって大きな変貌を遂げた。「花祭り」をはじめとする修験道の行者たちによって列島各地に撒種された山伏神楽も、それらの起源のほとんどすべてを中世から近世への転換期、中世と近世の境界線上に位置づけることが可能である。世阿弥と禅竹の「翁」と柳田と折口の「翁」は、断絶しつつも連続している。その差異に留意しながら、列島祝祭論の主題もまた、近代における「翁の変容」から中世における「翁の発生」に移行していかなければならない。

その鍵となるのが能の大成者たる世阿弥が残した諸テクストである——ただし、世阿弥という固有名がはじめて問題になったのは、つまりはそのテクストに近代的な「作者」(能の理論家にしてその創作者)としての名前がつけられ、不特定多数の「読者」に流通したのは、柳田や折口が活動をはじめた明治の末年に至ってからに過ぎない(禅竹のテクストの流通はさらに昭和にまで遅れる)。近代の進展とともに中世が孕みもっていた表現の可能性が、あらためて見出されたのである。晩年に、息子に語った『申楽《さるがく》談儀』を繙いてみれば、世阿弥は、近江と大和という二つの猿(申)楽のみならず田楽など、当時世の中に広がっていた諸芸能の総合者であったことが分かる。諸芸能を身体的実践から理論的体系へ、一つにまとめあげた総合者である。総合者であるがゆえに、世阿弥が切り捨ててしまったものも実は多い。その一部を、禅竹が拾い上げてくれている。世阿弥と禅竹の関係は、柳田と折口の関係を思わせる。

折口が柳田の初期三部作(『後狩詞記』『石神問答』『遠野物語』)を読み抜くことで『古代研究』をまとめあげられたように、禅竹も世阿弥の諸著作を読み抜くことで、現在の「翁」研究が一つの焦点を結ぶ『明宿集《みようしゆくしゆう》』をまとめあげることができた。それゆえ、まずは世阿弥の諸著作、そのなかでも特に能の実践と理論、さらにはその歴史を最も早くまた最も見事に整理することに成功した『風姿花伝』をこそ、読み進めていかなければならないであろう。『風姿花伝』は本篇六巻、別紙口伝一巻の計七巻からなるが、最初の三巻がまず成立し、次いで自らの家に伝わる猿楽の歴史を述べた「第四神儀云」が続く。この「第四神儀云」にこそ「翁の発生」の原光景が記されている。世阿弥は、「翁の発生」を「神道」のテクストと「仏教」のテクスト、さらにはその交点から説き明かす。「翁」は神道的な古代と仏教的な古代が重なり合った地点から発生してきたのだ。世阿弥がまず依拠するのは、神道の古代、神代の「天の岩戸神話」に記された「神憑り」である――。

一、申楽、神代のはじまりと云ば、天照太神、天の岩戸にこもり給ひし時、天下常闇になりしに、八百万の神達《かんたち》、天の香具山に集まり、太神の御心をとらんとて、神楽を奏し、細男を始め給ふ。中にも天鈿女命《あまのうずめのみこと》進み出で給ひて、榊の枝に幣《しで》をつけて、声をあげ、火処《ほど》焼き、踏みとどろかし、神憑りすと、歌ひ舞ひ奏で給ふ。その御声ひそかに聞えければ、太神、岩戸を少し開き給ふ。国土また明白たり。神達の御面、白かりけり。その時の御あそび、申楽のはじめと、云々。詳しくは口伝にあるべし。

世阿弥は、能（猿楽）は「神憑り」からはじまったと宣言しているのだ。神憑りがはじめて人間に可能にした、歌と舞と音楽からはじまった、と。しかしながら、荒々しい神憑りだけでは、能の身体は完成されない。そこに仏教的な心身変容技法が統合、つまりは「習合」されなければならなかった（この「習合」を可能にした仏教的な心身変容技法、「如来蔵《にょらいぞう》」については後に『花鏡《かきょう》』をもとに詳述する）。世阿弥は続いて、神道的な神憑りに「習合」されるべき、仏教的な心身変容技法が成立する特異な場所、仏教の古代、天竺《てんじく》（インド）の仏在所《ぶつざいしょ》、その「後戸《うしろど》」について述べる――。

一、仏在所には、須達《しゅだつ》長者、祇園精舎を建てて供養の時、釈迦如来、御説法ありしに、提《だい》婆《ば》、一万人の外道を伴ひ、木の枝・篠の葉に幣《しで》をつけて踊り叫べば、御供養展《の》べがたかりしに、仏、舎利《しゃり》弗《ほつ》に御目を加へ給へば、仏力を受け、御後戸にて鼓・唱歌をととのへ、阿難《あなん》の才覚、舎利弗の知恵、富楼那《ふるな》の弁舌にて、六十六番の物まねをし給へば、外道、笛・鼓の音を聞きて、後戸に集まり、これを見てしづまりぬ。その隙《ひま》に如来、供養を展べ給へり。それより天竺にこの道ははじまるなり。

この一節には、猿楽の神道的なはじまりとは対照的な仏教的なはじまりが記されている。しかも同時に、同じこの一節には、原初の神憑りがいかに昇華されて芸能＝芸術《アート》にまで磨き上げられていったのか、その過程までもが過不足なく明らかにされている。天の岩戸で、アマノウズメノミコトは、「榊の枝に幣をつけて、声をあげ、火処焼き、踏みとどろかし」、神憑りを行うことで太陽の女神を再生させた。仏在所に、仏敵（提婆）に率いられて押し寄せた外道たちも、「木の枝・篠の葉に幣をつけて」踊り叫んでいた。つまり、外道たちもまた、アマノウズメノミコトと同様に「神憑り」をしていたのだ。如来は、その騒々しい原初の「神憑り」を、仏弟子たち（阿難・舎利弗・富楼那）に命じて鎮めさせたのだ。「後戸」で、音楽を奏で、「六十六番の物まね」をさせることによって。その業《わざ》こそが「能」の起源となるのだ。

荒々しい原初の「神憑り」による外道の叫喚は、「後戸」という特別な場所で、絶え間なく続くもどきとしての「反復」（「六十六番の物まね」）を通して、如来の説法へと生まれ変わる。光り輝く太陽の身体、如来の身体は、「神憑り」から生まれる。世阿弥は、さらに続ける。しかも、インドから遠く離れたこの極東の列島においてこそ、猿楽の神道的な起源と仏教的な起源が、一つの特権的な身体によって結び合わされたのだ、と。世阿弥は、自らの一族の神話的な祖である秦河勝《はたのかわかつ》について述べていく。

欽明天皇の時代、洪水によって大和（奈良）の初瀬川が氾濫し、その上流から麓の三輪の大鳥居の前に一つの壺が流れてきた。その壺のなかに「嬰児《みどりご》」がおり、自ら「秦《しん》の始皇」の生まれ変わりであると人々に告げた。やがて「嬰児」は宮中に入り、「秦」の姓を賜り、秦河勝を名乗った。上宮《じょうぐう》太子（聖徳太子）の時代、天変地異などで天下が乱れた折（物部守屋《もののべのもりや》の乱の鎮定なども含む）、太子は河勝に、神代と仏在所の例にならって「六十六番の面」を作り与え、「六十六番の物まね」をつとめさせた。天地は平穏を取り戻し、国もまた無事に治まった。上宮太子は、「神楽」から「申楽」を分け、その業を、河勝と河勝の子孫たちに託した。やがて、天から下った「化人《けにん》」（神仏の化身）であった河勝は、常人とはまったく異なった最期を迎える――。

かの河勝、欽明・敏達・用明・崇峻・推古・上宮太子に仕へ奉り、この芸をば子孫に伝へ、化人跡を留めぬによりて、摂津国難波の浦よりうつぼ舟に乗りて、風に任せて西海に出づ。播磨国坂越《しやくし》の浦に着く。浦人舟を開けて見れば、かたち人間に変はり、諸人に憑《つ》きたたりて奇瑞をなす。すなはち神と崇めて国豊かなり。大きに荒るると書きて大荒大明神と名づく。今の代に霊験あらたなり。本地《ほんじ》、毘沙門天王にてまします。上宮太子、守屋の逆臣をたひらげ給ひし時も、かの河勝が神通方便の手にかかりて、守屋は失せぬ、と云々。

秦の一族は、『日本書紀』によれば百済の弓月君《ゆづきのきみ》に率いられた帰化人の集団、特に殖産興業に秀でた一族であったという（応神紀、さらに『新撰姓氏録』によれば秦の始皇帝の血縁につらなる、とも）。河勝は、聖徳太子から仏像を賜り（太子はそれ以前にすでに廃仏派の代表、物部守屋を討ち果たし、仏の加護に報いるために四天王寺を建立していた――この『日本書紀』に記された一連の挿話を、河勝による守屋征伐として語り直した物語が謡曲「守屋」である）、それを安置するために蜂岡寺（太秦寺こと広隆寺）を造った（推古紀）。さらには、「常世の神」として蚕に似た虫を祀ることを、巫《ふ》覡《げき》を通して村の人々に勧め、惑わしていた大生部多《おおうべのおお》を討った（皇極紀）。常世（他界）から訪れた神を退治するためには、自身もまた常世（他界）の神に匹敵する力をもっていなければならなかった。

秦河勝とは、列島の外から訪れ、列島の外の力を体現した一族の長であった。外の世界から訪れて内なる世界の秩序を破壊し、同時に内なる世界の秩序を再生する者、内なる秩序が再構築、つまりは脱構築される際に祝福をもたらす者。秦河勝とは、古代世界における、折口信夫のいうところの外側の世界から訪れるマレビト――人にして神――そのものであった。世阿弥は、自分たち猿楽を奉じる芸能の民の祖として、秦河勝をここに位置づけ直し、語り直したのだ。より神話的な相貌をまとわせながら。河勝は密閉された小さな壺からこの世界に生まれ、大樹を中空にくり抜いた「うつほ舟」に乗ってこの世界から去っていった。光り輝く「嬰児」として生まれ、大いに荒れ狂い人々に憑依する「荒神」として、境界の地・坂越（シャクシ）に両義的な存在（シャグジ）として甦った。柳田國男の民俗学、折口信夫の古代学を、時間と空間の隔たりを軽々と乗り越えて、いまここ――読むことと書くことの間に区別をつけることができないようなテクスト＝アーカイヴの時空――に甦らせてくれるような、中世の神話的思考である。

「翁」とは、神道の神憑りと仏教の「物まね」（もどき＝反復）を一つに統合し、光に輝く生まれたばかりの胎児の身体と、闇に荒れ狂う老いさらばえた「怪物」（荒神）の身体を一つに統合する両義的な場を媒介として、いまここに立ち現れてくる未知なる身体にして、その未知なる身体を立ち現せる芸能＝技術《アート》なのだ。世阿弥は続ける。河勝以降、自分たち芸能の民は、「六十六番の物まね」を一つに集約する演目を磨き上げてきた。すなわち――「その後《のち》、六十六番までは一日に勤めがたしとして、その中を選びて稲経翁《いなつみのおきな》〈翁面〉・代経翁《よなつみの》〈三番申楽〉・父助《ちちのじょう》、これ三つを定む。今の代の式三番、これなり。すなわち法報応の三身の如来をかたどり奉るところなり」。

「翁」とは、神代と仏在所に起源をもち、秦河勝によって一つに統合された「申楽」の歴史そのものを縮約するものであった。観阿弥《かんあみ》と世阿弥の父子の時代以前には、「翁」は、児《ちご》(露払)・翁面・三番申楽・父尉・延命冠者の五人が登場する形式であったが、このときすでに、現行の「翁」とほぼ変わらない、露払(千歳)・翁・三番叟という形式が整っていたという。世阿弥は、さらにこの聖三位一体からなる「翁」を、「法報応の三身の如来」と捉え直したのだ。人は、舞台で、翁の面をつけることによってそのまま神=仏へと変成することができる。世阿弥による神人合一の論理にして即身成仏の論理が整ったのである。その詳細を明らかにするためには、『風姿花伝』とともに『花鏡』(一四二四年)を参照しなくてはならないだろう。

2　水晶の身体、怪物の身体

世阿弥が、能がたどり着くべき境地として、『風姿花伝』の「第六花修《かしゅう》云」で繰り返し説くのが「相応」である。能は、通常では異なった、あるいは二つの極に分かれてしまうような事物や出来事を、舞台、さらには、舞い手の身体を通して一つに「相応」(合致)させる。たとえば、見ることと聞くこと、風体と音曲、舞と言葉、それはまったく別のものでありながら、舞台の上では一つに「相応」しなければならないのだ。そこに能が成就する。

それでは、そのような「相応」を成り立たせる原理とは一体何なのか。世阿弥は、『花鏡』のなかで、「相応」を成り立たせている原理を、「如来蔵」と記している。『花鏡』に記されたこの「如来蔵」という言葉と、『風姿花伝』の「第四神儀云」で「翁」が三つの身体に分かれていながら一つのものであることを「法報応の三身の如来」と定義していたことは表裏一体の関係にある。われわれ人間は——世阿弥の考察を引き継いだ禅竹はさらにその範囲を森羅万象あらゆるものへと拡大していく——「如来蔵」をもつことによって、「応身《おうじん》」「報身《ほうじん》」「法身《ほっしん》」という三つに異なっていながらも一体である「如来」の身体をもつことが可能になる。われわれは、「如来」になる可能性、「如来」となるための種子をあたかも胎児のように自らの内に孕んでいる。具体的で有限な身体の内に、抽象的で無限の身体へと変身していく可能性を胎児のように、種子のように孕んでいる。その種子から「花」が咲くのだ。世阿弥の諸著作を通して、この舞台上の身体を「花」に喩えることは、終始一貫している。

『花鏡』で世阿弥が「如来蔵」と記すのは、「声」と「舞」の相応についてである——。

そもそも舞歌《ぶが》とは、根本、如来蔵より出来せりと云々。まづ五臓より出づる息、五色に分かれて五音《いん》・六調子となる。双調《そうちょう》・黄鐘《おうしき》・壱越《いちこつ》調、これ三律。平調・盤渉《ばんしき》、これ二呂《りょ》。無調は律・呂両声より出でたる用の声なり。しかれば五臓より声を出だすが五体を動かす人体、これ舞となるはじめなり。

能の舞台を成り立たせている舞も歌も、ともに「如来蔵」を源泉とする。いまだ具体的な「声」になる前の「調」が身体内部の運動とともに生起する。その「調」がさまざまな「声」の原型（色彩と響き、さらには香りなどの諸感覚が「相応」したもの）となり、そこから具体的な「声」が発せられる。声によって構成される「歌」と身体の運動によって構成される「舞」とは別のものでありながら、一体のものである。物質と精神、身体と声も、また。その根拠となるのが「如来蔵」である。

「如来蔵」は異なったもの同士を一つにむすび合わせる原理である。『花鏡』での世阿弥の議論を借りれば、たとえば「強く身を動かせば宥《ゆる》く足を踏み、強く足を踏めば宥く身を動かせ」となる。舞台で正反対のものが一致（「両体和合」）するとき、そこに「面白き感」が生じる。正反対のものの極端な例は、天と地である。世阿弥は、「如来蔵」を用いて、五臓と五体の「相応」を論じた後、聖なる天人の舞と俗なる人の舞の「相応」を説く。純粋で抽象的、無形で無限のゼロ（「空」）と、不純で具体的、有形で有限の多（「色」）は別のものではないのだ。有限の多（「色」）のなかに無限のゼロ（「空」）が孕まれており、だからこそ天人は地上に降り、聖なる舞を披露する。色は空であり、空は色である。「如来蔵」は、天と地を、多とゼロを、有限と無限を、具体と抽象を一つにむすび合わせる。

世阿弥が真に意図したところとややずれるかも知れないが、やはり『花鏡』に説かれた「一調二機三声」の論と、『至花道《しかどう》』に説かれた「皮肉骨《ひにくこつ》」の論をあわせて「如来蔵」と「三身」との関係を論じてみたい。世阿弥は、まだ具体的な音の形をもたない「息」が、「声」という具体的な音の形をもつ過程を、「一調二機三声」と捉えている。「息」を「声」にするためには、まずは自己の内と外、精神と身体の「相応」、その調子（「調」）を整えなければならない。調子はそのまま「声」になるわけではなく、身体の内部を循環している「機」(いわゆる道教的な「気」のことである)に応じて、具体的な「声」となる。「息」はそのなかに「声」となる可能性を、潜在的かつ無限に孕んでいる。しかし、精神的な音の身体的な原型たる「機」に応じなければ、具体的な「声」になることはない。

「皮肉骨」の論は、こう展開される。生命がもともと孕んでいる生得の力を「骨」とする。そうであるならば、生得の力を、具体的な鍛錬によって目に見える形にあらわしたものが「肉」である。その肉をさらにきわめていく過程でおのずからあらわれ出る美しさが「皮」であろう。「皮肉骨」の関係はそのまま「見聞心」の関係であり、同時に「声曲息」の関係である(この「声曲息」の関係を「声機調」の関係と等しいものとする)。それぞれこの三つを兼ね備えた者こそが、能の優れた為手(シテ)と呼ばれるべきなのだ。外の皮の美しさだけでも内の肉の美しさだけでも足りない。外見だけでも内聞だけでも足りない。なによりも髄としての骨の美しさが、髄としての「心」が重要なのだ。無限の可能性を孕んだ生得で盲目的な生命の力(「息」)は、その生命が生育するのに見合った外的環境と内的環境の調和(「曲」)の上に、具体的な生命の形態(「声」)をとって生み落とされる。

森羅万象あらゆるものの可能性を、潜在的に無限に孕んだ身体を如来の身体、つまりは、この宇宙を成り立たせている法そのものが身体という形をとった「法身」という。「法身」は、あらゆる波の形を孕んだ際限のない海、あらゆる雲の形を孕んだ際限のない空のようなものである。無限の海にして無限の空。そこから生み落とされる具体的なものを「応身」、具体的なものの設計図となるような理念的な原型、存在の原型を「報身」という。「如来蔵」と「三身」を併せて説いた『大乗起信論』（訳・宇井伯寿、高﨑直道　岩波書店、一九九四年）では、ほぼそのように説かれている。如来蔵思想を基盤として練り上げられた仏教の密教的展開においては、法身をマンダラの中心に位置する太陽の如来（大日如来）、報身をそこから放たれる無数の光を体現した諸如来、諸菩薩、諸明王、諸天などと捉えている。一はそのまま多であり、多はそのまま一となる。

世阿弥は、千歳・翁・三番叟からなる三体の「翁」を、「如来蔵」によって一つにつながる「応報法」「皮肉骨」「見聞心」「声曲息」の身体として考えていたのだ。

舞台とは、空間を超えた超空間として、時間を超えた超時間として、それら個別の身体を、同時にすべて現実化するものだった。だからこそ、優れた能の為手《シテ》になるためには、空間的にはありとあらゆる対象（客観的な「物」）を「物まね」することで自分の身体となし、時間的には年齢を経ることによって可能になったありとあらゆる記憶（主観的な「心」）に還ることで、これもまた自分の身体となさなければならなかった。『風姿花伝』の「第二物学《ものまね》条々」では、能の為手がなるべき客観的な「物」が列挙されていく。いわく、女、老人、直面《ひためん》、物狂、法師、修羅、神、鬼、そして唐事《からごと》である。『風姿花伝』の第七、「別紙口伝」（その原型の成立は『風姿花伝』の前半を構成する三巻と同時期とも推定されている）では、能の為手が還るべき主観的な「心」（初心）が「年々去来の花」という印象的な言葉とともに整理されている。

能の優れた為手になるためには、自らが変身するべき客観的な「物」のヴァリエーション（「十体」）をすべて知るとともに、自らが経てきた主観的な「心」の階梯、「年々去来の花」を忘れてはならない――。

またいはく、十体を知らんよりは、年々去来の花を忘るべからず。年々去来の花とは、たとへば十体とは物まねの品々なり。年々去来とは、幼なかりし時のよそほい、初心の時分のわざ、手盛りのふるまひ、年寄りての風体、この時分時分の、おのれと身にありし風体を、みな当芸に一度に持つことなり。ある時は児《ちご》・若族《にやくぞく》の能かと見え、ある時は年盛りの為手かと覚え、またはいかほども臈たけて、劫入りたるやうに見えて、同じ主とも見えぬやうに能をすべし。これ、すなはち幼少の時より老後までの芸を、一度に持つ理なり。さるほどに年々去り来る花とはいへり。

空間的な複数の他者への自在な変身、時間的な複数の自己への自由な変身。そこに立ち現れてくるのが「幽玄」の身体なのだ。『風姿花伝』の段階での世阿弥は、いまだ「幽玄」を空間的かつ時間的な原型《アーキタイプ》としての身体、具体的に言えば、依然として幼さを残した純粋な少年、両性具有的な少年としての美しさ、「時分の花」として抽出していた。しかし、『花鏡』の段階では異なる。世阿弥は「我見《がけん》」を滅ぼし、「離見《りけん》」によって、さまざまな時間とさまざまな空間が一つに入り混じり、一つに融け合う未聞の舞台を幻視する。

演じている「我」の目で見るのではなく、遠く離れた場所から、観客と同じ心をもって（「見《けん》所《じょ》同心」）、観客とともに「わが姿」を見るのだ（「見所同見」）。そうすれば、正面の聖なる姿のみならず、背面の「俗なる」後姿さえ見ることができるようになる。そのときこそ、まさに自らが空間的かつ時間的に体験したすべての身体、すべての感覚が「相応」している様（「五体相応の幽姿」）を目にすることができる。真の「幽玄」はそこにあらわれる。美しい花のなかで透明な珠を抱き舞い踊る一つの身体（「花姿玉得の幽舞」）として。おそらく、その光り輝く珠のなかには美しい無限の花が映り込み、重なり合っているに違いない――。

また舞に、目前心後といふことあり。「目を前に見て、心を後ろに置け」となり。これは以前申しつる舞智風体の用心なり。見所《けんじょ》より見るところの風姿は、わが離見なり。しかればわが眼《まなこ》の見るところは、我見なり。離見の見にはあらず。離見の見にて見るところは、すなはち見所同心の見なり。その時は、わが姿を見得するなり。わが姿を見得すれば、左右・前後を見るなり。しかれども目前・左右までをば見れども、後姿をばいまだ知らぬか。後姿を覚えねば、姿の俗なるところをわきまへず。さるほどに離見の見にて見所同見となりて、不及目の身所まで見智して、五体相応の幽姿をなすべし。これすなはち、「心を後に置く」にてあらずや。かへすがへす、離見の見をよくよく見得して、眼、眼を見ぬところを覚えて、左右・前後を分明に安見せよ。さだめて花姿玉得の幽舞に至らんこと、目前の証見なるべし。

この境地（「心」）に到達すれば、何をまねても、何を演じても、それが「幽玄」となる――「この色々を心中に覚えすまして、それに身をよくなして、何の物まねに品を変へてなるとも、幽玄をば離るべからず。たとえば上臈・下臈、男女、僧俗、田夫野人、乞食非人に至るまで、花の枝を一房づつかざしたらんを、おしなべて見んがごとし。その、人の品々は変はるとも、美しの花やと見んことは、皆同じ花なるべし。この花は人《にん》ないなり。姿をよく見するは心なり」。光り輝く「嬰児」と、闇に荒れ狂う「荒神」が、「翁」を通して一つにむすばれ合う。しかしながら、世阿弥は、こうしたアナーキーな変身の時空に耐えられなかった。『風姿花伝』の「第二物学条々」で、「物狂」を「この道の第一」と書き、「鬼」を故郷「大和」の猿楽にとって固有のもの（「これことさら大和のものなり。一大事なり」）と書いた世阿弥は、自らの作能のなかから徐々に真の「物狂」（憑依）を除き、真の「鬼」（狂躁の鬼＝「力動風」の鬼）を除いていった。そして、能の為手が演じるべき「位」を九つに分けた。下の三位と中の三位と上の三位である。「物狂」や「鬼」などを好んで演じる為手は下の三位に位置づけられた。世阿弥は、純粋無垢な舞台の実現を目指した。世阿弥が最上位に位置づける「妙花風」が体現する「妙」の境地とは、「形なき姿」のことであり、「無心無風の位」である（いずれも『花鏡』の「妙所之事」に使われている表現である）。

アナーキーな変身に満ち溢れた動《ダイナミック》的な舞台が解体され、純粋抽象表現の極北と称することも可能な静《スタティック》的な「無」の舞台、「空」の舞台が出現する。そのような舞台に立つ身体は、一体どのようなものとなるのか。おそらくは、『遊楽習道風見』の最後の条項に描き出された「水晶」の身体、「無」の器のようなものとなるであろう――「有無二道にとらば、有は見、無は器なり。有をあらはす物は無也。縦《たとえ》ば、水晶は、清浄体にて、色文無縁の空体なれ共、火生・水生を為せり」。見ることもまた「無」の舞台では消滅してしまう。そこにはただ透明に輝きわたる「水晶」

の身体が屹立するばかりだ。「水晶」の身体から火が生じ、水が生ずる。それぱかりでなく、「四季折々の時節により、花葉・雪月・山海・草木、有生・非生に至る迄」の万物が、この「水晶の空体」にして「無」の器から生じてくる。それこそが「天下」(「宇宙」)そのもののあるべき姿なのだ。

「翁の発生」を理論的にも実践的にも突き詰めていった世阿弥は、逆説的にも「翁」そのもの、すなわち能楽の舞台そのものを消滅させるような地点にまで到達してしまった。世阿弥が最後まで悪戦苦闘を続けた「鬼」と「幽玄」の対立と融合という難問に挑み、世阿弥とは異なった答えを出したのが金春禅竹であった。

3　三輪の女神

世阿弥は、『風姿花伝』「第四神儀云」のなかで、猿楽の徒らの神話的な祖、秦河勝の誕生について、こう述べていた。奥深い山々を縫って大和(奈良)から伊勢へと抜ける巡礼の路の入口に位置する長谷寺。その山寺の奥に発し、麓を大きく西に曲がり、大神《おおみわ》神社の前を流れ、大和川と名前を変え、難波の湾にまで通じていく初瀬川。大地が荒れ狂って大きな洪水が起きたとき、その初瀬川の上流から一つの壺が流れ着き、三輪の杉の鳥居、つまり現在の大神神社の鳥居——特異な形をもった三ツ鳥居——の前で殿上人に拾われた。そのなかから「嬰児《みどりご》」があらわれ、天皇が見た夢のなかで秦の始皇帝の生まれ変わりと名乗った。

大神神社は社（本殿＝神殿）をもたない。ただ拝殿のみをもち、その奥に鎮座する人跡未踏の聖なる山、三輪山そのものを神体として祀る。聖なる山そのものが神なのだ。三ツ鳥居は、聖なる山への入口であるとともに山を守る結界であった。つまり、河勝は、聖なる山の化身でもあったのだ。その三輪山は、列島最古の神話群が一つの焦点を結ぶ特権的な場所（トポス）である。まずは神々の時代。出雲の大いなる神オオクニヌシがオオナムチの名をもち、小さな神スクナヒコナとともに国造りに励み、その途中でスクナヒコナだけが常世へと去ってしまった後、国造りを終えたオオナムチは出雲の岬に立ち、海に向かってこう叫ぶ。この国土を我とともに治めるものはあるか、と。

そのとき、あやしい――神《あや》しい――光が海を照らし、そこから忽然と浮かび上がってくるものがあった。そしてオオナムチに向かってこう告げた。我がいたからこそ、国土は平定されたのだ、と。オオナムチはさらに問う。我にそのような真実を告げるお前は一体何ものなのか。海から浮かび上がった光り輝くものはこう答える。お前の分身にしてその霊魂である――「汝が幸魂《さきみたま》・奇魂《くしみたま》なり」、と。さらに、こうつけ加える。我は、今後、大和の国の三諸山《みもろやま》（三輪山）にその住居を定め、鎮まる。このオオナムチの分身であるオオモノヌシ――大物主、モノは「霊」、憑依する「霊」を意味する――こそが「大三輪」の神となったのである（『日本書紀』神代上）。

三輪の神は出雲の神であり、大いなる「霊」（モノ）の神であった。聖なる「霊」は聖なる「石」に宿る。三輪山は、無数の聖なる「石」が群がり集うことで形づくられた聖なる山だった。三ツ鳥居の奥には、麓から山頂に向かって神が宿る三つの「磐座《いわくら》」、聖なる「石」の集合体――天から墜ちて粉々に砕けた磐舟《いわふね》の破片とも、地から萌え上がるとともにそのまま凍り付いた植物の群生とも見える——が存在する。下から順に、スクナヒコナを祀る辺津《へつ》磐座、オオナムチを祀る中《なか》津《つ》磐座、オオモノヌシを祀る奥津《おきつ》磐座である。この三神は一体のものだ。聖なる「石」の集合体、その群生は、そこに向けて天から神が降りてくる標識であるとともに、地に潜む力を地上に分娩する「磐」の母胎、「磐」の子宮をも思わせる。

　この三つの「磐」の聖地を有する三輪山を、世阿弥の『風姿花伝』を受け、『明宿集』を密かにまとめ上げた世阿弥の女婿、金春禅竹は三位一体の「翁」そのものである、と言うのである——「三輪ノ三無漏山《みむろやま》、スナワチ翁・式三番ノ形ト崇ムベシ」。三輪山は「翁」である。禅竹は、さらに「翁」の山である三輪山の麓に庵をむすんで隠棲した玄賓僧都《げんぴんそうず》のもとを三輪明神が訪れ、僧都から衣を受け、歌を詠んだとの古事を続けていく。禅竹が記した、この三輪明神と玄賓僧都との出会いをそのまま舞台化したものが、謡曲「三輪」であった。現在でも謡曲「三輪」の作者は不明とされているが（世阿弥も禅竹も自身の著作のなかに、この曲の名を記していない）、『明宿集』を読む限り、禅竹が大きく関与することで現行の形になった可能性、あるいは、その原型が形づくられた可能性はきわめて高いと推測されている。

　しかし、謡曲「三輪」においては、主人公たる三輪明神は、荒れ狂う「霊」の主（モノノヌシ）ではなく、さまざまな苦を堪え忍ぶ「女神」なのである。さらに、劇中の三輪の女神は、玄賓僧都に向かって、自ら、伊勢の女神（アマテラス）と「一体分身《いったいふんじん》」であると告げ、天の岩戸神話を再現するのだ。弟神、荒ぶる出雲のスサノオの血を引き、呪的な力に満ちた祟り神でもあるオオモノヌシが、光り輝く伊勢の姉神アマテラスと同体だというのである。しかも、禅竹は、その女体の三輪明神は「翁」でもある、とするのである。「翁」は世界に破滅をもたらす荒ぶる闇の男神であるとともに、万物に憑依し、万物を産出する光の女神でもある。海に光る抽象的な「霊魂」であり、山の闇に沈む具体的な「磐座」の群れでもある。精神であるとともに物質である。

謡曲「三輪」は、「翁」の発生そのものをドラマ化した作品であり、『明宿集』は、世阿弥があえて言葉にしなかった領域にまで踏み込んで「翁」の発生を理論化した書物であった。だが、謡曲「三輪」と『明宿集』に描き出された「翁」の真実に到達するためには、あと少しだけ、三輪山をめぐる古代神話をひもといていかなければならない。神々の時代から、神々の血を引く神聖なる一族、天皇家の人々の時代へ、と。三輪のオオモノヌシは、その転換点に、もう一つ別のペルソナをまとってふたたび神話のなかに登場してくる。『日本書紀』のなかで神の子孫たる初代の天皇、神武の東征紀を除いて、個別の天皇の事蹟が詳細に記録しはじめられるのは、巻五の崇《す》神《じん》(第十代天皇)からである。最初のリアルな天皇、崇神は夢見る祭祀王として描き出されている。そして、この夢を通して神からの啓示を得る崇神の宮は三輪山の麓に推定されている。いわゆる三輪王朝、纏向《まきむく》王朝の始祖である。

この崇神の時代に、伊勢の祭祀の起源もまた位置づけられている。崇神は憑依神アマテラスを娘であるトヨスキイリヒメに「託《つ》け」、笠縫邑《かさぬいむら》——玄賓庵近くの檜原《ひばら》神社に推定されているが他にも候補地がある——に追放し、そこに「神籬《ひもろぎ》」を立てて祀らせる。アマテラスの放浪のはじまりである。またこの崇神には、未来を予知する力をもった「姑」(「おば」の意)、ヤマトトトヒモモソヒメがいた。このヒメの能力によって、崇神は叔父の反乱を未然に防ぐ。このヒメを妻として迎えたのが三輪のオオモノヌシであった。強大な霊的能力に恵まれた巫女が「神の嫁」となったのである。しかし、オオモノヌシは妻の前に、昼間、その姿をあらわすことはなかった。ヒメの懇願に応えて、オオモノヌシは、朝が明けたなら、ヒメの櫛を入れた「笥《け》」のなかを見るようにと応える。不審に思ったヒメが、翌朝、「笥」のなかを見てみると、そこには「美麗《うるわ》しき小蛇」がいた。オオモノヌシの神とは人間ではなく蛇だったのだ。驚いたヒメの様子を見た神は恥じて、大空を踏み轟かして、三輪山の頂へと登っていってしまう。ヒメは自らの行いを悔いて腰をつくと、箸で陰部を突き、命を落とす。いわゆる三輪山神婚説話である。ヤマトトトヒモモソヒメを葬ったとされるのが、現在では、古代の列島に統一国家を創出した女王・卑弥呼が葬られた大いなる「冢」とも同定される箸墓《はしはか》古墳である。

ただ夢を見るだけの無力な王であった崇神は、強大な霊力をもった女性たち、アマテラスが憑依した娘とオオモノヌシの嫁となった叔母に取り囲まれていたのである。神という超越の次元にひらかれた女性的な生成の時空、女性的な産出の時空に初期王朝が建設されたのだ。三輪山の麓の高台にある檜原神社から真っ直ぐに坂を下ったところに箸墓古墳がある――檜原神社正面の鳥居に立つと、真正面に二上山《ふたかみやま》を望み、ちょうどその中間に晩年の世阿弥が出家した補巌寺《ふがん》が位置づけられる。つまり、世阿弥にとっても禅竹にとっても、女性的な時空としての纒向はきわめて身近な場所であった。禅竹は、古代の神話にあらわされた野生の神話論理を、中世の芸能として、極度に人工的かつ抽象的な舞台の上で、大胆に再構成していったのである。もちろん、そうした営為は禅竹一人でなされたわけではない。中世に盛んになった特異な神話解釈学、神仏習合的な環境が可能にした『日本書紀』の解釈学がその背景には存在する。

謡曲「三輪」の骨格となるのは、次のような物語である。三輪山の麓に草庵をむすんでいた玄賓僧都のもとを、どこからともなく毎日、樒《しきみ》と仏に供えるための閼伽《あか》の水を携えて訪れる女がいた。ある秋の日、女は夜も寒くなってきたので、一重の衣を玄賓に乞う。衣を与えた玄賓が女にその住処を問うと、三輪の里、「杉立てる門」を尋ねて来て下さいと言い残し、玄賓の前から姿を消す。里人から、女に与えた衣が三輪明神の神木にかかっていること、さらには、その女こそ末法の世で衆生を救うために自らさまざまな「苦」を受け、女へと変性した三輪明神に相違ないことを聞き、それらを確かめるために、玄賓はあらためて三輪の社を訪れる。三輪の社の前に立つ二本の神杉に女に与えた衣が掛かっており、その裾には明神が詠んだ歌が記されていた。その歌を口ずさみはじめた玄賓の前に「女姿」の三輪の神があらわれ、自らにまつわる伝説の数々を語りはじめる。

いわく、昔、この大和の国の三輪に年久しく暮らしていた夫婦があった。しかし、夫は妻のもとを夜にのみ訪れ、昼はその姿を見せなかった。昼の姿を恥じて（以下、謡曲「三輪」には直接言及されることはないが、典拠の一つとなった歌論書『俊頼脳髄《としよりずいのう》』によれば、その正体を「匣《くしげ》」のなかの小蛇と妻に知られて……）、夫は妻のもとを去る。妻は夫の裳裾に苧環《おだまき》を綴じ付けて、その糸を追い、三輪の神杉の下までたどり着き、夫が三輪の神であったことを知る（この物語の展開は『日本書紀』ではなく『古事記』に準じている）。さらに「女姿」の三輪の神は、天の岩戸隠れの神話を語り、アマテラスを岩戸から引き出すために行われたアマノウズメノミコトの神憑りによる「神遊び」を神楽として舞い、つまりは自ら舞台で反復し、「伊勢と三輪の神」は「一体分身」であることを玄賓に告げる。それとともに夜が明け、玄賓もまた一夜の夢から覚めるのであった。

「霊」（精神）であるとともに「磐」（物質）でもあった三輪の神は、神（神道）と仏（仏教）といった区分も、神仏と人間といった区分も、男性と女性といった区分も、さらには、動物（蛇）と植物（杉）と鉱物（石）といった区分も、軽々と乗り越えてしまう。三輪の神とは「翁」である。つまり、「翁」とは、森羅万象あらゆるものを一つにむすび合わせる存在にしてその原理だった。禅竹は、『明宿集』に、こう記している——。

今安ズルニ、コノ翁ノ妙体ハ、挙グルトコロノ諸社・諸仏者、皆事相《じそう》ニ見エタル所ノ儀ナリ。真実翁ノ理相ニ於キテハ、アルトアラユル所、百億ノ須弥、百億ノ日月、山河大地・森羅万像・草木瓦石等ニ至《いた》ルマデ、ミナコノ分身・妙用ナラズト云事ナシ。法花ノ文云、「芥子ホドモ身命ヲ捨テズト云トコロナシ」ト説タリ。一塵モ菩提ニアラズト云事ナキ事ヲ信ズベシ。

「翁」を「事」の相（事物の現実としての在り方）から見れば、それはさまざまな神々、仏たちの姿を個別にとる。しかし「理」の相（事物の理念としての在り方）から見れば、宇宙万有、森羅万象すべてのものが「翁」の「分身」となる。「理」と「事」、イデアとリアルは相互に融け合い、区別することができない、すなわち理と事は「無礙《むげ》」である。「翁」は一であるとともに無限である。「翁」は宇宙の中心にして万物の源泉なのである。禅竹は、一体どこから、このような「翁」の理解に到達したのか。それもまた、謡曲「三輪」が答えてくれる。「翁」の分身である三輪明神は、「苦」からの解放を求めて、誰を訪ねていったのか。玄賓僧都である。この玄賓は禅竹たち猿楽の徒が創り上げた虚構の人物ではない。平安初期の法相宗《ほっそうしゅう》の高僧、つまり、歴史上に実在した人物である。それでは、玄賓は、三輪の地で、一体何を行ったのか。

玄賓ら三輪に居を定めた僧侶たち、西大寺の流れを汲む叡尊（松岡心平によれば、現在、玄賓庵にある十三重石塔は「西大寺流律宗のシンボルタワーであった」）、興福寺の流れを汲む慶円らは、この地で伊勢の神道と高野の密教を一つに融合したのである。玄賓庵はその一つの象徴的な聖地であった。いわゆる「三輪流神道」が形成されたのだ。三輪流神道の核心には、謡曲「三輪」の主題でもあった、「天照大神と三輪大明神は同体である」という教えがある――以下、三輪流神道については、中山和敬『大神神社』（増補第三版、学生社、二〇一三年）を参照し、引用する。さらに、その女神たちは、伊勢の二つの宮に体現された二つの曼荼羅、金剛界マンダラと胎蔵界マンダラの中心に位置する太陽の仏、大日如来《だいにちにょらい》（大日尊）でもあったのだ。

三輪流神道の最も古い文章、文保二年（一三一八）の奥書をもつ「三輪大明神縁起」に記された教義の概要を述べれば、次の通りであるという――。

その教えとするものは、天照大神と三輪大明神は同体であり、天照大神は天金輪王光明遍照大日尊であるが、その意は天照尊であり、天は応身如来、照は報身如来、尊は法身如来をあらわし、三身一体である。すなわち本地である大日であるとし、垂迹は天上では天照、降臨の後は、大和国三輪山では大神《おおみわ》大明神、伊勢国神道山《かみぢやま》では皇太神である。地上での両神は三輪が本であり、三輪の御室山こそ仏名の三無漏であり、三部の功能をあらわすと説いている。

大日尊は天照尊であり、それは応身、報身、法身の「三身一体」からなるものであった。人間は、「三身一体」の如来となる可能性を、あたかも胎児のように、種子のように、自らの内に孕んでいる。そうした在り方を「如来蔵」という。世阿弥は、『風姿花伝』のなかですでに「翁」を「法報応の三身」と捉え、『花鏡』のなかでは「如来蔵」という術語さえ使っていた。「翁」とは、舞台の上で、人間の身体をもったまま人間を超えた存在に変身するための原理であり、技術であった。真言密教の教義の根本に据えられた「即身成仏」の中世的な変容でもあった。禅竹もまた、『明宿集』のなかで「即身成仏」あるいは「即心成仏」という術語を繰り返し用いている――禅竹において「身」はまた「心」そのものなのである。

曼荼羅の中心に位置する太陽の仏、すなわち大日如来こそ「翁」であった。人は「翁」になることでさまざまな神、さまざまな仏に変身することが可能になった。しかし、世阿弥や禅竹、さらに中世の過激な神仏習合論者たちは、それだけでは満足しなかった。有情の存在である人間のみならず、非情の存在である草木も、あるいは国土さえ、仏となる可能性を秘めている。「草木《そうもく》国土《こくど》悉皆成仏《しつかいじようぶつ》」。「如来蔵」思想のさらなる拡大であり、深化である。そのような未曾有の事態を舞台で表現すること、あるいは舞台で実現することこそが、猿楽者たちの使命であった。猿楽者たちは、「翁」を、さらにさまざまな境界を越境していく神、「宿神《しゆくじん》」と名づけた。禅竹の『明宿集』は、世阿弥が最後まで記すことのなかった「宿神」こそが「翁」であると高らかに宣言する書物であった。「翁ヲ宿神ト申シタテマツルコト、カノ住吉ノ御示現ニ符合セリ」……。

4 宿神

生々しい「神憑り」に起源をもつ猿楽を、世阿弥は、「夢幻能」(複式夢幻能)という特異な形式をもった舞台芸術にまで磨き上げた。舞台では、「夢」を通して過去と現在が、生者と死者が、男と女が、一つに融け合う。諸国一見の僧が、荒れ果てた廃墟を訪れる。そこではいわくありげな翁、あるいは嫗、もしくは年若い謎の女が僧を迎え、かつてこの地で紡がれていた栄華の物語を語り出す。やがて夜も更けた頃、僧の目の前には、過去の失われた記憶が、美しく変身した翁の、嫗の、女の身体――その歌と舞――を通して、まざまざと甦ってくる。夜が明け、すべては、僧が見た一場の夢であったことが分かる。

世阿弥は、「神憑り」を「夢」の舞台として完成したのだ。その達成は、たとえば謡曲「井《い》筒《づつ》」に見ることができる――ただし、世阿弥の能楽論があらためて発見されたのは明治のことであり、「井筒」が再評価されたのも昭和のなかば以降であることは明記されなければならないが……。

謡曲「井筒」は、在原業平《ありわらのなりひら》の「色好み」の生涯を、折々の歌とともに綴った『伊勢物語』を換骨奪胎することで成った。奈良から長谷へ参詣の途中、諸国一見の僧が、在原寺という廃墟となった古寺を訪れる（しかし在原寺は近世まで大寺として栄えていた、つまり「廃墟」としての在原寺は、世阿弥が創り出したフィクションとしての場所だった）。そこには、業平とその幼馴染みの妻、紀有常《きのありつね》の娘の墓所と伝えられる塚があり、美しい一人の女がその塚に井戸から汲んだ水を手向け、花を供えていた。僧に問われ、女は、業平と有常の娘が、幼いときからその井戸（井筒）の水に互いの姿を映し合い、互いに歌——著名な「筒井筒」の応答——を詠み交わし、愛の危機を乗り越えながら、仲むつまじい夫婦となったことを語る。やがて女は自分こそが「井筒」の女、有常の娘であることをほのめかし、僧の前から姿を消す。女に去られた僧は、廃墟となった庭に、苔を筵《むしろ》として身を横たえ、業平と有常の娘の物語の続きを夢見ようとする。夜半、僧の前に有常の娘の亡霊が、業平の形見の冠と直衣を身につけてあらわれ、業平を追慕する舞を舞う。井戸の水に映った女の姿は、そのまま、在りし日の業平の姿そのものだった。古寺の鐘の音がかすかに聞こえ、夜明けとともに僧は夢から覚める。

世阿弥は、「夢」の舞台で、過去の記憶と現在の知覚を一つに結び合わせる。死者は生者として甦り、現在の女の身体もまた、過去の男の身体と一つに融け合う。両性を具有した、舞踏の原型としての身体が立ち現れる。世阿弥が確立した両性具有の身体は、禅竹によって、人間的な限定を解除され、人間的な限界を乗り越え、森羅万象にひらかれる。禅竹が有力な作者として推定されている謡曲「杜若《かきつばた》」も、世阿弥の「井筒」と同様、『伊勢物語』を一つの典拠として、いまこの場に再構築された物語である。「杜若」においても、夢幻能の定石として、物語の冒頭、諸国一見の僧があらわれる。僧は、杜若が今を盛りと咲き乱れる三河の国、八橋《やつはし》にたどり着く。僧のもとを里の女が訪れ、この地こそ、かつて在原業平が、「かきつばた」という五つの文字を各句のはじめに置いた歌を詠んで亡き想い人、二条の后を偲んだゆかりの場所だと説明する。女はさらに続ける。業平は二条の后のみならず、杜若が無数に咲くこの沢辺の水のような深い契りを、他の多くの女たちと交わしたのである、と。

女は、僧を、自らの庵で一夜を過ごすようにと誘う。女は、僧の前に、業平がかつて見事な舞を披露した折に用いた冠を被り、光り輝く唐衣を身につけてあらわれる。その唐衣は業平が歌に詠んだ二条の后のものだった。女は、自らのことを「杜若の精」であると名乗る。業平の冠を被り、二条の后の唐衣を身につけて舞を舞う女は、男と女の差異を乗り越えてしまった両性具有の存在であるとともに、有情の人間と非情の草木の差異を乗り越えてしまった精霊としての存在でもあった。「杜若の精」は、さらに、業平こそ、極楽浄土の歌舞の菩薩が地上に化現《けげん》したものであり、それゆえ、業平が詠む歌の言葉一つ一つが如来（仏）の説法となり、契りを結んだ女たちに救いをもたらすとともに、非情の存在である草木にも露の恵みのように救いをもたらすものであると続けていく。「杜若の精」は、僧の目の前で業平になり、二条の后となり、最後には、「草木国土悉皆成仏」――非情の存在である草木も、さらには国土さえ、如来となる可能性を種子のように孕んでおり、それゆえ、非情の存在そのままで如来と成ることができる――という経文の通りに、「仏」そのものとなって、僧の前から、その姿を消す。

禅竹は、世阿弥の「夢」の舞台を、「生命」の舞台として引き継ぎ、拡張していく。禅竹の代表作、謡曲「芭蕉」も、物語の主人公は人間ではなく、「芭蕉の精」(「芭蕉の女」)である。

謡曲「三輪」と同様に、「芭蕉」でも、唐土の片田舎、小(湘)水という山中に庵をむすぶ僧のもとを、夜も更けようとする頃、一人の女が訪ねてくる。女は僧と『法華経』が体現する教えについて問答を重ねる。その問答によって徐々に明らかになっていくのは、野生の「生命哲学」と称することも可能な、思索の劇である。女は、僧に、こう問いかける。『法華経』には、有情の女人のみならず、非情の草木までもが成仏できると説かれているといいますが……。僧は、女に答える。そうした事実は、『法華経』(「薬草喩品《ゆほん》」)に記されている。そこでは草木も、国土も、有情のものも非情のものも、森羅万象あらゆるものがそのまま覚りをひらいている。女と僧は唱和する。現実の世界そのものに救いがあるのだ。「柳は緑、花は紅」というように、草木が発している色や香りそのものが、そのままで、仏の世界なのだ――「ただそのままの色香の、草木も成仏の国土ぞ、成仏の国土なるべし」。

やがて、現実の女は僧の前からいったん姿を消し、「芭蕉の女」としてふたたび僧の前にその姿をあらわし、こう告げる。そもそも非情である草木こそ、実は、形をもたずにあらゆる形を生み出す宇宙の原理そのもの(無相の「真如《しんにょ》」=「法界」)であり、その宇宙の原理は、この地上の極小の存在、たった一つの塵のなかにさえ貫徹され、含み込まれている。無限小が無限大を含むのだ。その有様、自然の根源に存在する「水」が雨や露や霜や雪に変化するように、千変万化して無限の形を生み出す宇宙の原理は、草木こそが最も良く体現している――「それ非情草木と言つぱまことは無相真如の体、一塵法界の心地の上に、雨露霜雪の形を見す」。草木は、その種子のなかに、新たな世界の可能性を無限に包み込み、開花とともに、それらの可能性のすべてを現実化する。

禅竹は、「如来蔵」思想を極限まで突き詰め、それを乗り越え、「草木」さらには「一水」（あらゆる変化の可能性を潜在的に孕んだ第一物質としての「水」）に体現された「生命哲学」にまで到達したのである。それは、『法華経』を基盤として禅と浄土と密教を総合した比叡山の天台本覚《ほんがく》思想――森羅万象あらゆるものは、それらがあるがままで覚りをひらいている、つまりは「本覚」として目覚めている――をそのまま舞台化したものでもあった。天台本覚思想は、「如来蔵」思想を土台として成った即身成仏思想、すなわち密教に説かれた「真如」観をさらに深め、その彼方へと超出することで可能になった――以上の理解は、末木文美士『草木成仏の思想――安然と日本人の自然観』（サンガ、二〇一五年）にもとづく。

禅竹による「生命」の舞台、人間以前であり人間以降でもある、非人間的な性愛の時空では、森羅万象あらゆるものが一つに結ばれ合い、森羅万象あらゆるものへの変身が可能になる。草木も、国土も、いまここにあるがままで成仏している。覚りをひらいている。しかしながら、禅竹が、理論と創作において推し進め、全面展開していった、天台本覚思想にもとづいた「草木国土悉皆成仏」というヴィジョンを、世阿弥もまた、間違いなくその目で見て、その手で摑んでいた。世阿弥は、そのヴィジョンを怪物への変身とその消滅として描き出す。それは、猿楽者であることの宿命そのものでもあった。

世阿弥は、晩年に、「鵺《ぬえ》」という奇怪な作品を仕上げている。「世捨て人」である諸国一見の僧が、熊野に参詣した後、都に上ろうとした途中、摂津の芦屋の里で宿を求めるが、里人に、掟によって旅人は泊めることができないと拒絶される。ただ、川の流れに突き出している州(岬)にある御堂でのみ、夜を明かすことを許される。しかし、その御堂には夜な夜な川から「化け物」(「光り物」)が上がってくるという。やがて夜が更けた頃、僧の前に「うつほ舟」(「空舟」)に乗った舟人が現れる。「うつほ舟」に乗って波間をあてもなく漂う自らの境遇を歎く舟人は、とても人間とは思えない。そうした僧の問いかけに、舟人は、こう答える。自分は、源頼政に射殺された「鵺」――「頭は猿尾は蛇《くちなわ》、足手は虎のごとくにて、鳴く声鵺に似たりけり、恐ろしなんども、おろかなる形なりけり」――の「亡心」、さまよえる亡魂なのだ、と語る。どうか、その法力によって、懇ろに弔ってもらえないだろうか、とも。

僧はその願いを聞き入れ、経を読み、こう告げる――「一仏成道観見法界、草木国土悉皆成仏」(ある一人の仏が成道して覚りをひらき法界の光景を目にするならば、その功徳によって草木も国土もみなことごとく成仏する、みな仏になるであろう)。鵺もまた、すぐさま唱和する――「有情非情、皆俱成仏道」(有情のものも非情のものも、みなともに成仏する、仏になることが可能になる)。鵺の亡魂は、僧の前に、その真の姿――「不思議やな目前に来たる者を見れば、面《おもて》は猿足手は虎、聞きしに変はらぬ変化《へんげ》の姿、あら恐ろしのありさまやな」――をあらわし、鬼神のごとく力強く舞台上を舞い、僧の回向《えこう》に感謝し、「うつほ舟」とともに舞台を去っていく。

世阿弥が『風姿花伝』の「第四神儀云」で記した猿楽の徒たちの祖、秦河勝もまた、その最後、

「摂津難波の浦」から「うつほ舟」に乗って、風に任せて、西海へと出て行った。そして漂着した地で、人にとり憑いて奇瑞《きずい》をなす「荒神」へと変貌を遂げた。「鵺」は明らかに猿楽の徒たちの起源神話を、作品として再構築したものだった。そうであるならば、猿楽の徒たちもまた、「うつほ舟」に乗って彼方の世界から此方の世界へと出現する怪物、あらゆる動物が一つに融合した「鵺」としての荒神に他ならなかったはずだ。猿楽の徒たちは、舞台の上で、神にも怪物にも変身することができる。「夢」の舞台にして「生命」の舞台の上で、森羅万象あらゆるものに変身することができる。

世阿弥が最後まで書ききることをためらった、猿楽における変身の原理の詳細を、あえて言語化することで後世にまで伝えたのが禅竹だった。

*

禅竹の『明宿集』は、世阿弥が『風姿花伝』の「第四神儀云」に記した猿楽の起源神話を完成するものである。禅竹は、世阿弥が言葉に記すことのなかった神秘の、秘密の領域にまで、敢然と踏み込んでいく。たとえば、世阿弥は、河勝の最後を、ただ次のように記すだけである――「播磨国坂越《しやくし》の浦に着く。浦人舟を開けて見れば、かたち人間に変はり、諸人に憑きたたりて奇瑞をなす。すなはち神と崇めて国豊かなり。大きに荒るると書きて大荒大明神と名づく。(……)」。それに比して、禅竹は、より詳細に、こう書き残している――。

業ヲ子孫ニ譲リテ、世ヲ背キ、空舟《ウツホブネ》ニ乗リ、西海ニ浮カビ給イシガ、播磨ノ国南波尺師《しやくし》ノ浦ニ寄ル。蜑人《アマ》舟ヲ上ゲテ見ルニ、化シテ神トナリ給フ。当所近離ニ憑キ祟リ給シカバ、大キニ荒ル、神ト申ス。スナワチ大荒神ニテマシマス也。コレ、上《カミ》ニ記ストコロノ［引用者注――「上」とは、『明宿集』の前段に説かれている、「翁」の「御影」に描かれた「母ノ胎ニシテハ胞衣トイハレシ襌ノ袖」である「水干」を指す］、母ノ胎内ノ子ノ胞衣《えな》、襌《チハヤ》ノ袖ト申セルニ符合セリ。胞衣ワスナワチ荒神ニシテマシマセバ、コノ義合《ア》エリ。ソノ後、坂越ノ浦ニ崇メ、宮造リス。次ニ、同国山ノ里ニ移シタテマツテ、宮造リヲビタ、シクシテ、西海道ヲ守リ給フ。所ノ人、猿楽ノ宮トモ、宿神トモ、コレヲ申タテマツルナリ。コ、ヲ以テモ、翁ニテマシマスト知ルベシ。サレバ翁ノ御事、大荒神トモ、本有ノ如来トモ、崇メタテマツルベキ也。秘文ニ云、「意荒立時、三宝荒神。意若寂時、本有如来」。コノ文ノ心ヲ知ルベシ。山ノ里ヨリ、大和桜井ノ宮ニ影向シマシマス由、一説アリ。

世阿弥が河勝の化身した姿を「大明神」と付加して表現を和らげたのに対して、禅竹は、そのままストレートに河勝は「大荒神」となった、とする。そして、さらに、世阿弥の『風姿花伝』にはまったく見出されない、「胞衣」を「荒神」と同定する。「胞衣」とは、母胎のなかで胎児を包んでいた膜や胎盤のことである。生々しくはあるが、「如来蔵」を即物的に表現するとしたならば、これ以上にふさわしい言葉はないであろう。「荒神」とは、変化の可能性を無限に孕んだ「胎児」（生殖細胞、あるいは「如来蔵」としての「卵」）そのもののことであり、それゆえ、破壊と再生という両義的な力を発散し続けているのだ。だからこそ、「荒神」は海道を守護するものとなり、境界の坂に位置する「猿楽ノ宮」となり、そして「宿神」とも呼ばれるのである。禅竹は決定的な一言を記す。だからこそ、ここにあげたすべての性格をもった存在として、荒神とは「翁」なのだ。「翁」は、一方では暗闇に荒れ狂う「大荒神」となり、もう一方では光り輝く柔和な本有の——生まれながらの——「如来」ともなる。『大乗起信論』で説かれた真如が、衆生の迷える心と如来の覚れる心の二面性をもっていたように。

禅竹が、「意荒立時、三宝荒神。意若寂時、本有如来」（意＝心が荒れたる時は「三宝の荒神」となり、意＝心がもし鎮まれば「本有の如来」となる）として文中に引いた、ある「秘文」とは、今日では、中世の神仏習合期に形づくられた偽経である『仏説荒神陀羅尼経』（正確には『仏説大荒神施与福徳円満陀羅尼経』）であることが突き止められている。この『仏説荒神陀羅尼経』は、現在でも、柳田國男や折口信夫を惹きつけた山伏神楽の神事のなかで唱えられている。修験道の行者たちは、山という母胎のなかに入って、「胞衣」のようなものに包み込まれて生まれ変わる。折口信夫が、天皇の代替わりの即位式、大嘗祭の直中に見出した、呪術王の死と再生をつかさどる装置たる「真床襲衾《マドコオフスマ》」とは、この「胞衣」のもつ一つのヴァリエーションであった——以上、「荒神」と山伏神楽の関係については、井上隆弘「椎葉神楽における荒神——神楽祭文にみる荒神の中世的像容について」および「南九州の神楽における荒神——薗牟田神舞の三笠舞と胞衣荒神をめぐって」（『民俗芸能研究』第五五号、第五六号、二〇一三年、一四年）を参照した。さらに、井上も両論文で参照している、神楽研究における「荒神」の重要性をいち早く指摘し、中世芸能研究と接続した重要な著作、山本ひろ子『異神』（平凡社、一九九八年。現在は、ちくま学芸文庫）から多くの示唆を受けた。

列島における芸能の発生と権力の発生は等しい。そのいずれもが、「真如ノ妙身（妙なる身体）」にして「虚無ノ妙身（妙なる身体）」をもつ怪物にして神、荒神にして如来、「父母未生以前」の存在それ自体、その「本来ノ面目」をもった「胎児」としての「翁」に由来するのだ。金春禅竹は、中世最大の、野生の芸術表現者にして野生の自然哲学者であった。

翁は、荒神と如来という両義的で互いに相反する「性格」（ペルソナ）をもっていた。禅竹は、『明宿集』で、現実の「身体」（生身《しょうじん》）と虚構の「仮面」（似物《にせもの》）との差異を消滅させる（「生身・似物ノ差別ナシ」）。人間は「仮面」（ペルソナ）をまとうことで、そのまま仏になること、すなわち「即身成仏」が可能になる。柔和な翁面と憤怒の鬼面は表裏一体の関係にある。その二面性は、人間のみならずあらゆる神、あらゆる仏、すなわち森羅万象すべてにあてはまる――「諸天・善神、仏・菩薩ト初メタテマツリ、人間ニ至ルマデ、柔和・憤怒ノ二ノ形アリ。コレ、善悪ノ二相一如ノ形ナルベシ。サルホドニ、降伏ノ姿、怒ル時ニハ、夜叉・鬼神ノ形ト現ワレ、柔和・忍辱《ニンニク》・慈悲ノ姿ヲ現ワス時、面貌端厳ニシテ、本有如来ノ妙体也」。禅竹は、列島土着のあらゆる神と、列島渡来のあらゆる仏を、「翁」のもとで一つに習合する。それでは、その「翁」は一体どこから発生してくるのか。

それは、われわれの「心」の奥底から、なのである。『明宿集』とならぶ禅竹の代表作、『六輪一露之記』は、そのすべてを費やして「心」の諸相、「心」の円環運動の詳細を、実践的かつ論理的に記したものであった。禅竹は、生涯をかけて、『六輪一露之記』を書き継ぎ、書き直していった。

禅竹は、猿楽の徒のたどるべき芸の道にして「心」の道を、連続する六つの円を用いて表現する。第一の「寿輪」。これは完全なる空、「無想空寂之位分《いぶん》、動静一源之妙体ナリ」。この空の円に縦に一本の線が引かれる。それが第二の「竪輪《しゆりん》」。その竪に円を分かつ線が、下方に落ち着き、あらゆるものの土台となる。第三の「住輪」である。この土台からさまざまな像が生まれてくる。「妄尽心澄、万像斉《ヒトシク》現《ズ》」。そして第四の「像輪」に転ずる。すべての像は、この円のなかに蔵されている（「天衆地類、森羅万象、此輪ニ治」）。しかも、この円は「心」そのものなのだ。「草木国土モ、皆唯識《ゆいしき》ノ所変ナレバ、一心転変シテ、万像歴然タリ」。やがて心の円に縦、横、斜めに線が引かれ、あらゆるものは滅し去る。第五の「破輪」である。そして、すべては最初の空へと戻る。第六の「空輪」である。「第六空輪ハ、無主無色之位、向去却来シテ、又本《もと》ノ寿輪ニ帰ス」。

禅竹は、この六つの連続し、円環を描く「輪」の過程を、「一露」と言い換える。謡曲「芭蕉」で説かれていたように、雨、露、霜、雪はみな「水」のとる多様な形なのだ。「雨露霜雪ハ皆消、只一露ニマトマルガ如シ」。そして、この輪と露の転変は、「有」（有ること）と「無」（無いこと）という二項対立を無化する。あたかも、一つのすぐれた剣が万障を切り裂き、払い捨てるように。これが、『六輪一露之記』の概略である。

禅竹は、『五音三曲集』では、この「一露」を「一水」と読み替える。世阿弥は、「音」の起源を「如来蔵」としていた。禅竹は、世阿弥の「如来蔵」を、野生の自然哲学者らしく、あらためて「水」と置き換えるのだ。万物は「水」から生まれ、「水」へと還る。「水」とは空の「心」である。禅竹は、「無味」の「一水」と言う。人には「五味」の好みがある。それらはすべて無味の「一水」から起こる。さらには、「此一水より、皮《ひ》・肉・骨《こつ》の三曲もおこれば、山河大地・是非草木、万物皆此水体なり」。あるいは、「水は流るゝを以て体とし、無味を以て命とす」。禅竹は、意識の目覚めと、宇宙の開闢を一つに重ね合わせる。そこに「翁」の発生もまた位置づけられる。

国栖

1　神武

金春禅竹は『明宿集』を、こうはじめている。「抑《そもそも》、翁ノ妙体、根源ヲ尋《たずね》タテマツレバ、天地開闢《かいびゃく》ノ初ヨリ出現シマシマシテ、人王ノ今ニ至ルマデ、王位ヲ守リ、国土ヲ利シ、人民ヲ助ケ給フ事、間断ナシ」。翁は天地開闢から、地の人にして天の王（皇）たる者がこの国土を治める現在に至るまで、万物の守護神として存在している。その本体たる本地《ほんじ》を尋ねれば、応身・報身・法身が一体となった如来（仏）であり、その化身である垂跡（垂迹）を知れば、住吉の大明神の他、各地に出現した神々である。仏にして神である翁、「本地垂跡スベテ一体トシテ、不増不滅、常住不滅ノ妙神」たる翁が導き、守護すべき者、すなわち「人王」とは、一体、どのような存在だったのか。禅竹は、この地上に出現した、はじまりの翁について、さらに詳細に、こう記している――。

ソノカミ、天神七代ノ末、地神第四火々出見《ホヽデミ》ノ尊《ミコト》、御兄ノ火進之尊《ホノスソリノミコト》ト、山ノ幸、海ノ幸ヲタガヒニ違エ、慣ラワヌ釣ヲ垂レ給フトテ、針ヲ魚ニ食ワレ給イシ時、兄ノ尊セチニ責メ給エバ、海辺ニ嘆キ給フ。ソノ時、塩土《イオツツ》ノ翁出現シテ、荒目《アラメ》ノ大籠ヲ作リ、竜宮ニ送リタテマツル。ツイニ釣針ヲ取リ返シ、兄ノ尊ニ返シ給イテ、国土ノ主《ヌシ》トナリ給フ。ソノ時ノ塩土ノ翁ト申ワ、スナワチコレ妙神ニテマシマス也。シカレバ、カミ神代《かみよ》ヲ兼ネ、シモ人王ノ末ヲ導キ給フ。スナワチ天地ノ媒《ナカダチ》タリ。コノ外、日本紀ニ見ユル所、タヤスク申ニ及バズ。

翁の起源は、ユーラシア大陸の先、極東に位置するこの列島の「歴史」をまとめた聖なる書物、最古の神話の書にして歴史の書たる聖典、『日本書紀』（日本紀）に記されている。中世に至るまで、列島の「聖なる歴史」として、一貫して読み続けられてきたのは、『古事記』ではなく、『日本書紀』であった。『古事記』の最古の写本として確認されるのは、北と南に二つの王朝が並び立った南北朝期、応安四年（一三七一）から翌年にかけて書写された真福寺本である。写本を通して考える限り、『古事記』の起源はそこまでしかさかのぼることができない。『古事記』とは、実に中世になってはじめてその全貌が明らかになった、『日本書紀』とは異なったもう一つの聖なる書物だった。本居宣長の出現まで、『古事記』はもっぱら『日本書紀』を補完するもの、『日本書紀』を読むためのサブテキストとして位置づけられていた。分量的にも、『古事記』の小さくコンパクトなまとまりに対して『日本書紀』は巨大で錯綜している。『古事記』では、一つの物語が最初から最後まで直線的に語られているが、『日本書紀』では、相矛盾する複数の物語――「本文」に対する「一書」として、神話の複数のヴァリアントが併録されている――が相互に並行するかたちで語られていたからだ。

『日本書紀』を読むためには、同時並行する複数の物語を比較対照した上で、次々と「解釈」を下し、「本文」を確定していく必要があった。歴史は、解釈によって変更され、あらたに生み落とされるのだ。『明宿集』もまた、ある一面においては確実に、中世における『日本書紀』解釈の一つのヴァリアントとして存在している。『日本書紀』において、禅竹がはじまりの翁として位置づける「塩土の翁」（「塩土老翁《シオツチノオジ》」）は、神々の世界から人々の世界へと「歴史」が移行する際に、きわめて重要な役割を果たす（『古事記』では「翁」という形象では出現しない）。禅竹が、『明宿集』ではじまりの翁として取り上げるのは、『日本書紀』の神代紀後半、いわゆる海幸・山幸の挿話のなかにあらわれる「翁」である。

　天孫ヒコホノニニギの息子たち、兄ホノスソリは海の幸（富）を得る「釣針」に象徴される力をもち、弟ヒコホホデミは山の幸（富）を得る「弓矢」に象徴される力をもっていた。兄と弟は、互いのもつ力の象徴（「釣針」と「弓矢」）を交換する。しかし、それぞれの力がもたらしてくれるはずの富を得ることはできなかった。深く悔いた兄は、ふたたび、各々がもつ力の象徴を交換して、すべてを元の通りに戻すことを求める。しかし、弟はすでに、海の幸を得る「釣針」を、海の底深くに失っていた。兄は弟を激しく責め立てる。海浜で歎く弟ヒコホホデミの前に、「塩土の翁」（「塩土老翁」）が出現し、「無目籠《マナシカタマ》」――隙間なく密閉された籠――を作り、ヒコホホデミを海底の「海神《わたつみ》の宮」へと送り届ける。ヒコホホデミを別世界へと送る「籠」を「小船」と形容した「一書」もあり、禅竹はまた別の「一書」に記された「荒目ノ大籠」（「大目《オオマ》麁籠《アラコ》」）を採用している。明敏なアナロジスト、相異なったものたちの間に「類似」を見つける天才であった折口信夫は、ヒコホホデミが「海神の宮」を訪れる際に乗り込んだ密閉された籠（小船）と、世阿弥が『風姿花伝』に記した秦河勝がこの世に出現した「壺」、この世を去った「うつほ舟」は同じ機能を果たすものであると喝破している（折口の生前にはまだ『明宿集』は発見されていなかった）。「海神の宮」を訪れたヒコホホデミは、海神の娘である豊玉姫《トヨタマヒメ》と出会い、その地で結ばれる。地上に戻ったヒコホホデミは、海神から得た力で兄ホノスソリを屈服させ、ホノスソリは弟——つまりは山と海の力を手に入れて地上に君臨した王——に祝福を与える「俳優《ワザオギ》」の民、「隼人《はやと》」の始祖となる。さらに、ヒコホホデミは、海神の娘が自らの子供を生むための「産屋」を海浜に整え、その訪れを待つ。海神の娘、豊玉姫は、妹である玉依姫《タマヨリヒメ》をともない、出産に備える。見ることを禁じられていたヒコホホデミは、好奇心を抑えきれず、「産屋」のなかで出産中の妻の姿をのぞき見てしまう。「竜」あるいは「八尋大鰐《やひろわに》」という真の姿をのぞき見られた海神の娘は、大いに恥じるとともに大いに怒り、産んだばかりの天の王の子供を「草《かや》」で包み、海浜に打ち捨てたまま、海底の宮へと立ち去ってしまう。残された天の王の息子にして海の姫の息子、ヒコナギサウガヤフキアエズは、逞しく成長すると、母の妹である海神の「叔母」、玉依姫を娶り、自身の父ヒコホホデミを「諱《いみな》」（真の名前）とするカムヤマトイワレビコ、すなわち初代の天皇たる神武《じんむ》をもうける。

「塩土の翁」によって、天の神の息子と海の神の娘が結ばれ、天と地を一つにつなぐ人の王、はじまりの「天皇」が生み落とされたのだ。まさに、「翁」は天と地を媒介する者であり、「天地ノ媒」そのものとして存在する「人王」(天皇)の誕生を助ける者でもあった。

『日本書紀』において、「塩土の翁」が登場するのは、海彦・山彦の挿話だけではない。山彦たるヒコホホデミの父、つまりは高天原からはじめて地上に天降った天孫ヒコホノニニギがはじめて出会った地上の神、国神コトカツクニカツノカミこそ「塩土老翁」であった。『日本書紀』の「一書」にはそう記されている(イザナギの息子である、とも)。禅竹が指摘するように、神の世から人の世へ転換する地点、天の神(「天神」)と地の神(「国神」)との出会いである「天孫降臨」、すなわち、列島の歴史における「天地開闢」のときに、すでに「翁」はその姿をあらわしていたのである。それだけではない。山彦たるヒコホホデミの孫、初代の天皇たる神武に征服すべき未踏の地、遠く遥かなる「東」の大和《やまと》を指し示したのもまた「塩土老翁」だった。猿楽の故郷にして、列島の神話と物語の故郷、大和への道がひらかれたのである。翁はつねに天皇とともにあった。

翁面と鬼面が表裏一体の関係にあったように、「翁」と「人王」(天皇)もまた表裏一体の関係にあった。もう一つ。『日本書紀』において、天と地との媒介となり、神と人との媒介となる「天皇」が生み落とされる際にあらわれるのは「翁」だけではない。天孫降臨の際、ヒコホホデミが海神の宮を訪れた際、そしてはじまりの「天皇」の父であるヒコナギサウガヤフキアエズが誕生した際、「翁」とともにあらわれるのは、胎児を包み込んで保護する「胞衣《えな》」のように、神の子にして人の王となる存在をあらためて包み込むことによって再生させる衣裳にして寝具、「真床《マドコ》覆衾《オフスマ》」（以下、この箇所のみ『日本書紀』の表記にあわせる）であった。ヒコホノニニギは天から降るとき、あたかも母の胎内から生まれ出る胎児のように、「真床覆衾」に覆われていた（『日本書紀』の「本文」および「一書」）。ヒコホノニニギの息子、ヒコホホデミは、「翁」に導かれて海神の宮を訪れた折、「真床覆衾」の上で寛いでいた（「一書」第四）。それが海神の娘との聖婚につながる。ヒコホホデミの息子、ヒコナギサウガヤフキアエズはこの世に生まれ出た直後、生みの親たる異類の母、竜の母にして鰐の母の手によって「草」とともに「真床覆衾」に包み込まれて、波打ち際に打ち棄てられた。

「翁」が天と地、神と人、人と異類の媒介となったように、「真床覆衾」もまた天と地、神と人、人と異類の媒介となっていた。聖典に記された神話時代から現在に至るまで、この列島に散在する山奥深き聖なる場所では、一年に一度、つまりは聖なる時間に、「翁」が反復され、「真床覆衾」が反復され、空間と時間が、そこを生きる森羅万象あらゆるものが、いったん死を経ることで再生する。柳田國男を震撼させた椎葉や早池峰の山人たち、折口信夫を震撼させた奥三河の山人たちによって執り行われている祝祭劇たる「神楽」には、「翁」と「真床覆衾」、あるいは「胞衣」がセットで出現する。「神楽」のクライマックスにあらわれる「鬼」と、猿楽の起源に位置づけられる「翁」との関係の詳細は、未だにはっきりとは分からない（準拠できる資料がほとんど存在しない）。しかし、鬼と翁のいずれもが、神仏習合期に、自らの身体を介して自然そのものと、つまりは森羅万象と交わり合った修験道の行者たちの布教活動と密接な関係をもっていたことは確実である。

神楽の「鬼」と猿楽の「翁」の起源、さらには修験道そのものの起源、それらもまた、列島最古の聖典たる『日本書紀』に、「天皇」の起源とともに、相互に見分けのつかないかたちで、書き込まれている。「翁」が反復され、「真床覆衾」が反復され、はじまりの「人王」が生み落とされたように、はじまりの「人王」の軌跡もまた、後の「人王」たちによって反復され、列島の「歴史」そのものが可能となった。『日本書紀』が語る「歴史」に画期をもたらした三人の天皇、はじまりの天皇たる神武、神憑りの荒ぶる母（神功皇后）の胎内で成長して共同社会の諸制度のほとんどを整えた応神《おうじん》、そして、おそらくは、「歴史」そのもの、天皇という制度そのものに完成をもたらした天武《てんむ》は、いずれも同じ聖なる場所を訪れ、死から復活する再生の力を獲得している。

神武、応神、天武。三人の偉大な「人王」たちは、いずれも吉野の「国栖《くず》」を訪れ、あるいは、「国栖」と深い関係をもっていた。吉野の「国栖」はまた修験道の聖地であり、そこでは神楽の起源、猿楽の起源にも比定される古式の翁の舞、「国栖奏」が、近代において大きな変容を受けながらも、天武の威徳を称えるために、現在に至るまで奉納され続けている。

*

『古事記』と『日本書紀』は、その形式においても、内容においても、鋭く対立する部分をもっている。しかしながら、古代王権の完成者として天武を位置づけていることにおいて変わりはない。『古事記』が語る天皇の一代記は、推古までである。『日本書紀』は天武の妻、持統までであるが、分量においても最大であり、内容についても詳細をきわめるのが、二巻に分かたれた「天武紀」である。吉野に挙兵し、大和を奪還し、大和に新たな王朝を打ち立て、さらに吉野で諸皇子たちと盟を結んで、古代王権国家の体制を強固にした天武。その天武は、政治から経済に及ぶ諸制度の組織者であると同時に、諸芸能の組織者でもあった。

天武紀四年、二月の項――「大倭・河内・摂津・山背《やましろ》・播磨・淡路・丹波・但馬・近江・若狭・伊勢・美濃・尾張等の国に勅《みことのり》して曰《のたま》はく、「所部《くにうち》の百姓《おおみたから》の能く歌ふ男女と侏儒・伎人を選びて貢《たて》上《まつ》れ」とのたまふ」。さらには、十四年、九月の項――「詔して曰はく、「凡そ諸《もろもろ》の歌男・歌女・笛吹者《ふえふき》、即ち己が子孫《うみのこ》に伝へて、歌笛を習はしめよ」とのたまふ」。天武は、畿内各地の――しかも、おそらくは辺境の――諸芸能を宮廷に集約させる。さらに、天皇の権力が「家」として世襲されるように、その技を伝えていく芸能の「家」を創出させた。なぜ、このように芸能を重視したのか。芸能によって地上にもたらされる霊的な力は、現実の諸制度の基盤となった物質的な力である武力を凌ぐものであったからだ。天皇のもつ力と芸能者のもつ力が等しかったからだ。そうした事実は、『日本書紀』とはある意味で対抗関係にある『古事記』の「序」によって、逆説的に、明らかにされる。

その「序」において、『古事記』を完成した太安万侶《おおのやすまろ》は、天皇のはじまりに位置する神武の業績を、こうまとめている。「神倭［神武――引用者注、以下同］天皇、秋津島［大和の国］を経歴《へ》ましき。熊と化《な》れるもの爪を出《い》だして、天の剣《つるぎ》高倉に獲《え》たまひき。尾《お》生ひたるひと径《みち》を遮《さ》へて大き烏吉野に導きまつりき。儛《まい》を列ねて賊《あた》を攘《はら》ひたまひ、歌を聞きて仇《あた》を伏せたまひき」。神武は、化外《けがい》の地である熊野の森で巨大な熊の毒気にあてられ気を失い、熊野から吉野へと向かう途上で尾をもった人々、「国栖」（「国巣」あるいは「国樔」）の人々と出会い、八咫烏《やたがらす》に導かれて吉野へと入る。神武は人外の地を彷徨しなければならなかった。その後、神武は、武力ではなく、舞と歌の力によって賊と仇を斃す。『日本書紀』に描き出された神武もまた、物理的な力である武力に秀でた英雄王ではなく、夢を通して神託を聞き、霊的な呪術によって土地を占領する魔術王であった。『古事記』の「序」は、神武に続き、ごく簡単に崇神、仁徳《にんとく》、成務《せいむ》、允恭《いんぎょう》の業績をまとめ、最後に、吉野に挙兵した天武の事蹟を事細かにたどっていく。そして、こう記す。天武は、『古事記』の原型となった「帝紀《ていき》」と「旧辞《きゅうじ》」に誤りが多くなってきたことを嘆き、両者を正し、自ら口伝えで、舎人《とねり》・稗田阿礼《ひえだのあれ》に真の歴史を誦み習わした。つまり、『古事記』は、天武が発した言葉を起源としているのだ。『古事記』を語っていたのは天武だった。

この『古事記』に付された「序」に関しては、江戸期から偽作説が唱えられていた。しかし、中世に『古事記』を再生した人々は、天武からはじまる「真の歴史」を希求していたのである（そこには明らかに『日本書紀』に対する批判が込められている）。その天武は、『古事記』の「序」においても、『日本書紀』の本文においても、あからさまに神武の事蹟を反復している。否、天武の事蹟をもとにして、起源の天皇として、神武の事蹟が捏造された可能性が高い。起源が仮構されているのだ。その仮構の鍵になるのが吉野であり、「国栖」であった。『古事記』においても『日本書紀』においても、神武の後、「国栖」が登場するのは応神の時代である。応神は、神憑りする荒々しい母、神功皇后の胎内で成長した異形の神の子である。『日本書紀』は、その応神が、後に天武が挙兵する吉野宮を訪れた際、「国栖（国樔）」の人々が来朝したことを記す（応神紀十九年十月の項、ただし現在の発掘調査によれば、天武以前に吉野に宮があったことは否定されている、つまりこの記事もまた天武の事蹟からさかのぼって仮構された可能性が高い）。きわめて具体的かつ詳細な、「国栖」の人々の描写が続く――。

十九年の冬十月の戊戌《ぼじゅつ》の朔に、吉野宮に幸《いでま》す。時に、国樔《くにす》人来朝《ひとまいけ》り。因りて、醴酒《こさけ》を以ちて天皇に献りて、歌《うたよみ》して曰《もう》さく、

橿《かし》の生《ふ》に、横臼《まくす》を作り　横臼に　醸《か》める大御酒《おおみき》　うまらに　聞し持ち食せ　まろが父

とまをす。歌ふこと既に訖《おわ》り、則ち口を打ちて仰ぎ咲《わら》ふ。今し国樔、土毛《くにつもの》を献る日に、歌ひ訖りて則ち口を撃ちて仰ぎ咲ふは、蓋し上古の遺れる則《のり》なり。夫れ国樔は、其の為人甚だ淳朴《すなお》なり。毎《つね》に山菓を取りて食ひ、亦蝦蟆《かえる》を煮て上味とす。名《なづ》けて毛瀰《けみ》と曰ふ。其の土《ところ》は、京より東南、山を隔てて吉野河の上《ほとり》に居り、峰嶮しく谷深くして、道路《みち》狭《さ》く巘《さが》し。故、京より遠からずと雖も、本より朝来《まいく》ること希なり。然れども、此より後、屡《しばしば》参赴《まいき》て土毛を献る。其の土毛は、栗・菌《たけ》と年魚《あゆ》の類なり。

すでにこのとき、「国栖」の人々は、「上古」の「未開」にして「野蛮」な民、狩猟採集を生業とする「山人」であった。縄文が幻視されている。「山人」に「先住民」が重ね合わされるのはいわば必然であった。神武は、そして天武も、現在では忘れ去られてしまった、そのような野生

の人々が育んできた呪術的な「歌」と「舞」を必要としたのである。現在の文化を超出するためには、過去の野生に還らなければならない。それが史実であったかどうかは問題ではなかった。『日本書紀』に描き出された神武の軌跡を再検討してみる。「塩土老翁」に未踏の地である「東」を指し示され、神武は東征に向かう。その途上で、神武は国神ウヅヒコと出会い、シネツヒコという新たな名前を授け、海の導き手とする。しかし、難波に上陸した神武は、大和の地を治める先住民たる「土蜘蛛《つちぐも》」たちの長《おさ》、ナガスネヒコ（長髄彦）――「土蜘蛛」のように長い脛《すね》をもち、天孫よりも先に天降ったニギハヤヒの庇護を受けて大和の支配者となった者――に敗れる。長髄彦との闘いで兄弟たちを次々と失った神武は、「日の神」の末裔にふさわしく、太陽を背に背負うかたちで、あらためて、人外の地、熊野から大和へと侵攻することを試みる。その途上、神武は突如として「吉野の地」を訪れる（『古事記』ではよりスムーズなルートが選択されている）。神武は井のなかから出てきた、尾をもち全身から光を発する「井光《イヒカ》」と出会い、やはり岩を押し分けて出てきた「国樔」たちの始祖、「磐排別之子《イワオシワクノコ》」と出会う。この出会いが一体何を意味していたのか、『日本書紀』は何も語らない。やがて神武は大和の地を望む「菟田《うだ》」（「宇陀」）の地に至り、夢を通して神託を得る。大和の国を象徴する天香具山から「土《はに》」をとり、それで土器類を作り、それらを「呪詛」すれば、闘いに勝利することができる、と。神武はシネツヒコに「翁」の扮装をさせて敵を欺き、天香具山の「土」を手に入れ、天の神の呪術を行い、長髄彦に勝ち、さらには各地の「土蜘蛛」たちを誅殺していく。「翁」と「国栖」は、ここでもきわめて近い関係にあった。

それでは、あらためて「国栖」とは一体、何者なのか。
『日本書紀』とほぼ同時代に編纂がはじめられた風土記《ふどき》のうち、現在までその全体が伝わるもののうちの一つである『常陸国《ひたちのくに》風土記』で、語り手の「翁」(「古老」)は、端的にこう答えてくれている。「国巣」と書き、「土蜘蛛《つちぐも》」と読むのだ、と(「茨城の郡《こおり》」)。昔、「国巣《くず》」(あるいは土蜘蛛、もしくは八束脛《やつかはぎ》=長い脛をもった人々、すなわち「長髄彦」の一族)と呼ばれた「山の佐伯《さえき》、野の佐伯」がいた。彼ら、彼女らは、「普く土窟を置《もう》け掘り、常に穴に居《す》み、人の来るあらば、すなはち窟に入りて竄《かく》れ、その人去らば、更郊《またの》に出でて遊べり。狼の性、梟の情《こころ》ありて、鼠のごと窺ひ狗のごと盗む」。「国栖」とは、列島の現在からは時間的にも空間的にも「外」に位置する人々だった。現在に対して過去、農耕民に対して狩猟採集民、あるいは弥生に対して縄文――ただし、歴史上そのような事実が存在したと主張したいわけではない、『日本書紀』を編纂した人々にとって、そのようなフィクションが必要だったというわけである(現在、この稿を書き継いでいる「私」もまた、そのようなフィクションの魔力になかば意識的に囚われている)。「土蜘蛛」を討つためには「土蜘蛛」の力が必要だった。「翁」の起源、すなわち「天皇」の起源は、一方では、太古の力、野生の力の甦りにある。しかし、それだけでは充分ではなかった。太古の力、野生の力を、身体の論理にして自然の論理として再構築しなければならなかった。過去と現在を通底させ、その可能性を未来にひらかなければならなかった。

そのために必要とされたのが、列島に住む人々にとって、これもまた時間的にも空間的にも「外」から将来された最新の身体術、「道教」の教えだった。天武の国風の諡《おくりな》はアマノヌナハラオキノマヒトという。最後のマヒトは「真人」と記す。「道教」の奥義をきわめた人、という意味をもっている（もちろん、それだけではない）。「国栖」が体現する、太古の野生の力と、「真人」が体現する、道教の未知なる力。それが吉野の「国栖」で一つに接合されたのである。そこに「翁」が生まれ、「天皇」が生まれた。「天皇」という称号は、天武朝になって、はじめて使用されるようになったという。

2 天武

伊勢と「同体」である蛇身の大地母神——猿楽の徒たちが育んできた神話論理を突き詰めていけばそうなる——を祀り、聖なる山自体が巨大な女神の身体そのものであった三輪。もしその大女神の身体をあえてイメージしてみるなら、現在は桜井市の聖林寺に安置されている、かつては絶対の「秘仏」であった十一面観音（もともとは三輪の神仏習合を代表する大御輪寺《おおみわでら》の本尊であった）、あるいは、初瀬川のさらに源流近く、「隠国《こもりく》」の地に、やはり聖なる山自体を体現するかのように鎮座している長谷寺の本尊、黄金色に光り輝く巨大な十一面観音のような姿となるであろう。

男性的な力強さと女性的な柔和さを兼ね備え、頭上に九つ、背後に一つの面をもった多頭の女神。多くの頭をもつ、両性具有の聖なる存在の裏面には、髪の毛の一本一本が蛇であったという異国の大地母神の姿が隠されているかのようだ。実際、世阿弥の息子である元雅《もとまさ》が翁面を奉納した、同じく十一面観音の信仰圏に属する天河では、頭部が複数の蛇頭からなる水の女神、天河弁財天が祀られていた。男性と女性が一つに交わり、神と仏、人と獣が一つに交わる。「翁」は、そのような地で胚胎された。「翁」の起源をさらに探究していくためには、もう一つ別の聖なる山を訪ねなければならない。

三輪を降り、巨大な鳥居の前をはるか難波の海にまで流れていく初瀬川を渡ってしばらく歩いていくと、その、もう一つの聖なる山が目の前にあらわれてくる。多武峰《とうのみね》である。聖林寺は多武峰の入口に位置する。多武峰を越えて向こう側に降りると、その麓から、飛鳥の地がひろがっている。折口信夫が敬愛する祖父の養家、飛鳥坐《あすかにいます》神社はまさに多武峰を降りきったところ、飛鳥がそこからはじまる場所にある。その境内の到るところには、巨大な男根を思わせるさまざまな石棒が屹立している。無数の直立する石たちが奉納され、安置されていた。荒ぶる「性」そのものを体現する空間である。さらに、多武峰から麓へは降りず、山々の奥に入って行くと、すぐに吉野にたどり着く。天河は、吉野の中心たる山上ヶ岳の、これもまた入口に位置していた。

多武峰は、大和に拠点をもつ猿楽の徒たちの聖地であった。そこには、世阿弥と禅竹が記した起源の猿楽、「六十六番の物まね」が、僧侶にして神官たちによって、中世末期——享禄三年（一五三〇）——まで執り行われていたと推定することを許す貴重な記録が残されていた。大和の猿楽の徒たちは、大和における猿楽のもう一つの聖地、興福寺と多武峰が対立を激化させていくなかでも、自らの芸を多武峰に捧げることをやめなかった。そこには、「魔多羅神《またらじん》」と記された、大ぶりの翁面が、現在に至るまで伝承されている。しかも、禅竹のいう根源神としての「翁」、それは「魔多羅神」であると、多武峰に残された記録には記されていたのである。

没後にようやく一冊にまとめられた、きわめて重要な書物、『宿神論――日本芸能民信仰の研究』(岩波書店、二〇〇九年)に収録される諸論考を書き継いでいた服部幸雄は、そのはじまりの論考で、世阿弥が『風姿花伝』の「第四神儀云」のなかで、「六十六番の物まね」がなされたとする「後戸《うしろど》」に祀られた正体不明の謎の神こそ、この「魔多羅神」に他ならないと指摘している。「魔多羅神」とは、最澄《さいちょう》の意志を継いで唐を訪れた円仁《えんにん》が帰朝する際、その船中に出現した外来神である。外来神であるとともに、円仁に向けて自ら「障礙神」であると名乗った荒ぶる神でもあった。「魔多羅神」は、最澄が比叡山に延暦寺をひらき、円仁が継ぎ、全国各地に広がっていった天台宗を奉ずる多くの寺院――「草木国土悉皆成仏」を主張する天台本覚思想の広がっていく範囲とも等しい――に設けられた堂、常行三昧堂《じょうぎょうざんまいどう》の「裏」に封じ込められ、しかしながら、その荒ぶる力によって、「表」の本尊を守護する役割を担っていた。

服部は、その守護神としての仮面の裏側、その一面において、魔多羅神は「忿怒神・夜叉神・行疫神」として懼れられる存在であった、とまとめている。京都太秦の、猿楽の徒たちの祖と位置づけられる秦河勝を祀る広隆寺(大酒《おおさけ》神社)でかつて行われていた「牛まつり」、鬼たちに率いられた牛に乗って「異形」の仮面――「翁」ではなく鼻高のいわゆる舞楽面――をつけて練り歩く、神にして人もまた同じく「魔多羅神」と名づけられていた。禅竹は、『明宿集』の冒頭で、「翁」とは万物の守護神であると説いた。柔和な守護神たる翁面の裏には忿怒の破壊神である魔多羅神面が隠されていたのである――ただし、多武峰に伝わる「魔多羅神面」はあくまでも「翁面」であり、「魔多羅神」そのものをあらわした面ではないという見解も存在する。

多武峰の常行堂（現在は「権堂」）で、猿楽の徒たちは、翁にして魔多羅神の仮面をつけ、翁にして魔多羅神、守護神にして破壊神へと変身していったのである。それでは、その変身を可能にした場所、多武峰とは一体、どのような場所だったのか。『日本書紀』の斉明天皇二年には、次のような記述が残されている——「田身嶺《とうのみね》に、冠《かが》らしむるに周垣《めぐれるかき》を以《も》ちてす。復《また》、嶺の上の両《ふたつの》槻樹《つきのき》の辺《ほとり》に観《かん》を起て、号《なづ》けて両槻宮《ふたつきのみや》とし、亦天宮《あまつみや》と曰《い》ふ」（一部、語義注釈を省略）。要点をまとめてみる。田身嶺（「多武峰」）の頂上に垣根をめぐらせ、また、その嶺の頂上、二本の槻の木が立っているあたりに「観」を建て、それを名づけて「両槻宮」とし、また「天宮」とも言った、と。「両槻宮」、あるいは「天宮」と名づけられた「観」とは、物見台を意味するとともに、道教の寺院である「道観」を指しているとも言われている。

古代大和の中心部、大和三山を一望のもとに見晴らすことができる多武峰の頂は、道教の聖地、最も「天」に近い宮が設けられていた場所でもあったのだ。道教の行者の姿は、同じく斉明天皇の重祚の際にも、不気味な影を投げかけている。すなわち、天皇即位の直後、このような事件が起きた——「夏五月の庚午《こうご》の朔に、空中《あおぞらのなか》に竜に乗れる者有り。貌《かたち》、唐人《もろこしひと》に似れり。青き油《あぶらきぬの》笠《かさ》を着て、葛城嶺《かづらぎのたけ》より馳せて胆駒山《いこまのやま》に隠れぬ。午時《うまのとき》に及至《いた》りて、住吉《すみのえ》の松嶺《まつのみね》の上より西に向ひて馳せ去る」。

夏の五月、庚午朔（月のはじまる日）に、竜に乗って空を飛ぶ者があった。その相貌は、この国土の人ではなく、大陸の人に似ていた。油を塗った青い笠を身につけ、葛城山の頂から空に翔け上り、生駒山の向こうに隠れた。また午時になって、今度は住吉の松の岡の上空から西に向かって翔け去っていった。このような道教の行者だけではない、文字通りの「鬼」もまた、斉明紀のなかに姿をあらわす。斉明が崩御した際（斉明七年八月）、その柩が運ばれていくときに、朝倉山の上から、大きな笠をかぶった「鬼」が、その有様をじっと見守っていた、と記されていた。

青い笠をかぶった行者が空に翔け上がっていった葛城山もまた、渡来人たちのコミュニティであり、道教を媒介として仏教と神道が一つに習合した修験道の聖地であった。斉明は、中臣鎌子（藤原鎌足）と謀って大化の改新を成し遂げた中大兄皇子《なかのおおえのおうじ》（天智天皇）の母である――近年、大化の改新は虚構（フィクション）であるとの説が有力であるが、ここでは、まさに神話（フィクション）として求められた大化の改新の意義、物語（フィクション）として求められた「天皇」確立の意義を明らかにしようとしている。多武峰は、そこに伝わる由来の書に、藤原鎌足と中大兄皇子が大化の改新の密議を交わした場所であると記されている。鎌足の墓が、のちに同じこの多武峰に移された、とも。やはり「翁」の発生は「天皇」の発生とむすびついているのだ。

中大兄皇子の父は舒明《じょめい》である。舒明の崩御した後、その皇后が天皇の位を継ぎ、皇極《こうぎょく》となった。このとき大化の改新が行われ、皇極は弟である孝徳《こうとく》に天皇の位を譲るが、孝徳崩御の後、ふたたび天皇の位につき、つまりは「重祚」して、斉明《さいめい》となった。大化の改新を成し遂げた中大兄皇子が天智として即位するのは、さらにその後のことなのである。皇極、孝徳、斉明という三代が統治する間に、神聖なる天皇、「神ながら」の天皇、「現人神《あらひとがみ》」としての天皇という規定が整えられていった。

それでは、天皇とは、一体何者なのか。『日本書紀』（孝徳二年八月の詔）は、こう答えている。

天皇とは、自然のもつ霊的な諸力が一つに結晶してなった、ありとあらゆる霊的な存在の「主」として位置づけられるものなのだ、と。神道的でも仏教的でもない、あるいは、神道と仏教を一つに習合する、道教的な「王」こそが天皇なのだ――。

原《たずねみ》れば夫《そ》れ天地陰陽、四時《しじ》をして相乱れしめず。惟《おもいみ》れば、此《これ》天地万物を生《な》す。万物の内に、人是《これ》最も霊《くしひ》なり。最も霊なる間に、聖人主《ひじりきみ》たり。是《ここ》を以《も》ちて、聖主《ひじり》の天皇《すめらみこと》、天に則《のと》り御《あめのしたしらしめ》　寓して、人の所獲《ところえ》むことを思ほすこと、暫《しましく》も胸《こころ》に廃《す》てず。

意味を補って、現代の言葉に直してみれば、こうなるであろう。……ことのはじめを尋ねてみれば、天地をめぐる陰陽の気は、四つの季節を通じて互いに相乱れることは決してない。これを考えてみれば、そうした一つに循環する天地からこそ、万物が生成されてきたのである。その万物のうちに人間が生まれ、最も霊的な存在となっていった。そのなかでも、さらに聖なる存在たる「人主」、人間たちの主となるものが生まれた。それこそが「聖主」、聖なる万物の主である天皇であった。それゆえ、天皇は、人間が作った法ではなく、天の法に従って人々を統治し、人々がそれぞれ望ましい所を得るようにと常に心に思っている……。

天皇は、天の法そのものを体現する。だからこそ、天皇以外の特権階級および私的所有は全面的に廃止され、人々はすべて「国家《おおやけ》」の民となり、国土の所有はただ天皇のみに帰せられる。いわば、天皇を中心に据えた、古代の霊的な社会主義革命である。それこそが大化の改新がもつ、神話的かつフィクショナルな意味である。中世、そして近代と、何度もこの天皇による、フィクションとしての「革命」が断行されてゆく。

『日本書紀』の後半部で確立された「天皇」の規定は、この書の冒頭に提出された「神」の規定と直結する。列島最古の神話の書は、そもそも、こうはじまっていた。きわめてよく知られた一節であるが、道教的な「王」に対応する道教的な「神」の記述として、『日本書紀』「本文」の冒頭を引用する——。

古《いにしえ》に天地《あめつち》未だ剖《わか》れず、陰陽《めを》分れず、渾沌にして鶏子《とりのこ》の如く、溟涬《めいけい》にして牙《きざし》を含めり。其の清陽《せいよう》なる者は、薄靡《たなび》きて天《あめ》に為《な》り、重濁《じゅうだく》なる者は、淹滞《とどこお》りて地《つち》に為るに及《いた》りて、精妙の合摶《ごうせん》すること易《たやす》く、重濁の凝竭《ぎょうけつ》すること難し。故《かれ》、天《あめ》先づ成りて地後《つちのち》に定まる。然して後に神聖《しんせい》其中に生れり。

故曰《かれいわ》く、開闢《ひらく》る初めに、洲壌《くにつち》の浮漂《うかびただよ》へること、譬《たと》へば游魚《あぶらうお》の水上《みずのうえ》に浮かべるが猶《ごと》し。時に天地の中に一物《ひとつのもの》生れり。状《かたち》葦牙《あしかび》の如く、便《すなわ》ち神に化為《な》る。国常立尊《くにのとこたちのみこと》と号《もう》す。

……太古の昔、いまだに天と地も分かれず、陰の気と陽の気も分かれていなかった。その渾沌として未分化のさまは、あたかも鶏の卵のようであった。まだ薄暗く、すべての見分けがまったくつかない状態ではあったが、そのなかから何かが生まれてくる萌しがあった。やがて清く澄んだ明るい気が薄くたなびいて天となり、重く闇に濁った気が停滞して地になろうとしたとき、清く妙なる気は一つにまとまりやすく、重く濁った気はなかなか一つにまとまり難い。それゆえ、天がまず成って、その後に地が成った。そして、その天地のなかに、さまざまな気が集約されて、神聖な存在が生成された。

そこから次のような一連の過程が生起した。天地が開かれる初めの頃には、大陸や島が漂うこと、ちょうど海を泳いでいる魚たちが、海上に浮かび上がってくるようなものだった。そうしたなか、天地の気がなにか一つの「もの」として生成された。そのありさまは今まさに萌え出でようとする葦の芽のようであり、それがそのまま神となり、クニノトコタチノミコトと名づけられた……。

天地陰陽が分かれる以前の気の流れが、天と地、陰と陽に分かれ、さらには一つに凝り成して神聖な存在が生成される。その神聖な存在は、あたかも萌え出でようとする種子の芽のようなものであり、それが原初の神、クニノトコタチとなった。先ほどの「天皇」の規定そのものである。それが宇宙大に拡大されている。天地陰陽をめぐる気が一つに凝固することで原初の「神」が生成され、それは同時に、原初の「王」の生成そのものでもあった。この『日本書紀』の冒頭は、道教的な中国の聖典『淮南子《えなんじ》』、および、自然そのものを体現する原初の巨人の誕生を語る「盤《ばん》古《こ》神話」を換骨奪胎することで成り立っている。

列島最古の神話の書、『日本書紀』は、道教的な「神」の生成からはじまり、道教的な「王」の確立によって完成したのだ。道教にもとづいた習合的な「神」にして習合的な「王」の姿を、理論的に整えるとともに、自らの身をもって実践的に生きたのは、道教の教えを完全にマスターした人間、道教の奥義をきわめ、完全なる境地に到達した人間を意味する「真人《マヒト》」を、自身の名としてもつ「天武」その人であろう。

天武は、太古から、人間たちが自然のもつ力を一つに集約する技術を磨き上げてきた吉野の国栖で、神仏習合の基盤となる道教の「神」の力を自らの身をもって学び、その神の力と一体化することで、神仏習合の基盤となる道教の「王」として即位し、神にして王、王にして神たる、語の真の意味での「天皇」となっていったのだ。大嘗祭では、国栖と隼人——隼人の起源は天孫ヒコホノニニギの子孫にして王の兄弟である——が歌と舞を、即位する王に捧げることが必要不可欠であった。翁にして王、守護神にして破壊神として人々の上に君臨するためには、天と地、陰と陽、光と闇が限りなく接近する極限の地にして限界の地に、ただ一人、立たなければならなかった。

*

『日本書紀』の最後に位置づけられ、それ以前とは比較にならないほどの言葉を費やして語られた天武と持統の生涯の軌跡。男性の天皇と、その妻、すなわち皇后から天皇になった女性にとって、古代王権を理論的にも実践的にも確立した吉野の地は、統治を維持していく上でも、きわめて重要な場所であった。それゆえ、飛鳥の浄御原《きよみはら》に王宮を奪還し（天武朝）、藤原の王宮へと遷都し、整備し、拡大した後になっても（持統朝）、天武も、そして持統も、何度も何度も、吉野の離宮を訪れている。

天武と持統の王朝で活躍した、最大にして最高の宮廷歌人であった柿本人麻呂は、修辞の限りを尽くして、『万葉集』のなかで誰もが必ず優れたものとして選ぶ、吉野の離宮を褒め称える二つの長歌を詠んだ。そこでは「吉野川」の「激《たぎ》つ河内《かうち》」に聳え立つ「滝のみやこ」の壮大さが歌われていた。また、それから千年以上を経た現代、その地を訪れた小説家、谷崎潤一郎の見事な描写を借りても良いだろう（『吉野葛』［引用は新潮文庫］より、一部万葉仮名を直した）――「万葉に「天皇、吉野宮にいでます」とある天武天皇の吉野の離宮、――笠朝臣金村《かさのあそみかなむら》の所謂「み吉野のたぎつ河内の大宮所」、三船山、人麿の歌った秋津の野辺等は、皆この宮滝村の近くであると云う。私たちはやがて村の中途から街道を外れて対岸へ渡った。この辺で渓《たに》は漸く狭まって、岸が嶮しい断崖になり、激した水が川床の巨岩に打《ぶ》つかり、或は真っ青な淵を湛えている」。

谷崎が述べているように、考古学的な発掘調査等によって、現在においては、吉野の離宮が「宮滝村」――大きく蛇行を続ける吉野川に面した広大な高台の上――に築かれていたことが、ほぼ確実視されている。「宮滝」は、飛鳥から嶮しい山々が続いたその果てに突如として現れる、山上の平坦地の一画を言う。「国栖」の地は、その「宮滝」、吉野離宮跡のすぐ先である。このような山上の平坦地を「準平原」と呼ぶ。巨大な河川の堆積作用によって平らな地が形成され、それがそのまま、大規模に隆起したのである。山上の平原、つまりは「高原」（プラトー）である。「国栖」とはそうした場所であり、吉野川を挟んで対岸には、吉野修験発祥の地、大峰《おおみね》の山々のなかに聳え立つ山上ヶ岳がある。山上ヶ岳の頂もまた、「国栖」と同じく、平坦な地が続く準平原である。修験道の祖となった役《えん》の小角《おづの》は、葛城に生まれ、この嶮しい山々の頂に突如としてひらかれた平原で、修験の根本神である蔵王権現の降臨を体感した。山上ヶ岳から地上に降りることなく到達することができる高野山もまた、その山頂は、まさに一輪の蓮華の花がひらいたような平坦な地、準平原になっている。密教の教義と曼荼羅という概念をはじめて列島に将来し、神仏習合思想の基盤を築いた空海《くうかい》は、まだ少年の頃、吉野から高野へと山々を踏破し、この山上の聖なる場所をはじめて知った。そして、そこを終焉の地に選んだ。空海にとって高野は、一輪の蓮華の花であるとともに、宇宙をそのなかに孕んだ曼荼羅そのものだった。

「国栖」からさらに吉野の山々の奥に入っていくと、大台ヶ原に出る。おそらくは吉野最大の準平原である。大台ヶ原に立つと、吉野の山と熊野の海の両方を一望のもとに見晴らすことができる。海が山とつながり、山が海とつながる。その風景は、初代天皇たる神武――あるいは「天皇」の完成者たる天武の分身――が、熊野から吉野を経て大和へ、進軍を再開したコースのすべてを一つに集約している。天の平原の一つ一つは聖なる場所としての機能を果たしていた。吉野とは、このような無数の準平原、無数の天上の楽土からなる地であった。大地と天空がなんの媒介もなく直接一つにつながり合う。そうした場所で、天武は「天皇」となり、小角は「修験道」をひらき、空海は「密教」を根付かせた。身体の高原にして精神の高原、千の高原（プラトー）にして千の楽園が、いまここに実現している。

列島日本で可能となった権力の原型にして芸能の原型たる「翁」は、天武が体現する『日本書紀』に記された道教的——密教以前の「雑密《ぞうみつ》」的な——神と王、そこに小角による聖なる山の宗教の組織化、つまりは修験道の実践が重なり、さらに空海が確立した如来蔵思想を基盤に据えた密教の理論が加えられることで、はじめて十全な姿をあらわしたのだ。その根源に位置づけられる『日本書紀』の神と王に戻ろう。

『日本書紀』は、世界は一つの卵細胞、一つの生殖細胞のようなものから生まれ出たと説いた。卵細胞、生殖細胞には、世界のすべての可能性が潜在的に孕まれている。そのなかに発生への萌しが芽生える。『日本書紀』の「本文」では「天地」のなかの「一物」、「一書」(第一)では「虚《そら》」のなかの「一物」としている。海のような、あるいは空のような無限の広がりのなかに存在する「一」なる物質は、物理的であるとともに精神的である。「物」であるとともに「霊」である。世界のすべてが、ある一つの物質、卵細胞にして生殖細胞、つまり「霊魂」の種子にして同時に「神」の種子から生まれ、それゆえ、森羅万象あらゆるものは、その根源的な生命の物質(「霊魂」にして「神」になるための種子)を共有しているのだ。あるいは、そういった意味で、森羅万象すべては等しい。あらゆるものが聖なる性質をもっている。「霊魂」はそのまま「神」である。世界は、霊魂=神という一元論的かつ汎神論的な体系として、生成し続け、さまざまなものを産出し続けている。

その根源的な生命=物質を、『日本書紀』は、葦の「牙《かび》」(芽)とし、さらに近世に生まれた古代聖典の解釈者たち、本居宣長や平田篤胤にはじまる国学者たちは、「黴《かび》」そのものとした。あるいは、海中を漂う「水母《くらげ》」のようなものだ、とも。そうした生きた物質たる霊魂にして神は、この地上にただ一度現れただけなのだろうか。大和に生まれた猿楽の徒たちは、そうではないと答えてくれるだろう。自分たちが歌と踊りを捧げている、多武峰とそれに対立する興福寺。興福寺に隣接する春日大社では、遠い古代ではなく、自分たちがいま生きて歴史を重ねている、この時代に、若い神が生まれたのである、と。その若い神、「若宮」の生誕を祝って、現在までつづく春日若宮御祭りがはじまった。冬がきわまった夜、「若宮」を祀る社から、「若宮」を地上に降ろしてくる。そして丸一昼夜をかけて、さまざまな芸能をその若い神、「若宮」のために奉ずるのである。

「若宮」とは、一般的には童子――赤い忿怒《ふんぬ》相の童子――としてあらわされる。しかし、そのはじめての示現においては、ただ「心太《こころふと》」(ところてん) のような、寒天質のゼリー状のものが地上に落ち、そこから小さな蛇が出てきたのだ、という――「中臣祐房春日御社縁起注進文写」(神道体系、神社編十三『春日』神道大系編纂会、一九八五年)。神とは、「心太」のようなものだった。その「心太」のような神にして霊魂を最も良くあらわすものとして、吉野の大地が生み出した「葛《くず》」を容易に思い浮かべることができるであろう。葛の根を砕き、水に晒し精製した白い粉を水に溶かし、火を加えると、そこにはどろりとした、まさに寒天質のゼリー状のものが生まれる。生まれたばかりの神、「若宮」は「葛」のようなものだった。

吉野の国栖で、吉野の大地そのものが産出した葛としての「霊魂にして神」を内在化する。人をはじめ森羅万象あらゆるものは根源的な物質にして根源的な生命、「霊魂にして神」を介して一つにむすばれ合い、変身し合う。その変身の時空を、実践的な心身の技術として整理したのが修験道の祖、役の小角であり、理論的な心身の体系として整理したのが真言密教の祖、空海であった。

3　蔵王

天武が再起のために隠棲した吉野の宮は、現実の世界からは切り離された別天地、異界にして他界であった。流浪の皇子は、地上に実現された天上の楽土で、野生の山の神、川の神に祝福されて、言葉の真の意味で、「帝王」として再生する。おそらくその「帝王」を支え、その力となり、「帝王」をこの国の真の支配者としたのは、山岳地帯を縦横に駆けまわることのできた山の民、川の民たちであった。彼ら、彼女らは、定住する農耕の民とは異質の生活形態をもった、遊動する狩猟の民であった。

平地の民、農耕に従事する者たちから見れば、山地の民、自在に山に入り川に入り、野生の生命そのものを獲得してくる狩猟の民は、同じ人間だとは思われなかったはずである。平地の農耕民たちは、山人たち、山の民にして川の民を、太古の狩猟採集民族の血を現在にまで伝える異形の存在、「土蜘蛛」にして「国栖《くず》」と称した。「国栖」たちが秘めている野生の力、自然の力を借りなければ、真の王となることはできない。天武は、自らを自然の王にして野生の王、すなわち「天皇」と名乗った。「天皇」の起源としての神武は、天武の反復として可能になったはずである。能楽の翁のように、反復こそが起源を仮構するのだ。

天武によって、フィクションとしての王と、現実としての王が一つに重なり合う。「天皇」の仮構された起源と、「天皇」の現実の起源。それを、さらに意識的に反復しようとした者が現れる。鎌倉幕府を滅ぼし、室町幕府に追われ、天武と同様、やはり流浪の身となった後醍醐《ごだいご》である。後醍醐は、神武のように、天武のように、中世にまで生き延びてきた山の民と川の民、「悪党」たちの支援を受けて、吉野に「異形の王権」を打ち立てる（網野善彦の所論によるが批判もある）。そして、そこで「天皇」の理念をより純粋化し、先鋭化する。「翁」を起源とする能楽が大成されるのは、後醍醐の時代以降のことである。魔多羅神面を伝える多武峰も、世阿弥の息子である元雅が翁面を奉納した天河も、後醍醐が打ち立てたもう一つの王朝、現実の「天皇」ではなく、純粋理念としての「天皇」を戴く「異形の王権」、南朝と深い関係をもっていた。

この、もう一つの王朝が公に滅び去った後になっても、後醍醐の血を引く皇子たちは、「国栖」たちの助力を得て、「国栖」のさらに山奥深くに、野生の王宮にして自然の王宮を構えるであろう。谷崎潤一郎の『吉野葛』は、そうした後南朝の悲劇の皇子、自天王《じてんのう》を主題とした物語だった。吉野は、あるいは「国栖」は、物語の都にして物語の母胎だった。能楽だけでなく、能楽を反復することで一つの形になった人形浄瑠璃が、さらには歌舞伎が、物語の都にして物語の母胎であるこの「国栖」（吉野）を舞台として、「流離する貴種」の物語（折口信夫が命名するところの「貴種流離譚」）を反復し続けるであろう。現実においても虚構においても、神武が反復され、天武が反復され、後醍醐が反復され、そして現在に至る。

それゆえ、「流され王」の物語の起源、天武と国栖、天皇と野生の山人たちとの関係もまた、能楽の作品そのものとなっている。謡曲の「国栖」である。作者については、現在に至るまで不詳とされている。能楽の古型を伝えているともいわれ、また、後世になってまったく改変されてしまったものだともいわれている。ただ、その主題、その典拠は、おそらく「万葉」の時代、柿本人麻呂の歌にまでさかのぼることが可能であろう。

人麻呂は、「神ながら」の帝王、天武と、天武が即位した吉野の宮を褒め讃える——。

やすみしし　我が大君　神《かむ》ながら　神《かむ》さびせすと　吉野川　激《たぎ》つ河内に　高殿《たかどの》を　高知りまして　登り立ち　国見《くにみ》をせせば　たたなはる　青垣山《あおかきやま》　やまつみの　奉る御《み》調《つき》と　春へには花かざし持ち　秋立てば　黄葉《もみじ》かざせり　行き沿ふ　川の神も　大御《おおみ》食《け》に　仕へ奉ると　上つ瀬に　鵜《う》川《かわ》を立ち　下つ瀬に　小網《さで》刺し渡す　山川も　依《よ》りて仕ふる　神の御《み》代《よ》かも

わが大君、「神ながら」の帝王が、まさに神のように治めているこの吉野の宮。その吉野の宮が面している吉野川。最も激しく渦巻き流れているその谷間に、高く聳える物見の塔（「高殿」）がある。帝王がその塔の上に登り立ち、この吉野という国を見ていると、山の神（「やまつみ」）が、幾重にも折り重ねられた（「たたなはる」）青垣山を、貢ぎ物として帝王に献上した。春の頃は花で飾られ、秋の頃は色づいた黄葉で飾られるその山々を……。また、吉野の宮に沿って流れる川の神も、神なる帝王のための特別な食事（「大御食」）のために献上しようと、その上流では鵜の追い込み漁をし、下流では小網を設けて漁をしている。山の神も川の神も、ともに帝王を心から信頼し、仕えている、これぞまさしく神の御代である。

反歌にも、こうある――「山川も　依りて仕ふる　神《かむ》ながら　激つ河内に　船出せすかも」。
山の神も川の神も帝王を心から信頼し、仕えている。その加護のもと、あたかも神のように、帝王は、激しく渦巻き流れる川の谷間に船を漕ぎ出して船遊びをしている。

山の神と川の神。その僕《しもべ》である山の民と川の民が、土地のもつ野生の魂そのものであり、土地のもつ野生の力そのものである「贄《にえ》」を献上することで、王は、あたかも「神」のような存在となる。野生の力が王を神とする。「万葉」の時代にすでに形を整えていた帝王誕生の背景を語った神話である。謡曲「国栖」は、そうした帝王誕生神話を、そのまま舞台化した作品だった。

まず舞台に立ち現れるのは、従者たちにともなわれた、幼子としての天皇である――能の舞台では、流離する貴種はそのほとんどが子方《こかた》によって演じられ、多くの場合、これもまたそのほとんどが、わずかな言葉しか発しない。兄である天智の息子、大友皇子との皇位継承争いに敗れ、吉野に逃れ、山中を彷徨し、ようやく吉野川沿いにある貧しい家(「伏屋《ふせや》」)に落ち着いた、後に天武として即位する大海人皇子こと浄御原の天皇。その皇子がかくまわれた家の持ち主である翁と嫗(姥)は、遠く舟の上から、貧しいわが家の上に彗星のような星が燦《きら》めき、そこから紫の雲がたなびいているさまを目にする。翁と嫗は貴種たる王が、わが家を訪れていることを知る。舟を漕ぎとめて、わが家に戻った翁と嫗は、その貴人が、浄御原の天皇であることを知る――

天武を祀り、現在でも「国栖」に住む、天武を歓待した「翁」の筋につらなる人々によって毎年「国栖」の舞（「国栖奏」）が奉納されている浄見原神社は、大きく蛇行する吉野川に面し、その吉野川を遥かに下に望む切り立った崖の上の「岩窟」にある。野生の王が即位する野生の舞台にふさわしい場所である。

謡曲「国栖」に戻る。王の従者からの懇願に応えて、嫗は山で摘んだ「根芹《ねぜり》」を、翁は川で捕らえた「国栖魚《くずうお》」を、王への「御供御《おんぐご》」に捧げる。まさに、嫗に体現された山の神にして山の民が山の幸を、翁に体現された川の神にして川の民が川の幸を、ともに死に瀕した幼い王に捧げ、力に満ちた新たな帝王として復活させるのだ。謡曲「国栖」のコロスたる地謡《じうたい》では、翁と嫗のこの行為こそが、「吉野の国栖」——国栖の里に住む人々が、宮中の元日の節会《せちえ》に参賀し、風俗（国栖の舞）を奏し、その地でとれた珍しい産物を献上すること——のはじまりであると語っている。天武は、山人たち、狩猟民にして芸能民でもある人々の庇護のもとではじめて真の帝王として即位することが可能になった。天武は、芸能者たちの王でもあった。

やがて、翁と嫗のもとに大友皇子の追手たちが迫る。翁と嫗は、まだ幼い王を、自分たちが漕いできた舟の下へと隠す。正確には、翁と嫗は、舟を逆さまにして、その舟によって王を覆い隠す。まさに、死と再生の装置たる「うつぼ舟」のなかに入り込む王であり、その情景が、舞台の上で現実化されている。

さらに責め立てる追手たちに対して、翁は、こう言い放つ——。

この所にて漁をして世を渡る者ぞとよ。漁師の身にては舟捜されたるも家捜されたるも同じ事。身こそ賤《いや》しう思ふとも、この所にては憎《にッく》い者ぞとよ。孫もあり、曾孫《ひこ》もあり。あの谷々峰々より出で合ひて、かの狼藉人を討ち留め候へ、討ち留め候へ。

私は、ここで、漁をして暮らしを立てている者だ。漁師の身にとっては、舟を捜されるのは、家を捜されるのと同じこと。外の者たちが土足で踏み込んでくるのであれば、それなりの覚悟がある。この老いた身を賤しいと思うだろうが、ここで、私は、人が憎いと思うほどの力をもっている者でもある。私に従う孫や曾孫たち、多くの子孫たちもまた存在する。私に従う者たちよ、山々や峰々からここへ出で来て、この外から来た狼藉者たちを討ち留めよ、討ち留めよ。

翁は、山人たちの長《おさ》でもあった。自分たちがこれまで守ってきた聖なる山の秩序、そのテリトリーを侵害するためにやって来た無礼な侵入者たちに対して、山人の長たる翁は、その聖なるテリトリーのなかに隠れ住んでいた無数の山の民、川の民たちを糾合し、立ち向かい、追い払おうとする。おそらく、ここに描き出された情景こそ、天武と「国栖」の人々の間にむすばれた関係性を、最もよく説明するものだったはずだ。少なくとも、謡曲「国栖」を創り上げた人々、演じた人々、鑑賞した人々に共有された想いだったはずだ。

謡曲「国栖」は、この列島に真の帝王たる天武が即位するためには、権力の内部ではなく外部――空間的にいえば辺境、時間的にいえば古代――の力と直接触れ合う必要があったことを示している。しかしながら、謡曲「国栖」が重要なのは、それだけではない。天武の即位を支えた外部の人々、聖なる山に棲む山人たち、山の民にして川の民たちが、この後、どのような人々に変身していったのか、あるいは、どのような人々に率いられていったのかをも、明らかにしてくれるからだ。

そうした外部の人々のネットワークが、天武の後に、あらためて「純粋天皇」を志向した後醍醐による革命、より正確に表現するならば「革命の反復」にして「反復の革命」を、成功させたからだ。

あらためて謡曲「国栖」の舞台に戻る。天武の窮地を救った翁と嫗は、そこでいったん舞台を去る。しかし、すぐにまた、華麗な変身を遂げた姿で舞台に再登場する。嫗は「天女」として、翁は、聖なる山の荒ぶる力を体現した「忿怒」の神にして「降魔」の神、全身を「青黒色」に光り輝かせ、振り上げた右手には煩悩を打ち砕く聖なる武器「三鈷《さんこ》」をもち、右足を高々と上げるとともに左足で大地を強く踏みしめた吉野修験の守護神にして根源神、巨大なる「金剛蔵王権現《こんごうざおうごんげん》」として。

謡曲「国栖」の地謡、そして「蔵王」へと変身した翁は、「蔵王」という名に秘められた意味を説き明かしていく。「蔵王」とは、自らのなかに「王」を蔵している、ということを意味しているのだ。聖なる王は、聖なる山から生まれ、その山のなかに蔵されていた。自然と共生し、自然から野生の力を汲み上げることで生活を成り立たせていた山の民、川の民たちは、聖なる王に率いられ、修験の徒へと変貌を遂げていくのだ。修験の徒はまた芸能の徒でもあった。大地の荒ぶる力を造形化してゆくこと。それが古代から中世にかけて、聖なる山のなかで育まれてきた、この列島に固有の技術にして芸術の核心だった。

そしてまた、列島とは、無数の島の連なりという定義上、外に対して、決して閉じられたものではなかった。半島から、あるいは大陸から、さまざまな人々が、島伝いに渡ってくる。王を蔵した聖なる山、吉野の頂で、翁が変身した「金剛蔵王権現」を感得し、「修験」という技術にして芸術に明確な形を与えた人物、修験の始祖、聖なる山の聖なる王たる役《えん》の行者小角《ぎょうじゃおづの》もまた、おそらくは、この列島の外から訪れ、それゆえ、この列島のもつ大地の力を、最も見事に、また最も豊かに、結晶化し得た人物であった。

*

吉野の山々の頂点、大峯山《おおみねさん》（山上ヶ岳）の山頂に広がる聖なる平原で、役行者が、聖なる山の力そのものを体現した金剛蔵王権現を感得する。あるいは、金剛蔵王権現が、役行者の前に示現《じげん》する。そうした、修験の起源神話の骨格が整備されたのは平安時代末から鎌倉時代にかけて、であるといわれている。修験という列島独自の――その根源神たる蔵王権現はインド由来の神々のなかに見出すことはできないので――宗教の形をとるのも、ほぼ同時期のことと位置づけられる。役行者と修験道については、宮家準『役行者と修験道の歴史』（吉川弘文館、二〇〇〇年）を参照している。

役行者は神話的存在であるが、そのモデル、あるいはその源泉である役小角は、『日本書紀』に続く列島第二の「正史」である『続日本紀』にその事蹟が記された、おそらくは実在したであろう怪異な人物である。正史に記された、小角の人となりとその生涯の軌跡を垣間見させてくれる記述は、ごくわずかである。

『続日本紀』巻第一、文武天皇三年（六九九）五月二十四日の条――。

（……）役君小角《えのきみおづの》、伊豆嶋《いずのしま》に流さる。初め小角、葛木山《かづらきのやま》に住みて、呪術を以て称《ほ》めらる。外従五位下韓国連広足《からくにひろたり》が師なりき。後にその能を害《そこな》ひて、讒《しこ》づるに妖惑を以てせり、故《かれ》、遠き処に配《なが》さる。世相伝へて云はく、「小角能《よ》く鬼神を役使して、水を汲み薪を採らしむ。若《も》し命を用ゐずは、即ち呪を以て縛る」といふ。

わずかこれだけである。これが「正史」に記された小角のすべてである。もちろん、この段階でも、後に神話的な始祖へと変貌を遂げていく重要な側面、稀代の「呪術師」であったという肖像は、充分に描き尽くされている。その上、神話的な誇張がほとんど存在しない分、ここに残された記述によって、小角という人物の出自とそのパーソナリティを推定させてくれる、必要最小限にして必要不可欠な情報が示されている。それは「葛木（城）山の呪術師」であったということだ。

葛城の地は、『日本書紀』の神武紀によれば、「土蜘蛛」たちの棲む場所であった。さらに、『古事記』の雄略記によれば、天皇と瓜二つの、あるいは天皇の「鏡像」のような特異な神、「一言主神《ヒトコトヌシノカミ》」が治める場所であった。「一言主神」は、天皇の問いに答えて、「吾《あれ》は、悪《あ》しき事なりとも一言、善《よ》き事なりとも一言、言ひ離つ神、葛城之《の》一言主大神ぞ」と宣言し、天皇を圧倒してしまう。後に神話的に拡張された役小角こと役行者は、おそらくは葛城土着の——つまりは大和朝廷以前の——神にして「託宣」の神であったその一言主神さえ、卓越した呪術の力によって呪縛してしまうであろう。つまり、小角には、現実の「天皇」を超えてしまうような超越的な力が与えられたのである。

それだけではない。先に引いた『日本書紀』の斉明紀、その即位の際に記された不気味な記事によれば、葛城山の山頂から、「竜」に乗った一人の男が、生駒山の方へ向けて、空を駈けていったという。その男は、明らかにこの列島に生を享けた人間ではなく、「唐人」の貌をもち、異様な風体、「青き油笠」を身につけていたという。葛城山は、朝鮮半島から渡来した人々の本拠地であり、この不可思議な男は、ほぼ間違いなく、道教の行者である。葛城は、列島の古代とつながっているばかりでなく、列島の外部ともつながっていた。その聖なる山自体が道教的な神仙郷、異界にして他界、「常世《とこよ》の国」であった。「国栖」とまったく同じような性質をもった聖地であった。そこに生まれた小角は、古代国家が、その統治を正当化するために導入した仏教、制度としての仏教からはみ出してしまう。制度が禁じた超自然的な力を、自然そのものから得て、現実の「国家」とはまったく異なった、もう一つ別の世界、超現実の世界への入口をひらいたのである。

小角

1　役の優婆塞

列島に花開いた、宗教芸術にして身体芸術の精華である「猿楽」。その猿楽が成立するためには、修験道の教えとその実践が必要不可欠なものであった。修験道各派のすべてが始祖と仰ぐ役の小角は、『日本書紀』に続く列島第二の「正史」である『続日本紀』のはじまりの巻にその姿を現す。『日本書紀』は、天武と持統の治世を言祝《ほ》いで幕を閉じる。天武も持統も、生涯を通じて、現実の都（飛鳥の宮と藤原の宮）と超現実の都（吉野）を往還することをやめなかった。『続日本紀』は、天武と持統の孫にあたる文武《もんむ》の治世からはじまる。

『日本書紀』において、神々の時代から人々の時代への移り変わり、その連続と非連続を体現するのは太陽の女神アマテラスの孫にあたるニニギであった。アマテラスの子たちは、ある者はその意向に背き、地上世界の王とむすび、天上世界に戦いを挑む。古代最大の女帝となった持統の子、草壁《くさかべ》にも、天武の血を引く優れたライバルたちが存在し、その王としての継承を脅かされていた。持統は、自らの子を王とするため、ライバルたちを根こそぎにしてゆく（もちろん正史たる『日本書紀』にそのようなあからさまな記述が残っているわけではないのだが……）。

荒ぶる女神にして荒ぶる女帝であった持統。しかし、その願いも虚しく、草壁は早逝してしまう。持統は、自ら天武を継いで神話的な最後の帝王として位につくとともに、その帝王の位を、現実的な王として孫へ、草壁の息子たる文武へと継がそうとする。持統とアマテラス、文武とニニギは並行している。つまり、『日本書紀』のはじまり（女神アマテラス）は、その終わり（女帝持統）を反復しているのだ。『日本書紀』が神々の時代の物語、神聖なる帝王の起源を説いているとしたのなら、『続日本紀』は人々の時代の歴史、現実の王への継承を語っている。しかしながら、その最初の主人公たる文武の影の薄さは尋常ではない。ほとんど仮構された人物である、と言ってしまっても良い。現実の王位は、その母たる元明《げんめい》に、次いでその姉たる元正《げんしょう》に引き継がれ、この母と姉、つまりは、母とその娘によって、藤原京から平城京へと遷都され、物理的かつ精神的な諸制度が整備される。『日本書紀』の編纂が行われたのもまた、この時代である。

まさにその、神話から現実へ、神々から人々の時代への移行期に小角は出現した。先にも触れたが、『続日本紀』に記された小角は、そのはじまりから、現実の秩序を乱し、現実の秩序から追放された者として描き出されていた――「役君小角《えのきみおづの》、伊豆嶋に流さる」。次いで、その「出自」と人となりが説明される――「初め小角、葛城山に住みて、呪術を以て称《ほ》めらる」。さらには、都から遠く離れた地への配流の原因となった、とある弟子、一人の人間による「讒言《ざんげん》」とその結末が記される――「外従五位下韓国連《からくに》広足《ひろたり》が師なりき。後にその能力を害ひて、讒《しこ》づる」云々。最後には、小角のもっていた超人的な「能力」が語られる――「小角能《よ》く鬼神を役使して、水を汲み薪を採らしむ。若《も》し命を用ゐずは、即ち呪を以て縛る」。

　文武以降の百年、現実の世界で、天皇がその呪的な力を失って人間化していくのと反比例するかのように、虚構の世界で、小角はその呪的な力を限りなく増大させ、非人間化していく。現実の日常の世界、「歴史」の世界を天皇が治めるとするならば、小角が治めるのは非日常の世界、「物語」の世界である。そして、ある場合には、非日常の「物語」が日常の「歴史」と対立し、「物語」が「歴史」を圧倒してしまう。小角という葛城山に生まれた一人の呪術師は、歴史と物語の狭間を生き、現実の配流者から超現実の支配者――修験道の始祖――へと変貌を遂げていく。現実の世界を「外」へと逃れ、その超現実の世界、「外」の世界の王となる。内なる日常の世界と、外なる非日常の世界を往還することを可能にした、古代の聖なる帝王がもっていた両義的な力は、ここでいったん分断されてしまう。歴史と物語とへ……。

　その後、小角を想像上の祖とする修験道の行者たちによって、「外」と触れ合い、「外」を内化する力は、宗教的な実践として生き延び、芸術的な実践として花開いてゆく。その具体的な在《あ》り方は、小角の「歴史」としての生涯（出自、讒言、能力）を、「物語」として語り直した、列島ではじめてまとめられた「霊異」の物語の集成、『日本霊異記』に収められた一挿話、上巻の第二十八、「孔雀王の咒法《じゆほう》を修持《しゆじ》して異《めずら》しき験力を得、以て現に仙と作《な》りて天を飛びし縁」に最も過不足なく、また最も見事に表現されている。小角が修験道の祖となった起源の物語である。そこに付されたこのタイトルが、物語の核心を十全に語っている。

孔雀明王《みようおう》の秘法（孔雀経法）を修得し、その秘法を用いて人間であることを超え、人間であるまま神の領域へと近づいた男。孔雀明王とは、孔雀がよく虫や毒蛇を食すことから、さまざまな害や患を除く功徳を有するとして唱えられた呪文（ダラニ）が神格化されたものと考えられている。仏教の最終局面たる密教に典型的な呪法である。『霊異記』に収められた小角の挿話は、能楽の一つの起源である修験道のみならず、その修験道と密接に絡み合って発展してきた、この列島に伝来されて変容した独自の密教、そのはじまりの地点をも明らかにしてくれる。能楽は、修験道の教義と密教の教義を、最も重要な舞台の論理とする。修験道と密教が、能楽の論理を形づくっていったのである。

いまだ教義としては確立されていなかった密教、いわゆる「雑密」の、この列島におけるはじまり。それは、「神憑り」がひらくアニミスティックな神の「道」——仏の「法」に対抗するために形となった神道以前のもの——の上に、いまここにあるがままの身体を神的なもの（神仙の身体）へと変成させていく、道教的な心身変容技法が重なり合い（つまりは道教の「道」が神道以前の神の「道」と重なり合い）、さらにそこに大陸から断片的に入ってきていた密教経典による理論化がなされることで可能になった。その起源は、神道、道教、仏教が一つに習合しつつあった地点に位置づけられる。虚構の物語世界に転生し、「霊異」の物語の主人公となった小角が明らかにしてくれるのは、アジアに生まれた諸宗教が一つに融合しつつ、そこから新たなものが生み落とされようとしていた、まさに、諸芸能の起源として位置づけられる「混在」の場所であった。

『霊異記』において、小角の物語、その「出自」は、こうはじめられている――「役《え》の優婆塞《うばそく》は、賀《か》武《も》の役の公《きみ》、今の高賀武の朝臣といふ者《ひと》なりき。大和国葛木上郡茅原村の人なりき」。『続日本紀』では、役の「君」（「公」）としか記されていなかった小角の家の背景が明らかにされるとともに、なによりも重要なのは、小角が「優婆塞」とされていることである。「優婆塞」とは、出家し、正式に得度した僧侶ではないこと、つまり、在家のまま、半俗半僧のまま、自らの意志にもとづいて修行に励む者を意味していた。当時、正式に得度して僧侶となるためには、国家の承認を必要とした。「優婆塞」とは、国家の承認を受けず、自らの意志で「私」に得度した者（「私《し》度《ど》僧」）、あるいは、「自」ら得度した者（「自《じ》度《ど》僧」）であった。文字通り、国家の「外」、法の「外」を生きる者たちであった。

『霊異記』に登場し、活躍する――正規に出家し、国家に認められた僧侶を圧倒してしまう――のは、こうした優婆塞（優婆夷《うばい》）、私度僧、自度僧たちであった。彼ら（彼女ら）は、自らの意志で、俗なる地上を離れ、聖なる山のなかに入っていった。『霊異記』の小角は、そうした聖なる山のなかで、どのような修行をし、どのような力（呪術的な力）を得たのか。『続日本紀』と比較して、『霊異記』は、はるかに詳細に、その細部を明らかにしてくれている――。

生まれながらに知り、博学なること一を得たり。仰ぎて三宝を信じ、之を以て業《わざ》と為《せ》り。毎《つね》に庶《ネガ》ハクハ五色の雲に挂《カカ》リテ、仲虚《なかぞら》の外に飛び、仙宮の賓《まろうど》と携リ、億載の庭に遊び、蘂蓋《ずいがい》の苑に臥伏《ふ》し、養性の気を吸ヒ噉《くら》はむとねがひき。所以《そえ》に晩《ク》レニシ年四十余歳を以て、更に巌窟《イワヤ》に居り。葛を被《かかぶ》り、松を餌《の》み、清水の泉を沐《あ》み、欲界の垢を濯《スス》ギ、孔雀の咒法を修習して、奇異の験術を証《あか》し得たり。鬼神を駈《お》ひ使ひ、得ること自在なり。

生まれながらの知識をもち、博学であることについては郷里の第一人者であった。三宝（仏・法・僧）を深く信じて、仏法を自ら進むべき目標と定めて、修行に励んでいた。つねに心に願っていたことは、五色の雲に乗り、この天空の遥か彼方にまで飛んでいって、仙人たち、神仙の者たちが集う宮殿の客人となり、億年たっても変わることのないその宮殿の庭で遊び、天蓋が花でおおわれた庭の苑で憩い、心身を養う霊的な気を吸い、もしくは、それらを喰らうことであった。そのために、あるいは、それゆえに、晩年を迎えて四十歳を越えた際にも、なおも嶮しい巌窟のなかに住まい、葛をそのまま衣裳とし、松の実を食し、清らかな泉の水を浴びて俗界の汚れを洗い落とし、孔雀明王の咒法を修得して、不可思議な験力を得ることができた。その力によって鬼神たち、すなわち、自然の小さな精霊たちを駆使し、どのようなことでも自在に為すことができた。

おそらく、前段と後段、原因と結果は、入れ替えが可能である。歳を経ても、聖なる山中での厳しい修行を続けたので、神仙たちが集う永遠の世界の客人となることができた。あるいは、神仙たちの世界の客人となることができたゆえに、歳を経ても、聖なる山中での厳しい修行に耐えることができた。その結果として、あらゆる毒と害をまぬがれる孔雀の咒法を修得することが可能となった。孔雀の咒法によって自然の力を体現する小さな精霊たち、鬼神たちを自由自在に操ることができた。『続日本紀』ではまったく描かれることのなかった、聖なる山中での修行の詳細が記され、その結果得られる力の詳細が記されることになった。

この葛城山の呪術王たる小角を讒言するのは、もはや、固有名をもった人間ではない。葛城山に太古から宿る土着の神そのものなのである。「外」の世界を体験してきた小角は、「内」なる二つの世界の支配者、古代の霊的な世界の支配者である「神」を圧倒し、現在の現実的な世界の支配者である「天皇」を圧倒してしまう――。

> 諸《もろもろ》の鬼神を唱《いざな》ひ催シテ曰はく、「大倭国の金《かね》の峯《タケ》と葛木の峯とに橋を度《わた》して通はせ」といふ。是に神等《たち》、皆、愁へて、藤原の宮に宇　御《あめのしたおさ》めたまひし天皇《すめらみこと》［文武］のみ世に、葛木の峯の一《ひと》語主《ことぬし》の大神、託《くる》ひ讒《しこ》ぢて曰《もう》さく、「役の優婆塞、謀《はかりこと》して天皇を傾《かたぶ》けむとす」とまうす。天皇　勅《みことのり》して、使を遣はして捉ふるに、猶《なお》し験力に因して輙《タヤス》ク捕へられぬが故に、其の母を捉へき。

小角は、山野のさまざまな精霊たちを召喚して、せき立てるようにして、こう命じた。「大和の国の金峯山と葛城山との間に橋を架けて、二つの聖なる山を一つにつなげよ」と。そのような苦役を命じられた山野の精霊たる神々は、みな愁い嘆いた。そうした神々の声を集約するかたちで、藤原の宮で天下を治められていた天皇［文武］の御世に、葛城の山麓にいにしえから鎮座する一言主《ひとことぬし》の大神が、人に取り憑いて小角の罪を讒言して、天皇に、こう告げた。「役の優婆塞が、陰謀をめぐらし、天皇を倒そうとしている」。天皇は、すぐさま命令を下して使者を遣わし、小角を捕らえようとする。しかしながら、小角のもつ強大な験力によって容易く捕えることはできなかった。それゆえ、まずは小角の母を捕らえたのだ。

小角は、太古から、この列島に棲息していた小さな精霊たち、小さな神々を、圧倒してしまう。「葛城」の地は、古代の先住民たる「土蜘蛛」たちの住む場所であった（実際の「先住民」であったのかどうかは分からない、ただ古代人たちはそのような想像力を必要としていた）。そして、そこを治めていた葛城氏は、新たにこの列島に移り住んだ渡来系の一族でもあった——その族長たる葛《かつら》城《ぎ》襲《のそ》津《つ》彦《ひこ》は、『日本書紀』において、半島と列島の間で、きわめて両義的かつ優柔不断な彷徨を繰り返す。小角を生んだ家の歴史は、間違いなく列島の「外」へとつながっていた。葛城の一言主の大神は、おそらくは先住民たる「土蜘蛛」たちの神であり、憑依し、託宣する神であった。『古事記』では、古代の天皇の分身にして、天皇に勝る力をもった存在だった。小角は、そのような列島の太古の神のみならず、列島の現在の王までをも、呪術的な力で圧倒してしまうのだ。葛城では、列島の時間的な「外」、つまりは古代の力と、列島の空間的な「外」、つまりは半島および大陸の力が拮抗し、均衡を保っていた。小角は、その二つの力の間に生を享けた。

小角の駆使する呪術は列島の「外」に起源をもち、それゆえ、大和を守護する二つの聖なる山、葛城の山と吉野の山（金峯の山）を直接つなげてしまう回路をつくることに成功した。空間的な「外」の力によって、時間的な「外」の力を甦らせ、その二つの異質な力をいまここで一つにむすび合わせること。『霊異記』のなかで小角が行ったのは、そうしたことだ。そのような二つの力の異種結合によって、これまでの複数の既知の信仰が習合したものであり、同時に、まったく未知なる新たな信仰でもある修験道の体系、その理論と実践の方法が組織化された。この列島の政治的かつ経済的な支配者は、その母を人質に取るというきわめて卑怯な手段を弄することでしか、列島の霊的な支配者、すなわち、列島の真の支配者を、わがものとすることができなかったのだ。

変革をもたらす力は、つねに「外」とつながり、「外」からもたらされる。出自と讒言と配流という公の「歴史」(『続日本紀』)に記された、現実の「役の君」が生きた三つの主題をなぞりながら、私の「物語」(『日本霊異記』――「私度僧」の文学と称されている)は、虚構の「役の優婆塞」が可能にし、拡張した、現実とは異なったもう一つ別の世界、超現実の世界に至り、その超現実の力を解放するための理論と実践を語り続けていく――。

優婆塞母を免れしむめが故に、出で来て捕へられぬ。即ち之を伊図《いず》の嶋に流しき。時に、身は海上に浮かびて、走ること陸《おか》を履《ふ》むが如し。体は万丈に踞《うずくま》り、飛ぶこと翥《ほふ》る鳳《おおとり》の如し。昼は皇《おおきみ》に随ひて嶋に居て行ふ。夜は駿河の富岻《ふじ》の嶺《タケ》ニ往きて修す。然れども斧鉞《オノマサカリ》の誅《つみ》を宥《カク》レテ朝《みかど》の辺に近づかむことを庶《ねが》ふが故に、殺剣の刃に伏して、富岻に上る。斯《こ》の嶼《しま》に放たれて、憂ひ吟《によ》ふ間に、三年に至れり。是に慈《いつくしび》の音《こえ》に乗り、太宝の元年の歳の辛丑《かのとうし》に次《やど》る正月《むつき》に、天朝《みかど》の辺に近づき、遂に仙と作《な》りて天に飛びき。

優婆塞は、母をその囚われの身から解放するために、自ら願い出て捕らわれた。天皇は、すぐに小角を伊豆の島に配流とした。そのとき、小角は、その身を海に浮かべながら、あたかも陸にいるかのようにその上を走った。その身体を万丈の高い山の上に踞らせ、そこから飛び立つさまは、大空にはばたく鳳凰のようだった。昼は天皇の命に従って伊豆の島にいたが、夜は駿河にある富士の山の嶺に行って修行を続けた。そのうちに、小角は、重い懲罰を許されて朝廷の近くに戻りたいと願ったが、あらためての訴えがあり（『霊異記』以降の諸本によれば、一言主の大神による再度の託宣があり）、新たな懲罰を避けるために、富士の山へと登っていった。やがて、伊豆の島に流されて三年が過ぎた。このとき、朝廷の特別な慈悲をうけ、大宝元年（七〇一）の正月、朝廷の近くに戻り、遂には、神仙となって天の彼方へと飛び去っていった。

小角は、昼は現実の可視の権力、天皇の命に従っていたが、夜はその命を易々《やすやす》と逃れ、自らの意志に従って、超現実の不可視の中心、列島最大の霊山である富士の山頂で修行を続けていた。小角という人間にして神、光の世界とともに闇の世界をも生きる両義的な存在によって、修験が体系化されていく。吉野と葛城がつながり、さらに列島全土に、霊峰・富士を中核とした聖なる山のネットワークが築かれていく。小角にとって、天皇の下した命は、物理的かつ精神的に、それほど拘束力をもつものではなかった。現実の権力に従うことは、小角にとって、いわば一つの方便であった。闇の世界を生き、闇の世界を拡張していくためには、光の世界の規範に従う「ふり」をしなければならない。
その後、小角は、自らの最初の願いの通り、神仙となって、この現実の世界を離れ、天空の彼方にあるもう一つ別の世界、超現実の世界へと飛び去っていった。現実の人間を超えて、神的な存在となることで、物語の舞台から去るとともに、歴史の舞台からも去っていった。小角は、自らの存在を見えない次元に隠すことによって、聖なる山での修行を志す者たちにとって、永遠の理念（イデア）となった。小角は、時間の限定も空間の限定も乗り越えてしまった。もはや、人間ですらなかった。『霊異記』が語る小角の生涯は、次のような奇妙なエピソードによって閉じられる――。

吾が聖朝《みかど》の人、道照法師、勅《みことのり》を奉《うけたまわ》りて、法を求めむとして太唐に往きき。法師、五百の虎の請を受けて、新羅《しらぎ》に至り、其の山中に有りて法花経を講じき。時に虎衆《とらども》の中に人有り。倭語《わご》を以て問を挙げたり。法師、「誰そ」と問ふに、役の優婆塞《うばそく》なりき。法師、「我が国の聖人なり」と思ひて、高座より下りて求むるに无《な》し。彼《か》の一語主《ひとことぬし》の大神は、役の行者に呪縛せられて、今に至るまで解脱せず。其の奇《くす》しき表《しるし》を示ししこと多数《あまた》にして繁きが故に略すらくのみ。誠に知る、仏法の験術広大なることを。帰依する者《ひと》は必ず証得せむ。

ところで、われらが朝廷の人、道照《どうしよう》法師が、天皇の命を受け、仏の法を求めるために大唐帝国に渡っていった。そこで、あるとき、法師は五百の虎の願いを聞きうけ、新羅へと向かい、新羅にある聖なる山のなかで、『法華経』を講じた。その際、虎たちのなかに一人の人間がおり、列島の言葉で、法師に質問をした。「一体どなたか」と法師が問うと、役の優婆塞だった。法師は、「わが国の聖人である」と思い、高座から下りて、その声の主を探したが、結局、見つけることはできなかった。かの一言主の大神は、役の行者に呪縛されたまま、今に至るまで、そこから解き放たれていない。小角は、その他にもさまざまに不思議な霊験を示したが、それらがあまりにも数多くあり、詳述することができないので、ここでは残念ながら省略する。小角の生涯を通して、人は、仏法のもつ霊的な力の広大であることを知るであろう。仏法に帰依する人は、必ずその証として、仏法のもつ力を体得するのである。

ここで『霊異記』の語り手が最後に告げる「仏法」は、いわゆる正規の「仏法」ではない。聖なる山のなかで磨き上げられた神秘なる術、道教的な神仙の術である。聖なる山のなかには「公」の仏法は存在していなかった。ただ、「私」ごとに、「私」として独自の修練を積んで、神秘へと近づいていくしか方法がなかった。聖なる山のなかでは、時間と空間の秩序が崩れ去る——小角とともに『続日本紀』の世界から『霊異記』の世界へと転生させられた道照法師は、小角が罪を赦される前年にこの世を去った。つまり、神仙となった小角は、時間を遡って、道照法師と邂逅していたのだ。

時間と空間の秩序ばかりではない。聖なる山のなかでは、人間とその他の「もの」、森羅万象との間の秩序もまた崩れ去る。時間を遡った小角は、虎とともに生活していた。人間は虎となり、虎が人間となる。聖なる山のなかには「変身」の時空がひらかれていた。人間と神的なものが、あるいは、人間とさまざまな事物、人間と動物、人間と植物、人間と鉱物、すなわち、人間と自然が一つに交わる。修験道の始祖として、役の優婆塞の神話的な生涯を一つの挿話として描き尽くした『霊異記』は、その全体を通して、聖なる山のなかに繰り広げられる、荒々しくも豊饒な「変身」の時空、その可能性と不可能性を語り尽くす。聖なる山のなかに紡がれる「霊異」の物語、その「霊異」の物語が明らかにした「変身」の時空に一つの論理が与えられたとき、無限を有限に孕ませ、祝祭を舞台として実現する「猿楽」という芸能が完成することになる。

2　聖と猴聖《さる》

『日本霊異記』は、『日本書紀』に続く列島の正なる歴史である『続日本紀』が終わった地点（延暦一〇＝七九一年）から本格的な編纂がはじまり、『続日本紀』を引き継ぎながらも、『続日本紀』とはまったく異なった、歴史のもつもう一つの可能性を語り尽くしたものである。

『日本霊異記』は全三巻からなり、それぞれの巻の冒頭には、著者——正確には、時代の声の「編者」とするのがふさわしい——である薬師寺の僧、景戒《きょうかい》が「序」を付してくれている。景戒は、その「序」に自らの心情を溢れさせる。と同時に、そこに具体的な日時を書き込んでくれている。特に下巻の「序」の冒頭では、延暦六年（七八七）から「末法《まつぽう》」に入っていることが宣言されている。仏教が勃興し、その正しい教えが、教（理論）としても、行（実践）としても、証（結果）

としても保たれている五百年の間を「正法《しょうぼう》」の時代、教と行はおこなわれるが証を得ることのできない一千年の間を「像法《ぞうほう》」の時代、そして、証も得られず行もおこなわれずただ教のみが細々と伝えられていく一万年の間を「末法」の時代という。

『続日本紀』がまもなく終わろうとする頃、延暦六年、時代は「末法」の世に、仏教の教えが衰退していく時代に突入したのだ。『霊異記』のはじまりはそこにある。

「序」での宣言を受けるように、景戒は、『霊異記』の下巻の実質的な最終話である第三十八——『霊異記』はその後ただ一話だけ、きわめて象徴的な物語を語って閉じられることになる——の後半部分で、例外的に「私」の生涯、しかも時代が「末法」に突入したのと同じ年から、「夢」と予兆によって現実のすべてが浸透されていく、特異なその生涯の軌跡を記していく。

その夢と予兆の記録がはじまる直前まで、『霊異記』の第三十八では、その前半部分で、『霊異記』が聖徳太子とともに理想とする聖なる王である聖武《しょうむ》以降、特にその皇女にして孝謙《こうけん》として即位、さらには称徳《しょうとく》として重祚した女帝の宮廷の混乱と荒廃を、赤裸々に記録していく。女帝と僧道鏡が「同じ枕に交通《とつぎ》」したとさえ記されている。人心の混乱に応じるように、都もまたさまざまに変転していく。いまだ平安に遷都される以前、世情がきわめて不安定な延暦六年九月四日、景戒は己の物質的かつ精神的な貧困を嘆きつつ、深い慚愧の念とともに眠りにつく。

その夜、夢のなかで、一人の「乞食者《こつじきしゃ》」、無一文で托鉢修行を続ける僧、国家からの承認を得ないで自ら度（得度）した僧を名乗る一人の「沙弥《しゃみ》」と出会う。その「乞食」は、景戒に、異国の良き書物を書き写すことを命じる——おそらくは、それが『霊異記』の真のはじまりである。

上巻の「序」に景戒自身が明記している通り、『霊異記』は、異国、つまりは大唐帝国でかたちになった二つの書物、『冥報記《みょうほうき》』および『般若験記』（正確には『金剛般若経集験記』）を源泉として、つまりは換骨奪胎しつつ、「自土」（自らの住む国土）の霊異（「奇事」）、その因果応報の物語を語り尽くしたものだったからだ。

『霊異記』は、文字通り、景戒の見る夢と、景戒が生きる現実の「間」でかたちになった書物だった。だからこそ、そこに集成された物語は、形式においても内容においても、夢と現実の「間」から生起してくる「霊異」を主題としたものにならざるを得なかったのである。その在り方は、近代において、やはり自ら「夢」（白昼夢）に囚われやすい体質と認める柳田國男によってまとめられた『遠野物語』と等しい。古代の『日本霊異記』からはじまり、近代の『遠野物語』に至る、「霊異」の物語の系譜が存在する。『遠野物語』の書き手が柳田國男一人ではなかったように（柳田はあくまでも聞き手なのである）、おそらく『日本霊異記』の書き手も景戒一人ではなかった。柳田國男も景戒も、この列島という大地そのものが紡ぎ出す「夢」の集音器、「夢」の集声器に過ぎなかった。人々の夢が、時代の夢が、大地の夢が、自らも夢見る一つの機械によって増幅され、共振し、交響する。そこに「霊異」の物語が、「怪異」の物語が生み落とされる。

景戒自身が記した、印象的な夢の物語へと戻ろう。夢から覚めた景戒は、国家の承認を得ないで自ら僧となった――「自度僧」あるいは「私度僧」となった――「沙弥」とは何か、「乞食」とは何かを自問自答していく。自ら僧となることを志した「沙弥」とは、覚りを得て如来となることも可能でありながら、他の人々にも救いをもたらすために、いまだ修行の身のままでいる「観音」(菩薩)の化身(「変化《へんげ》」)なのだ。それでは、夢にあらわれたその「沙弥」が「乞食」をするとは、一体どのような意味があるのか。夢のなかで、その「沙弥」は、大勢の子供を養うために「乞食」をしているのだと、他の人から教えられた。その夢が真に意味しているのは、一体どのようなことなのか。

景戒は、自身が見た夢を、こう解釈していく——「子多数《あまた》有りとは、化《け》する所の衆生なり。養ひの物無しとは、種性《しゆじよう》無き衆生は、成仏せしむる因無きなり。乞食して養ふとは、人天《にんてん》の種子を得るなり」。すなわち、子供が大勢いるということは、仏法へと教化し指導すべき人々(「衆生」)が大勢いるということを意味する。それらの人々を養うものがないということは、仏となるべき縁をもたないごく普通の人々(「種性無き衆生」)は、本来は、仏になるための種子をもたないことを意味する。「乞食」をして多くの子供たちを養うとは、そのような人々に、人間界や天人界に生まれ変わり、仏となるための種子を与えることを、仏となるための種子を得させることを意味する。

人々に救いを与える本当の聖人(「聖」)とは、「乞食」の姿のなかに、「沙弥」(「菩薩」)の姿を隠した者たちのことであった。だからこそ、『霊異記』は、そのはじまりから終わりまで、「乞食」としての外見のなかに「菩薩」としての内面を隠した、「隠身《いんしん》」の聖たちを主題としていたのである。小角もまた、そうした「聖《ひじり》」たちの一人であった。しかも、『霊異記』が称揚する「聖」たちは、現実の人間的かつ歴史的な存在に限られなかった。超現実の非人間的かつ非歴史的な存在をもまた「聖」として、『霊異記』は果敢にその内へと取り込んでいく。夢と現実の間に紡がれた書物にふさわしく、その書物の主題とする聖人たち（「聖」たち）もまた、夢と現実の間で、その両者のエネルギーを糧として、物語世界で縦横無尽の活躍をするのである。

景戒は、夢のなかに下された啓示をもとに、そうした「聖」たちの物語を集め、語り直していった。その過程で、景戒その人にもまた数々の予兆が、ある場合には夢を通して、ある場合には自然からの直接の語りかけとして、顕れる。景戒は、律儀に日時を刻みつけながら、読者に向けて、それら数々の予兆とその結果を報告していく。おそらくは、そうした過程と並行しながら、『霊異記』の内容が、あるいは形式が、より深められ、より磨き上げられていったのであろう。『霊異記』は、夢とともに成長したのだ。

延暦七年三月十七日、景戒は自身の死そのものを夢見る。夢を通して、生と死が、現実と超現実が、一人称の主観的世界と三人称の客観的世界が、一つに重なり合う。『霊異記』が到達した、文学的表現の極でもある——。

景戒が身死ぬる時に、薪を積みて死ぬる身を焼く。爰《ここ》に景戒が魂神《たましい》、身を焼く辺《ほとり》に立ちて見れば、意《こころ》の如く焼けぬなり。即ち自ら楉《しもと》を取り、焼かるる己が身を策棠《つ》キ、梡《カナふくし》に串《クスぬ》キ、返し焼く。先に焼く他人《ひと》に云ひ教へて言はく、「我が如くに能《よ》く焼け」といふ。己が身の脚膝節の骨、臂《カイナ》・頭、皆焼かれて断《き》れ落つ。爰に景戒が神識《たましい》、声を出して叫ぶ。側に有る人の耳に、口を当てて叫びぬ。遺言を教へ語るに、彼の語り言ふ音《こえ》、空しくして聞かれずあれば、彼の人の答へず。爰に景戒惟《おも》ひ忖《はか》らく、死にし人の神《たましい》は音《こえ》無きが故に、我が叫ぶ語音《ことこえ》も聞えぬなりけり。

景戒が死んだとき、薪を積み上げてその身を焼いた。その際、景戒の霊魂は、その身を離れ、その身が焼かれているすぐ傍に立って、様子を見ていた。すると、どうしても思ったように身が焼かれていかないのである。そこで、霊魂となった自分自身で小枝（「楉」）をとって、焼かれている身をつつき（「策棠キ」）、串刺しにして（「梚に串キ」）、裏返して焼いていった。先に身を焼いている人に、「私のようにして、よく焼きなさい」とも教えた。自分の身の脚、膝、諸関節の骨、ひじ、頭などがみなよく焼かれて、身から離れ、地に落ちていった。そこで景戒の霊魂が、声を出して叫んだ。傍らにいる人の耳に口をあてて叫んだ。遺言を語ろうとしたのであるが、その声は空しく、相手にはまったく聞こえなかったとみえて、なにも答えてくれなかった。そこで景戒は、あれこれと考えてみるうちに、死んで霊魂となってしまった人は声を失うために、私が叫ぶ声も他の人には聞こえないのであろうと思い至った。

現在ならば「臨死体験」と名づけられるであろう「死」の瞬間が、きわめて克明に記録されている。超現実の世界が、具体的に描写されている。身体は物質として徐々に消滅していくと同時に、霊魂は、現実の三次元の世界とは異なった、超現実の高次元の世界に位置し、その場をできる限り客観的に描写しようとしている。あるいは、超現実の高次元世界、精神的な神の場所から、現実の三次元世界、人間的な物質に働きかけている。景戒は、霊魂《たましい》＝精神を「魂神」もしくは「神識」と記し、さらには、「神」と記す。具体的かつ身体的な認識を離れた、精神的かつ抽象的、霊魂にして神、神《たましい》としての認識の場、すなわち表現の四次元が、間違いなく、ここにひらかれている。

自らの死の瞬間、しかも物質的な身体が滅びつつある「火葬」の瞬間を、これだけ客観的そして詳細に描き出すことができる書き手が、いまだ日本語の書き方のシステムが整わない時期(『霊異記』全篇はやや崩れたかたちの漢文で記されていた)に、すでに出現していたのである――さらに、景戒に示された予兆と、その予兆の結果である幸運と不運をめぐる記述は、延暦十九年(八〇〇)の正月の十二日、二十五日に相次いだ二頭の馬の死まで続くことになる。

『霊異記』に登場する聖たちもまた、このような未聞の表現を可能にした景戒の手によって、夢と現実、生と死、身体と霊魂、主観的な精神世界と客観的な物質世界の交点を生き、二つの世界を自在に往還していったのである。人間に許された三次元的な世界を乗り越えて、超人間的、もしくは非人間的な高次元の世界に到達することができたのである。

その人間を超えた世界では、人間と森羅万象が一つに交わり合う。歴史的かつ人間的な「聖」と、超歴史的かつ超人間的な「猴聖《さるひじり》」が一つに交わり合う。修験道各派がいずれも始祖として位置づける、神話的な役行者小角《おづの》は、そうした点から立ち現れてくる。

＊

『日本霊異記』では、現実の歴史と超現実のフィクションが一つに混じり合う。それとともに、その説話集の最大の主題であった聖たちもまた、現実の歴史的な相貌と、超現実のフィクショナルな相貌という、二つの相異なり相反する顔をもつようになる。フィクション（虚構）といっても、それ自体では表現の力をもたない現実の貧弱な模倣（コピー）ではない。現実を凌駕し、現実の存在以上に後世の歴史に大きな影響を与えた、それ自体で強大な表現の力をもった存在である。虚構こそが現実を根底から変革してしまうのだ。

『霊異記』では、はじまりから四番目、上巻の第四として収められた説話の前半部分で、現実の聖と超現実の聖の出会いという『霊異記』全体の構造を集約するかのような物語が語られている。一方の主人公は、仏法を篤く敬い、『日本書紀』という列島の歴史書のはじまりのなかにその名を残した現実の偉大なる皇太子（その実在は疑われているとはいえ）、聖徳である。もう一方の主人公は、『霊異記』のはじまりに登場して以降、虚構の物語全体に鳴り響く通奏低音のように存在し続ける、まったくの無名である上に現実的な力を一切もたない「乞食《こつじき》」（「乞キ《カタ》＝乞匃」）である。

太子は、ある日、なにかのついでがあり、自らの宮から巡幸に出かけた。その途中、村の道端で、病に伏せっている「毛有る乞キの人」（毛むくじゃらのむさ苦しい乞食）と出会う。太子は、輿から下りると、その乞食に何事かを問い、身につけていた衣を自ら脱ぎ、乞食にかけてやった。ふたたび輿に乗り、巡幸を続け、またその場に戻ると、与えた衣はそのまま木にかかっていたが、乞食の姿はかき消すようになくなっていた。太子は、何事もなかったようにその衣をふたたび身にまとった。臣下の者が、太子に尋ねた。「賤しい人に触れて穢れた衣を、なんの不自由があって、また身にまとわなければならないのですか」と。太子は、こう答えた。「それ以上、私に尋ねることをやめよ。お前たちには決してなにもわかるまい」と。

後に、その乞食は、別の場所で死んだ。太子は、その報を聞くと、直ちに使いを遣わし、遺体を篤く弔うとともに、墓をつくって葬った。しばらく経って、あらためて使いを遣わすと、墓をあけた痕跡はまったくないまま、乞食の遺体のみが忽然と消え失せていた。そこには、ただ一首の歌だけが残されていた。その歌には、あなたのお名前は決して忘れることはないと記されていた。そのことを聞いた太子は、沈黙を守り、一言も口にしなかった。ここまで物語を記してきた書き手は、最後に、こうつけ加える――「誠に知る、聖人《ひじり》は聖を知り、凡人《ただびと》は知らず。凡夫の肉《にく》眼《げん》には賤しき人と見え、聖人の通眼《つうげん》には隠身《いんしん》と見ゆと。斯れ奇《メズラ》シク異《あや》しき事なり」。聖人は聖を真に理解し、凡人はまったく理解できないという事実は、まことにもっともである。凡夫の眼には、その外面がいかに賤しく見えようとも、聖人の眼には、その内面に隠された真実の姿が見える。まったく不思議なことだ。「乞食」こそ「菩薩」の化身であり、隠身の「菩薩」なのだ。

歴史のなかにその名を残す聖人と、物語のなかに名をもつことなく登場する聖人と。『霊異記』は、一つの現実の歴史として完結した『続日本紀』のなかから、現実の聖人たちを選び出し、虚構の物語のなかで、彼らに超現実の力を付与する。現実の有名の聖人の上に、物語の無名の聖人を重ね合わせる。そして、現実とは異なった、もう一つの歴史、神話的な物語としてはじめて可能になる、もう一つ別の――オルタナティヴな――歴史＝物語を創出する。神話的な物語の主人公となった聖人たちは、文字通り、歴史と物語をそこで交差させる象徴的な人物となり、その後の歴史世界においても、物語世界においても、重要な役割を果たしていくことになる。『霊異記』が、『続日本紀』のなかから選び出してくる聖人たちは、現実の歴史においても、自度僧もしくは私度僧たち、あるいは半僧半俗の修行者たる優婆塞や優婆夷たち――彼ら、彼女らも『霊異記』を最初から最後まで彩る重要な登場人物たちである――を組織し、現実の社会事業を成功させた者たちばかりだった。たとえば、道照、行基《ぎようき》、そして役の優婆塞たる小角。

『霊異記』は、現実の変革者たちを、超現実の変革者たちへと変身させていく。たとえば、『霊異記』のなかで、大唐帝国に渡った役の優婆塞が出会った道照法師。『続日本紀』では、その死去にあたって例外的な文字数を費やして、その生涯の軌跡を描き出すであろう。唐では玄奘《げんじよう》三蔵を師とし、列島に戻れば、「元興寺の東南の隅《たつみ》に、別に禅院を建てて」住み、多くの人々に禅を広めただけでなく、全国を経めぐり、さまざまな難所の土地の改良を進めた――「後に天下を周り遊びて、路の傍に井を穿ち、諸《もろもろ》の津済《わたり》の処に、船を儲け橋を造りぬ。乃ち山背《やましろ》国宇治橋は和尚の創造《つく》りしものなり」（『続日本紀』文武天皇四年三月の条）。路の傍らに井戸を掘り、諸々の津に船を造り、橋を架ける。『霊異記』では、その最後を聖なる光で包み込み、こう記すであろう――船の氏の出身である道照は、自身の内なる徳をみがくために、遠く大唐帝国まで仏法の核心を求めて旅した、「是れ聖《ひじり》なり、凡《ただひと》に非ず。終《つい》に没するときに、光を放てり」と（上巻、第二十二）。

やはり、『続日本紀』のなかに、その生涯の軌跡が記録された行基は、あたかも道照の営為をそのまま引き継いだ人物であるかのようだ。景戒もそこに属したとされる薬師寺の僧であり、意識の根底をきわめる瑜伽《ゆが》唯識《ゆいしき》論の教えを深く修めただけではない。都鄙を周遊して、衆生を教化する。その教えを慕って追従する者の数は、ややもすると千を超える。和尚が来たるという報せが流れただけで巷に人はいなくなり、その足下に殺到して、熱烈な礼拝を捧げる。それだけでなく――「また親《みずか》ら弟子等《ども》を率ゐて、諸の要害《ぬみ》の処に橋を造り陂《つつみ》を築く。聞見ることの及ぶ所、咸《みな》来《きた》りて功を加へ、不日《ふにち》にして成る。百姓今に至るまでその利を蒙れり」(『続日本紀』聖武天皇天平勝宝元年二月の条)。多くの弟子たちを率いて、要害の地に橋を架け、堤を築く。

この行基のことを、『霊異記』は、「沙弥」と記し、「内には菩薩の儀《すがた》を密《ひそ》め、外《ほか》には声聞の形を現す」と記している(中巻、第七)。あるいは、「化身の聖」「隠身の聖」とも(中巻、第二十九)。そうした社会事業家である行基は、『霊異記』では、事情を知らぬ者からすれば暴力的と称することも可能な、超常的な力を発揮し、人々を領導して行く。獣の油をつけて髪を整えて法会に参加した女人を天眼で見抜いて激しく叱責するかと思えば(同)、別の法会に、歩けぬ子を連れて参加した別の女人には、その子は過去の因縁によって物理的にも精神的にも己にしがみついてくる「怨《うらみ》」なのだからと淵に投げ捨てることを命じる(中巻、第三十)。無慈悲に子を棄てることは、実は「怨」の因果を絶つことであったのだ。『霊異記』の行基は、『霊異記』の小角のような、超人的な力を身につけていた。

しかしながら、『霊異記』にあらわれる聖は、道照や行基のような徳の高い人間ばかりではない。獣のような、異形の姿でこの世に生まれた存在、人間の聖ではなく偽物の聖、「猴聖《さるひじり》」と誹《そし》られながらも、大乗仏教の真理へと到達することができた存在。そうした非人間的で超人間的な存在

『霊異記』のなかでは、真の聖として称揚されている。人間の聖と、人外の「猴聖」と。あるいは、現実の聖と、超現実の「猴聖」と。『霊異記』は、両者を出会わせ、人外の「猴聖」をこそ真の聖として勝利させる。おそらくは、その点に、現在まで色褪せることのない『霊異記』のもつ価値が存在する。

下巻、第十九として収められた説話。場所は肥後、時間は宝亀二年（七七一）の十一月十五日と特定されている。その時、その場所で、とある夫婦の妻が懐妊して、人間の子供ではなく、一つの肉の塊、「肉団《ししむら》」を生み落とす。その姿は「卵」のようでもあった。吉祥（ヨキシルシ）ではないと考えた夫婦は、その肉の「卵」を、竹で編んだ「笥《オケ》」に容れて、山のなかの石の間に放棄した。七日ほど経た後に様子をうかがってみると、肉団の殻がひらいて、一人の少女が生まれていた。夫婦は、その卵から生まれた少女を、あらためて我が子として育てていった。八ヶ月を経ると、その身体はにわかに大きくなったが、頭と首が一つにつながり合い、人間とは異なって、顎がなかった。身の丈は三尺五寸、一メートル強にしかならなかった。

「自然《うまれながら》に聡明」であり、七歳になる前に、『法華経』と『華厳経』とを読誦することができた。しかし、そうした智慧を他人にことさら誇るようなことはなく、ただ一人静かに黙っていた。卵生の鳥のような、あるいは卵生の蛙のような異形の身体をもった小さな少女は、やがて出家して尼になることを決心し、剃髪し、袈裟を着て、善根を重ね、仏法を修めて他人を教化した。誰一人として、その小さな異形の少女の説く教えを信じない者はいなかった。その声量は豊かで美しく、説法を聞くものみなに深い感動を与えた。しかし、少女の身体は人間とは根底から異なっていた。女陰をもたず、そのために人間と結婚することがかなわず、ただ尿を出す穴だけがあった。それゆえ、愚かな俗人たちは、その有様を嘲笑して、偽の聖、「猴聖」と呼んだ。あるときには、「外道《げどう》」と嘲られ、嬲《なぶ》られもした。

宝亀七年か八年の頃、肥前の国、佐賀の郡の郡長が、筑紫の国の大国師に任じられた大安寺の高僧、戒明《かいみよう》を招いて、仏道修養の場（「安居会《あんごえ》」）を設け、『華厳経』について講じた。異形の少女もまた、その場に参加していた。講師である戒明は、その異形を咎めた。少女は、それに屈せず、こう答えた――「仏は平等大悲なるが故に、一切衆生の為に、正教を流布したまふ。何の故にか別《こと》に我を制する」。仏は森羅万象あらゆるものに平等に大悲の力をそそぎ、その正しい教えを伝えたはずだ。人間の身体のつくりとは異なっているというだけで、生命のもつ可能性の一つの発現でもあるこの異形の私を排除することは、その平等の教えに背く、と。

そして、異形の少女は、「偈《げ》」（教えの内容を詩のかたちであらわしたもの）を用いて、講師に論戦（法論）を挑み、見事に勝利する――「尼終《つい》に屈せず。乃《すなわ》ち聖の化《け》なることを知りて、更に名を立てて、舎利菩薩と号《なづ》く。道俗帰敬《ききよう》して化主《けしゆ》なりとす」。異形の尼は決して屈しなかった。そのことによって人々は、この異形の少女もまた聖の化身、菩薩の化身であることを知り、その名はますます高まっていった。「舎利菩薩」という号も得た。僧侶たちも、俗人たちも、異形の少女に深く帰依し、少女は、教えの指導者（「化主」）となった。

物語が歴史に勝利する。虚構の聖が現実の聖に勝利する。

しかし、この説話が語るのは、それだけではない。異形の少女が勝利した戒明という僧侶もまた、歴史の上に実在した人物である。後に、密教の体系を確立する空海が、自身が信奉する密教と顕教との違いを論じるにあたって依拠した最大の書物、「如来蔵思想」を論じた『大乗起信論』の注釈書、『釈摩訶衍論《しゃくまかえんろん》』をはじめて列島に将来した人物であった。さらに、この異形の少女と戒明の論争が行われたとされる宝亀七年から八年の頃、空海は、この世に生を享ける。

自然のもつ野生の生命の力と、人間の創り出した仏教という論理の力が一つに重なり合ったとき、歴史も物語も、一つの次元を超える。修験道の始祖である役の優婆塞と、密教の将来者である空海が出会うのは、その地点である。

3 「不二」の世界へ

『日本霊異記』では、人間と自然、すなわち人間と森羅万象が一つに交わり合い——文字通り「性」の交わりを結び——そこに次々と異形の者たちが生み落とされていく。役の優婆塞たる小角が超常的な力を得た「山」、『霊異記』がその主要な舞台とする「山」とは、そのような混交の場所、異種結合を可能にする場所、異形が産出されてくる場所であった。

『霊異記』の冒頭に据えられたはじまりの説話（上巻の第一）には、雄略《ゆうりやく》天皇の時代に「雷《いかずち》（雷）」を捕えた少子部栖軽《ちいさこべのすがる》の物語が記されている。

天皇と皇后の同衾をその目に見てしまった栖軽は、そのことを恥じた天皇によって、たったいま鳴り響いたばかりの「雷」を捕らえてくるように命じられる。栖軽によって天皇の前に引き出された「雷神」は、そこで強烈な光を放ち、輝きわたることで天皇を恐れさせる。天皇は栖軽に命じて、十分な供え物とともに、「雷」を落ちた場所に戻し、鎮座させた。この物語、少子部栖軽譚の起源に位置する『日本書紀』においては、栖軽が捕らえてくるのは、大和の最も古い神社である「三諸岳」（三輪山）に斎祀されていた原初の神たる「大蛇」であった。「大蛇」が「雷」のように光り輝き、轟音をとどろかせ、天皇を怯えさせたのである。

「雷」と「大蛇」の結びつきは、『霊異記』のすぐ後に続く説話（上巻の第三）でも繰り返される。小雨が降りしきるなか、一人の農夫が、雨宿りのために木陰に隠れ、金の杖を地面に突き立てていた。そのとき「雷」が鳴り響き、おもわずその杖を天に捧げてしまった農夫の目の前に、「雷」が「堕《お》」ちてくる。「雷」は「小子《ちいさこ》」（幼児）となって、杖で突こうとする農夫に懇願する。どうか傷つけないでほしい。その恩には必ず報いるから、と。どのようにして報いるのかという農夫の問いに、「雷」の幼児は、こう答える。お前のために子供をもうけてあげる、と。この時点で「雷」の「小子」が女性性、生殖性をもった存在であったことが分かる。農夫は「雷」が命じるままに、楠の船をつくり、水を入れ、竹の葉を浮かべた。「雷」は農夫を遠くに離れさせると、そのなかに入り、雲を湧き上がらせ、霧をまき散らしながら、天へと登っていった。その後には、子供が生まれていた。その子供の頭には、蛇が二遍《めぐ》りまきついており、蛇の頭と尾は後ろに垂れ下がっていた。蛇を戴冠してこの世に生を享けた異形の超人である。「雷」が「大蛇」の子供を孕んだのだ。

人間と自然現象（「雷」）が交わり合い、人間にして動物（「蛇」）である異形の子供が生まれる。

その異形の子供は、当然ながら人間をはるかに超えるような力、超現実的な力（怪力）をもっていた。雷の子供にして大蛇の子供は、やがて元興寺の「童子《ワラワ》」となる。そして、そこに夜な夜な現れてくる「鬼」——寺に仕えていた悪しき男の死霊（「霊鬼」）——を退治する。「童子」は、さらに小角と同様の「優婆塞」となって寺に仕えていたが、その怪力を用いて「諸王《もろもろのきみ》」（力を持った王たち）たちの妨害を防ぎ、そのことによって寺から得度を許され、出家して「道場《どうじょう》法師」と号された。

『霊異記』は、少子部栖軽と道場法師の挿話の間（上巻の第二）に、「狐」を妻として子供をもうけた男の物語を位置づけている。折口信夫を惹きつけた、人形浄瑠璃にして歌舞伎の人気演目「葛《くず》の葉《は》」（信田《しのだ》妻）の源泉であり、柳田國男がまとめた『遠野物語』のなかでも、「狐」と人間は愛憎半ばする複雑な関係性で結ばれ合っていた。人間と動物、人間と森羅万象が一つに結ばれ合うアニミズム的な世界。はるか後年、柳田と折口の民俗学が、仏教以前、神道以前の列島の固有信仰として明らかにしようとした始原の世界の痕跡が、『霊異記』のなかにも生々しく刻み込まれていたのである。

『霊異記』はまた、この「狐」の血を引く子孫の氏族（「狐の直《あたえ》」）、その四代目の孫にあたる怪力の女と、道場法師の血を引き、その孫にあたるやはり怪力の女を出会わせ、「力くらべ」をさせる（中巻の第四）。勝者である道場法師の孫の消息を、『霊異記』はさらに追究していくであろう（中巻の第二十七）。『霊異記』は、異形の者の系譜学でもあった。

『霊異記』では、その舞台となる聖なる「山」において、人間と森羅万象が「種」の差異を乗り越え、時間と空間の差異を乗り越えて、一つに混じり合う。もう一つだけ、そうした象徴的な物語を紹介したい。中巻の「第四十一」として収録された、少女と大蛇が交わり異形の子供をもうけた物語である。

河内の国に裕福な家があった。あるとき、その家の娘が、桑の木に登って葉を摘んでいた。その娘の下から巨大な蛇が、娘を追いかけるように、木の幹にその身を巻きつけながら登っていった。路を行く人が、その有様を見て、すぐに娘に伝える。娘は驚いて木から落ち、大蛇もまたそれを追うようにして娘とともに木から落ちていき、娘に身を巻きつけながら「婚《くながい》」、地に伏すと、娘は気を失った。父と母は、交わったままの娘と大蛇を家へと運び、「薬師《くすし》」を招き、大蛇を娘から引き離して殺し、さらに娘の胎内に孕まれてしまった異形の子供を引き出し、殺す。

「薬師」は、娘の頭の上に二本、足の先に二本の杭を打ち、そこに娘の身体を吊り下げ、両足を広げて女陰を開かせ、そこから「秘薬」を入れることで、大蛇を娘から引き剥がして殺し、人間と蛇との間に生まれ出ようとしていた異形の子どももまた胎内から引き出して殺したのだ。「蛇の子」は、「白く凝《こ》り、蝦蟆《かえる》の子の如し」であったという。『霊異記』は女性のもつ生殖の力を、残酷に、また克明に描き尽くそうとする。異類である大蛇との交わりを「夢」のように体験した娘は、その三年後、ふたたび大蛇と「婚《くながい》」、死んでいった。娘は、異類である大蛇を深く愛していたのだ。大蛇と夫婦であったことを恋い慕い、父母の子であったことを恋い慕い、最後にあらためてこう宣告したという。私はいま人間としてその身は滅びるが、来世でもまたこの大蛇と出会い添い遂げたい（「我死にて復《また》の世に必ず復相《あ》はむ」）、と。

『霊異記』は、娘の最後の言葉を記した後、こう付け加えている――「其の神識《たましい》は、業《ごう》の因縁に従ふ。或いは蛇馬牛犬鳥等に生れ、先の悪契に由りては、蛇と為りて愛婚《くながい》し、或いは怪しき畜生とも為る。愛欲は一つに非ず」。娘に生命を吹き込んだ神としてある「魂」は、因果の「業」、すなわち因果応報というこの世界の法則に従うのである。だから、人間は、あるときには蛇や馬や牛や犬や鳥などに生まれ、悪い因縁によって蛇となって婚姻することもあれば、あるときはさらに穢らわしい畜生の道にも堕ちる。愛という欲望のかたちは一つではないのだ。

自然がもたらす愛のかたちは一つではない。『霊異記』は、おそらくは、「愛欲」を断罪し、「業」を嘆いているだけではない。明らかに、「種」の差異を軽々と乗り越えてしまう自然がもつ「愛欲」の力、すなわち自然がもつ生成の力にして産出の力の多様性に賛嘆し、消極的な「業」の因果を、積極的な「変身」の可能性として読み替えていこうとしている。さらに駄目を押すように、『霊異記』は、もう一つ別の挿話を、この奇怪な物語の末尾に付け加えている。あるとき、覚者（仏陀＝如来）とその弟子・阿難が墓の近くを通りかかったとき、そこで泣いている人々――物語に表現されている関係性があまりにも複雑なので、以下、簡略化して要点のみ現代語に訳出する――の姿を見て、覚者が深い嘆きを漏らす。弟子は、その訳を尋ねる。覚者は、こう答える。ここに泣いている女は、前の世に一人の男の子を生んだ。しかし、自らが生んだその少年に深い愛欲の念を抱き、その「閛《まら》」（男性器）を口で吸った。母はそれからわずか三年でこの世を去ることになるが、その今際《いまわ》の際に、あらためてその少年の身体を撫で、「閛」を口に含み、こう言ったという。「私は、これから転生を重ねていく度ごとに、つねに同じように生まれ変わって、あなたと会いたい」と。母はついに隣家の娘に生まれ変わり、少年の妻となったが、その少年を亡くし、夫であった少年の骨をここに祀って、いまだにその身を慕い、死を嘆き、哭いているのだ。私、覚者は、この女の過去、現在、そして未来を知るがゆえ、ここで深く嘆息しているのである、と。

自然がもたらす愛のかたちは一つではない。自然のもつ「愛欲」の力、自然のもつ産出の力は、「種」の差異など易々《やすやす》と乗り越えてしまう。いわんや、人間たちが自らに課する社会的な「禁制」など、問題になるはずもない、と。

社会的な「禁制」を乗り越え、時間と空間の制約を乗り越え、貫かれていく「愛欲」の力。その力は、同時に、人間に、時間と空間の制約を乗り越え、社会の「禁制」を乗り越え、「種」の差異を乗り越えてゆく「変身」の能力を与える。森羅万象あらゆるものが「魂」(「神」)を通じて一つにむすばれ合い、混じり合う。役の優婆塞たる小角が、その力を得た「山」は、そのような場所だった。しかも、『霊異記』は、そうした荒ぶる野生の場所、自然がもつ「愛欲」の力にして産出の力を一つの論理にまで磨き上げていく方法をも、一つの物語として提示してくれていた。

『霊異記』の最後の巻がはじまるにあたって、冒頭に据えられた物語(下巻の第一)。

熊野の荒々しい海に面した村で、仏の教えを説いていた高名な僧、永興《えいごう》禅師のもとを、一人の無名の禅師が訪れ、一年あまり生活をともにする。その無名の禅師は、一冊にまとめられた『法華経』と、水瓶一口《いちく》、縄床一足をもつだけであった。山岳を放浪する無一文の乞食《こつじき》たる宗教者、「修験」の者の原型でもあるだろう。無名の禅師は、永興禅師との生活を深く感謝し、縄床を禅師に奉り、熊野の深い「山」へ入っていくことを願っていると告げた。永興禅師はその供に二人の優婆塞をつけ、食料も与えたが、無名の禅師は、一日だけその世話を受けると、麻の縄と水瓶以外はすべてその優婆塞たちに与えてしまい、たった一人で熊野の「山」の奥へと入っていった。

それから二年がたったある日、熊野の村の人が、「山」の奥に入り、巨大な樹木を伐り、船を作っていると、どこからともなく『法華経』を誦ずる浄らかな声が聞こえてくる。その声のあまりの尊さに村人は発心して、声の主に捧げ物をしようとしたが、そこに誰も見つけることはできなかった。ただ経を読む美しい声だけが、やむことなく続いていた。それからさらに半年、船を引き出そうと、村人がふたたび「山」のなかに入ってみれば、経を読む浄らかな声はまだ続いている。不思議に思って永興禅師に相談すると、禅師もまた「山」に入って、その声を聞く。そして禅師は、そこに一つの「屍骨《しにかばね》」を発見する。麻の縄で足を縛り、鬱蒼とした森のなかに高く聳える巌から身を投げて、自ら「死」を選んだように思われた。「屍骨」は断崖の途中にかかっており、その「骨」の傍らに水瓶があったことから、かつて別れた無名の禅師であったことを知る。

永興禅師は、悲しみ嘆くが、なんともできず、ひとまずは帰るしかなかった。さらに三年が経っても、経を読む声は、いつものように浄らかで、いっかな止むことはなかった。永興禅師は、ふたたび「山」のなかに入って、今度こそその「屍骨」を取って来ようとする。「髑髏《ひとかしら》」を見れば、これほどの年月が経ったにもかかわらず、その舌だけは決して腐《く》ちておらず、あたかも生命が生まれたばかりの新鮮さを保っていた（「宛然《ムセカ》ニ生《アザラカ》ニシテ有り」）。

この無名の禅師の行いを賞賛して、こう述べられたという――「貴きかな、禅師。血肉の身を受け、常に法華を誦じ、大乗の験《しるし》を得たり。身を投げ骨を曝《サ》リテ、髑髏《ひとかしら》の中、舌を著けて爛《ただ》れず、是れ明かに聖《ひじり》なり、凡《ただびと》にはあらず」。

貴き者、無名の禅師よ。血肉を備えた現実の身体を用いてつねに『法華経』を読み続けることで、大乗仏教の尊い教えを体現し、その結果として永遠の生命を得たのだ。高く聳える巌からその身を投げ、現実の身体としては砕け散り、屍を曝し、ただ髑髏だけになろうとも、その舌は爛れることなく、永遠の生命をもつことでいまだに生き、聖なる教えを歌い続けている。この無名の宗教者は、明らかに聖人であり、凡人ではない。

森羅万象あらゆるものが一つに混じり合い、一つに溶け合う。原初の自然、そのアニミズム的な世界。そうした世界から一つの論理を抽出するためには、『法華経』に代表される大乗仏教の教えが必要不可欠であった。大乗仏教の原理を介して、アニミスティックな「山」の呪術者は、理論的かつ実践的な「山」の哲学者へと変貌を遂げる。自然の荒々しい「愛欲」の世界は、『法華経』が体現する「不二《ふに》」の世界へと再構築されてゆく。そこに役の優婆塞、小角を祖とする、修験道の体系が確立されたのだ。

この物語の末尾にも、「吉野の金の峯」（金峯山――役の行者、小角が蔵王権現を体得した吉野修験の本拠地）に所属する一人の禅師が、やはり、『法華経』（および『金剛般若経』）を死してなお読み続けている髑髏と出会ったという挿話が付け加えられている。禅師と髑髏はともに暮らし、ともに聖なる経典を読み進めていく。

それでは、『法華経』には一体、何が書かれていたのか。あるいは、「山」の実践的な宗教者にして哲学者たちは、『法華経』に一体何を読み取ろうとしていたのか。そこにはなによりも、すべての差異が消滅してしまう無限にして永遠（「久遠」）の世界と、すべての差異がいまここに生起してくる有限にして瞬間の世界が二つの別のものではなく、ただ一つのもの、「不二」なるものなのである、と説かれていた。この有限な「私」と、あの無限の「仏」は、「不二」なるもの、一つのものなのだ。しかも、『法華経』は、そこで説かれている聖なる教えが、人間や動物など「有情」のものだけでなく、草や木などの「非情」のもの（さらには生命をもたない物質）にまで、あたかも森羅万象すべてに差別なく慈しみの雨が降り注いでいるかのように、あてはまるのだ、と高らかに宣言してくれている（より正確には、そう「読む」ことが可能である）。

人間には、その「心」のなかに、仏（如来）となる種子が孕まれていると説く「如来蔵」思想が、比叡山を本拠地とする天台宗のなかで、『法華経』を徹底して読み解くことによって、「本覚」思想として確立されたのである。あらゆるものはすべて、いまあるがままの姿で真の覚り、つまりは「本覚」を得て、仏となっている。非情の草木や「物質」もまた、そのままで仏なのだ。聖なる「山」での修行は、そうした「不二」の境地を、自然のただ中で、自然と一つに溶け合うことによって体得することを可能にする。

修験の行者たちは、聖なる「山」という母胎のなかで、新たに生み落とされる胎児となるように、変身を重ねていく。

森羅万象すべてが「魂」を通じて一つにむすばれ合う原初のアニミスティックな世界、自然の

「性愛」にして産出の力が貫かれた列島に固有の世界に、「本覚」の思想という、世界宗教としての理論が与えられたのである。ここに、「修験」という、列島に流れ込んだあらゆる教えに一つの総合を与えるような「道」が過不足なく確立されたのである。

修験

1　水と火の舞台

『日本霊異記』のなかでは、『法華経』を唱える声が、あらゆる場所で、生者のみならず死者たちの間においてさえも、鳴り響いていた。『法華経』は、森羅万象あらゆるものに仏性、すなわち仏となるための種子が宿っていることを告げ知らせてくれる。森羅万象あらゆるものはすべて、そうした聖なる教えが木霊する聖なる山のただ中で、その種子を開花させ、仏（如来）となることができる。それが、この列島の祝祭の在り方を整え、現代にいたるまで担ってきてくれた「修験」の徒たちを統《す》べる信仰の原理にして生命の原理であった。

『法華経』に導かれて、人間と動物と植物と鉱物が、さらには自然現象そのものまでもが一つに混じり合い、一つに融け合い、そこに次々と異形のものたちが生み落とされてゆく。それら異形のものたちの存在は、自然のもつ――生命それ自体のもつ――多様な可能性そのものを体現してくれている。

そうした異形のものたち、または異形のものたちと親しく交わることでなかば以上異形のものたちと同化してしまった山野をゆく野生の宗教者たる私度僧たち、つまりは「修験」の母胎となった優婆塞や優婆夷たちの守護神として、『霊異記』が指し示してくれるのは、なによりもまず、観世音菩薩――あるいは観自在菩薩とも――であった。菩薩とは、覚りをひらいて仏(如来)となる直前の、超常的な能力をもった修行者たちの総称である。人間たちを、動物たちを、植物たちを、鉱物たちを、異形のものたちを、仏へと、自身とともに導いていってくれる聖なる修行者。そうした菩薩のうちのひとり、観世音とは、つまりは「観音」のことである。その「観音」が体現する未曾有の能力、変化《へんげ》にして変身の能力の在り方を過不足なく説明してくれているのもまた、『法華経』であった(『法華経』「観世音菩薩普門品《ふもんぼん》」――以下、引用は坂本幸男・岩本裕訳注、岩波文庫版より)。

『法華経』は、釈尊(仏陀)の口を借りて、観世音菩薩について、こう語っている。

どのような苦悩を受け、どのような苦痛に虐げられていようとも、心のなかでただ一度だけでも観世音菩薩の名を称えてみれば、その声を聞きつけて、たとえ火のなかであろうが、水のなかであろうが、あるいは悪鬼たち、すさまじい暴力を振るう夜叉《やしゃ》や羅刹《らせつ》たちの間であろうが、観世音菩薩はたちまちその尊い姿をあらわし、救いをもたらしてくれるであろう。

しかも、観世音菩薩は、仏教の仏たちのなかにその姿をあらわすときは、仏たちの姿をとって、ヒンドゥーの神々のなかにその姿をあらわすときには、神々の姿をとって、いまこの場にあらわれ出てきてくれる。仏たちと神々は、自在に姿を変えてゆく観世音菩薩を介して、一つに結ばれ合う。仏たちや神々ばかりでない。観世音菩薩は、あらゆる人間たち、優婆塞や優婆夷の姿をとって、『法華経』以前には直接には救いを得られないとされたさまざまな種の女性の身体そのものの姿をとって、さらには自然が生み出した、その多様性を体現する異形の怪物たち、そのあらゆる異形の姿をとってさえ、いまこの場所にあらわれ出てきてくれる。

『法華経』には、こう書かれている。「応に天・竜・夜叉・乾闥婆《けんだつば》・阿修羅《あしゅら》・迦楼羅《かるら》・緊那羅《きんなら》・摩睺羅伽《まごらか》・人・非人等の身を以って度うことを得べき者には、即ち皆、これを現わして、為めに法を説くなり」。つまり「観音」とは、万物の変身を可能にする存在、自然のもつ変化の可能性そのものを体現する菩薩であった。変身は、救いをもたらすものの姿にあわせて行われるだけではない。救い主たる「観音」自身もまた、さまざまな変身を遂げ、変幻きわまりない、自在にして多様な姿をもつ。千の手に千の眼をもったもの、頭上と背面に合計十一の顔をもったもの、なかばは動物の身体をもったもの、等々。すなわち、千手観音、十一面観音、馬頭観音、如意輪観音、不空羂索《ふくうけんさく》観音、等々。「観音」とは、生命のもつ変化の可能性そのものであった。

『日本霊異記』は、さまざまな「観音」たちが示してくれる験《げん》と、それへの帰依、その功徳を説いた物語集でもあった（他の如来、他の菩薩に比して、「観音」出現の確率が著しく高い）。「観音」への帰依は、「悔過《けか》」というかたちで果たされる（中巻第十一）。「悔過」、つまり、仏（菩薩）の前で、これまでに犯してきた罪過を懺悔し、そのことによって功徳を得ること、である。この「悔過」の様態、特に自然のもつ多様性、変化の可能性そのものを体現した「観音」への「悔過」こそが、修験の徒が育んできた芸能の一つの源泉、つまりは「翁」の源泉となった。そう推定されている。しかも、観音への「悔過」というかたちで、聖なる火と聖なる水が一つにむすび合わされる原初の舞台は、おそらくは『霊異記』編纂以前から、多少の変化を経てきているとはいえ、この現在にいたるまで、「不退《ふたい》の行法」として、なおその原型を保ちながら続けられてきているのである。

「お水取り」(「水取り」)の名で知られる、東大寺の二月堂のなかで、二月堂そのものを聖なる舞台と化して行われる修二会《しゅにえ》である。旧暦の二月、つまりは春がはじまる時期に「本行《ほんぎょう》」が行われていたので「修二会」と称されている。現在では、三月一日から十四日までの二週間、修二会の「本行」が行われている。

修験は、ユーラシア大陸の東端に位置する列島に流れ込んできた、アジア各地に由来するさまざまな宗教儀礼を集約する、つまりは一つに融合して、一つに総合するようなかたちで、その理論と実践、教義と行法の体系が整えられてきた。列島が完全に閉鎖され得ない以上、島々の連なりが国境の概念を無効化してしまう以上、修験が体現するアジア諸地域に生まれた諸文化の融合と総合は、決して完結し得ない。そこでは絶えず新たなものと旧きものとが相互浸透を続け、その変化の過程そのものが信仰の核心を形づくる。つまり、起源や原型をさかのぼっていくことが、定義上、不可能になる。

東大寺の修二会は、大仏が開眼された天平勝宝四年(七五二)、実忠《じっちゅう》という僧侶(和上)によってはじめられたという。二月堂は、現在の大仏殿の東方、若草山の西の山腹、東大寺の前身となる寺院群が位置していたと推定されるところにある。いわば東大寺の一つの起源である。そこからは奈良の町が一望できる。そのはじまりの年を正確に示すことは不可能ではあるが、伝承にいうように、実忠の時代にまで遡り、実忠によってその体系が整えられたのは、ほぼ確実であろうと言われている。その修二会の中核に置かれているのが、大小二体の絶対の「秘仏」、十一面観音であった。その二体の十一面観音に「悔過」するために、「練行衆《れんぎょうしゅう》」と総称される修行僧たちが、二月堂に籠もるのが「本行」である。「練行衆」には、その世話をする「童子《どうじ》」たちがともなわれ、それらを含めて「参籠衆」ともいう。

「練行衆」として選ばれた修行僧たちは、「行」の間は、地上の他の秩序には拘束されず、ただ修二会を成り立たせている「悔過」の厳しい秩序にのみ従う。集団の上下関係も、やはり地上の秩序のそれとは異なっており、ただ修二会への参加の回数によってのみ定められる。その在り方は、修験の徒たちが形づくる集団と等しい。修験の徒たちもまた、地上の秩序ではなく、聖なる山の秩序に従い、上下関係は、聖なる山へ入った回数によってのみ定められている。「本行」の前にも、心身を聖化して「本行」に臨むために、集団で、日常からは隔離された厳しい潔斎生活を行わなければならないこともまた等しい。

そして、その厳しい行の中心には、「本行」に参加している「練行衆」すら、それを目にすることが決して許されない絶対の秘仏、大小二体の十一面観音が存在していた。須弥壇の中央に安置された等身大の「大観音」と、小型の厨子に収められ、「本行」の前半（「上七日」）は「大観音」の背後に——猿楽のはじまりに位置づけられた「後戸《うしろど》」の宿神たる摩多羅神のように——隠され、

「本行」の後半（「下七日」）には「大観音」の前面に安置される「小観音」である。全長二〇センチほどの大きさであろうと推定されている。

猿楽の根本に「翁」を据え、いわば「翁」一元論と称することも可能なかたちで、猿楽の理論にして実践の体系を構築していった金春禅竹は、洪水とともに初瀬川の上流から流れ下ってきた壺から生まれた秦河勝《はたのかわかつ》を、猿楽の徒の祖たる「翁」のはじまりとして位置づけていた。そして、その「翁」としての河勝と、聖なる山の「隠国《こもりく》」たる初瀬を体現する長谷寺の本尊、巨大な十一面観音は等しい、とさえ述べていた（『明宿集』）。秦河勝は初瀬の山河そのものを体現する存在として、洪水とともに地上に出現した。つまり、その初瀬こそが観音の故郷、その住処たる補陀《ふだ》洛《ら》山そのものであり、だからこそ、そこから涌出した瑪瑙《めのう》に「生身」の十一面観音が顕現したのである、と。

初瀬の奥、龍神の故郷である室生《むろう》にも十一面観音が安置され、初瀬の麓、蛇神の故郷である三輪にも十一面観音が安置されていた（現在は聖林寺に収められている）。十一面観音は翁であり、龍であり、蛇であり、そして両性具有の水の女神であり（謡曲「三輪」の主題である）、つまりは根源的な大地母神である。三輪、初瀬、室生は、大和から伊勢へと至る太陽女神遍歴の「道」そのものでもあった。

修二会をはじめた実忠も、そうした十一面観音が体現する神話論理を充分に理解していたように思われる。天上の兜率天《とそつてん》を訪れ、「悔過」の本尊は「生身の観音」でなければならないと告げられた実忠は、観音が住まう南海の果て、補陀洛の山から「生身の観音」の訪れを希《こいねが》った。実忠のそうした想いに応えるようにして、初瀬川が何度も名前を変えて注ぎ出る難波の津に、彼方の世界から、「閼伽《あか》」――仏に捧げる聖なる水――の器に乗って出現したのが、二月堂の「小観音」であった。海の彼方から訪れる小さな神。その神の訪れが、地上に流れる時間も、そこに広がる空間も、一新させてしまう。

水の女神たる十一面観音は、大和と伊勢、東の果ての海を一つにつなげるばかりでなく、大和と若狭、西の果ての海をも一つにつなげるのだ。それこそ、聖なる火の祭典である修二会のなかに組み込まれた、聖なる水の祭典である「水取り」が実現していることである。十一面観音は、聖なる火と聖なる水を一つにむすび合わせる。そのとき、二月堂は、自然を構成する元素同士が一つにむすび合う、原初の舞台に変貌を遂げる。「練行衆」は、自らの身体を変貌させ、自然を構成する元素同士、火と水の聖なる結合を可能にする。「水取り」が行われた夜（現在では三月十二日の深夜）から最終日の深夜にかけて毎夜行われる「達陀《だったん》」である。そのとき、地上の現実にひらかれた舞台は、そのまま天上の超現実へとひらかれた舞台へと変貌を遂げる。

修験の徒たちが、聖なる山のなかにひらかれた自然の舞台で執り行っている行法の一つの原型が、そこにある。

＊

修二会の期間中、若草山西方の小高い山腹に位置する東大寺の二月堂は、そのまま聖なる劇場へと姿を変える。山上の二月堂は、二重、三重に封印された、入れ子状の聖なる密室にして聖なる迷宮とでもいうべきものになる。その中心に位置するのは、「大観音」が安置された須弥壇である。須弥壇は、修二会の期間中、無数に積み上げられた餅（壇供《だんぐ》）、「練行衆」たちによって作られた花（造花の椿と南天）、行を執り行うための法具などで荘厳されている。海の彼方から漂着した「小観音」を収めた厨子は固く閉ざされ、修二会の前半は、これもまた決して開かれることのない「大観音」の宮殿の後ろに安置され、後半はその前に安置され、法会の本尊となる。「大観音」と「小観音」が安置されているのが「内陣」。それを取り囲んで「外陣」があり、その前方には「礼堂《らいどう》」が広がる。それらを囲んで聴聞者——一般の見学者——のための「局《つぼね》」が存在する。それらすべて包み込んで存在しているのが二月堂という劇場である。聴聞者たちは、格子で区切られた「局」のこちら側から向こう側、「礼堂」とその奥の「外陣」および「内陣」を見る。しかし、特別の行以外には、「内陣」の入口に白い戸帳が下ろされて結界がはられているので、「内陣」の内部にともされているいくつもの蠟燭の光によって戸帳に映し出された「練行衆」の影だけしか目にすることはできない。

「修二会」を広く知らしめている、いわゆる「大松明《おおたいまつ》」は、本来、「練行衆」を山上の二月堂へと導いていくために、「練行衆」の世話を任せられたそれぞれの童子たちによって担われるものだった。「大松明」によって二月堂に導かれた「練行衆」たちが揃うと、十一面観音への「悔過」がはじまる。しかし、修二会が、その特異な相貌を明らかにするのは、一連の「悔過」の後、「神名帳《しんめいちょう》」が独特の節回しで読み上げられていくときである。列島のさまざまな場所、さまざまな聖地から、仏たちではなく、神々の名が読み上げられ、そこ、法会の場に勧請されるのだ。仏教の信仰の最大の拠点に、神道を成り立たせているほとんどすべての神々が、呼び集められるのである。二月堂は、仏たちと神々が出会う一大パンテオンとなる。「水取り」の起源もまた、そこに存在する。

　修二会の創始者である実忠が、「神名帳」を読み上げ、神々を勧請しているときに、若狭の遠敷《おにう》明神だけが、殺生——魚獲り——に気を取られていて、行法が行われている法会の場への参加が遅れてしまった。若狭の水の神は、その詫びとして、聖なる儀式が行われている道場たる二月堂の近くから「香水」を湧き出させると約束する。すると、二月堂の下に位置する巨大な岩の間から、黒と白の鵜が翔《か》け上がり、その跡から、聖なる水が湧き出てきたという。それが現在においても、いまだ聖なる水が湧き続けている「若狭井」（閼伽井）となった。その内部に入ることは、修二会の行法に関係する者以外には固く禁じられている。彼方の海に通じていく、大地に穿たれた聖なる岩窟から、聖なる水を汲み上げていくという、まさに「秘儀」中の「秘儀」である。

　大和から伊勢のみならず、大和から若狭まで、水の女神が移動していく一本の道が通っているのだ。大和と若狭の間に位置する琵琶湖の沿岸に、その痕跡を探っていくこと、つまりは十一面観音像の逸品を見出していくことは充分に可能である——『十一面観音巡礼』（白洲正子）を、そうした観点から、あらためて読み直す必要があるだろう。

「水取り」は、仏と神との約束、つまりは最初期の神仏習合——しかし、そうした融合状態こそが、この列島に定着した最初期の仏教の真実であったのかもしれない――の儀礼に、その起源をもっている。「水取り」がはじまった段階で、この列島においては、すでに、仏教と神道の相互浸透がはじまっていたのだ。それはまた、最澄と空海によって、両者のうちでも特に空海によって、「密教」の教義が正確かつ正式に将来される以前の「古密教」にして「雑密教」(「雑密《ぞうみつ》」)にもとづいた儀礼である。そう考えられてもいる。修験がはじまるのも、そうした地点、「古密教」(「雑密」)による神仏の習合から、であろう。修二会のなかでも神道的な呪法、つまりは「古密教」的かつ神仏習合的な呪法をつかさどる「呪師《しゅし》」に先導されて「水取り」が行われているからである。

「水取り」によって、仏と神が、火と水が、天空と大地、すなわち山上と地上が、一つにむすび合わされる。その「水取り」を可能としたのは、「水取り」の直前まで、聖なる劇場で行われていた、聖なる「走り」である。実忠は、天上の世界である兜率天を訪れ、修二会を実現するためのさまざまな助言を受けるとともに、兜率天での行法の在り方をその目にした、と伝えられている。兜率天の一日は、地上の四百日にあたる。この地上を兜率天、天上の世界に変えるためには、行法を限りなく早く、四百倍のスピードで、行わなければならない。歩くのではなく、走る。「練行衆」たちは「内陣」を走り、「礼堂」に出ては、そこに据えられた五体板の上に自らの身体――膝――を猛烈な勢いで打ち付け、また「内陣」に戻る。この「走り」の行法がはじまる前には、「内陣」を閉ざし、結界をはっていた「戸帳」がきりきりと巻き上げられ――文字通り舞台の幕が開き――聴聞者たちの前に、「練行衆」たちの走る身体を通して、地上の現実世界と天上の超現実世界が二重写しになる。

山上に据えられた現実の聖なる劇場が、聖なる行法を実践する者たちの身体を介して、そのまま天上にある超現実の聖なる世界へと変貌する。舞台はすべて整ったのだ。

「走り」が終わり、「水取り」が終わった直後から、修二会最大のクライマックス、「達陀」がはじまる。二月堂の内部、聖なる劇場の内部で、巨大な松明に火がつけられる。「練行衆」の内の八人が、奇怪な帽（「達陀帽」）をかぶり、奇怪な覆面をつけ、異形の存在、「八天」へと変身していく。「八天」、すなわち、火天、水天、芥子、楊枝、大刀、鈴、錫杖、法螺、である。「練行衆」は八天になる。自然を構成する元素そのものとなり、聖なる劇場を荘厳する音楽そのものとなる。それぞれが手にもつ呪物によって二月堂という劇場全体を聖化してゆく。幕が上げられた「内陣」から「礼堂」へと向けて、交互に走り出でては、飛ぶ。走ることと跳躍すること、それが舞台を活気づかせる。その間に、法螺貝が吹かれ、錫杖が突かれ、鈴がかき鳴らされる。身体と楽器が、色彩と音響が、光と闇が、火と水と呪物が、不協和な協和を、協和な不協和を奏でていく。

その有様は、世阿弥が『風姿花伝』の「第四神儀云」に記していた、猿楽の起源に位置づけられる、「後戸」において外道たちによって引き起こされた阿鼻叫喚、狂的な「踊り叫び」を彷彿とさせる。また、修二会の行法全体を通して通奏低音のように響き続ける法螺貝、錫杖、鈴はすべて、修験の徒たちがその厳しい山行の際に携帯しなければならないものばかりだった。猿楽という芸能と修験という宗教は、いずれも、このような、森羅万象すべての差異を際立たせながら一つにむすび合わせてしまう場から生み出されてきたはずである。

そして、修二会を成り立たせ、「水取り」を成り立たせてきた二つの極、火を体現する精霊たる火天と水を体現する精霊たる水天が、顔を合わせ、それぞれ「内陣」から走り出で、飛ぶ。火天が、燃えさかる松明を抱えて内陣をまわり、次いで「礼堂」の中央にそれを立てると同時に、地上の現実世界、すなわち聴聞者たちに向けて一気に倒す。

水と火の祭礼が、ここに終わる。水と火の舞台が、ここに終わる。

いまだに、「達陀」が一体何に由来し、一体何を表現しようとしたものなのか、正確なところは誰にも分かっていない。しかし、修二会という初春の儀礼が行われているのは東大寺の二月堂だけではない。同じく十一面観音を本尊とし、猿楽の本拠地でもある長谷寺でも、あるいは猿楽の起源と密接な関係をもっていたと推測される興福寺でも、さらには法隆寺などでも行われている。しかしながら、それらの場では、二月堂の修二会のように、呪術的であり精霊のような存在、「八天」は登場しない。その代わり、「鬼」が登場し、「鬼」が追い払われる。「達陀」は「鬼」へと変身したのだろうか。世阿弥も禅竹も、「翁面」の裏には「鬼面」が隠されている、「翁」とは「鬼」である、と説いていた。「達陀」は「翁」を生み、「鬼」を生んだのだろうか。

起源の探究は、つねに「習合」によって妨げられる。反復されるたびに新たなものを生み出してしまう「習合」。すべてを、「習合」の地点からはじめる必要があるだろう。そのためには、探究の舞台を、山上の聖なる寺院から、自然が創り上げた岩窟へと、天に接する聖なる岩窟へと移していかなければならない。

2　宇宙の胎児

壇ノ浦で平家を滅亡させた源氏の若き英雄、源義経は、源氏のみならず武士たちの新たな棟梁となった実の兄、源頼朝と不仲となり、武蔵坊弁慶をはじめとする一騎当千の従者たちとともに、自由の新天地たる北へと向かって落ち延びていった。そのとき、義経主従は、「山伏《やまぶし》」の姿となり、厳しい自然のただなかにその身を隠す。「山伏」たちのように、自由に、自在に、険しい山々を越えて、北へ北へと逃れていく。義経主従を捕らえるために、頼朝は、国々に新たな「関《せき》」を設け、「山伏」たちを取り締まる。加賀国、安宅《あたか》の関では関守の富樫某《なにがし》が、「山伏」たちを厳しく詮議し、怪しいものは容赦なく斬り捨てていた。

「山伏」たる義経主従と「関守」たる富樫は、安宅の関で対峙する。外なる自由と内なる制度と。弁慶は、富樫の疑いをかわすために、「山伏」としての「最後の勤め」をなし、何も書かれていない書状を「勧進帳」として見事に読み上げ、従者に扮した真の主《あるじ》、義経を情け容赦なく打擲する。義経と弁慶の間に結ばれた深い主従の絆に打たれた富樫は、安宅の関から一行を通し、さらには餞《はなむけ》の宴をひらき、一行をねぎらう。謡曲「安宅」として鮮やかに描き出された一光景であり、後に歌舞伎に取り入れられ、「勧進帳」となった物語でもある。

能は、繰り返し、制度に敗北した野生の貴種たる義経や弁慶（あるいは義経に愛された静御前）、さらにはその義経や弁慶によって滅ぼされた敗者たち（平家の美しい貴公子たち）をあらためて舞台へと招喚し、その無念の想いを晴らしていく。あり得たかもしれないもう一つの生を、舞台の上で生き直させる。世阿弥の達成は、「幽玄」を理論化したこととともに、『平家物語』に題材を採った修羅能、荒ぶる修羅となって亡者の世界を生きていかなければならなかった武士たちを主人公とした夢幻能の創出にあったとされている。作者が不詳である謡曲「安宅」は、その修羅能の一つの帰結、その一つの集大成として可能になった（ただし、その成立年が古いわけではない）。

謡曲「安宅」の主題もまた『平家物語』から採られている。しかし、注目すべきはその主人公たる弁慶が、舞台の上で、「山伏」とは何かを過不足なく語ってくれていることである。猿楽の徒が架空の舞台で行おうとしていることと、修験の徒が現実の山で行っていることは等しい。謡曲「安宅」の主人公たる弁慶は、あたかも、そう宣言してくれているかのようだ。実際、物語の狂言回しとして、能は、おびただしい数の修験の行者たち、あるいは、疑いもなくその一つの源泉でもあった遊行する聖《ひじり》たちを、舞台に上げている。

「山伏」は、自らがもつ有限の身体を通して、無限の仏（如来）を、いまこの場に顕現させることを可能にしてくれる。猿楽の徒たちも、また。猿と人のあわいに能が生み落とされたとしたのなら、人と犬のあわいに「山伏」が生み落とされた――「山伏」の「伏」の字義として、人（聖にして貴なるもの）と犬（俗にして穢なるもの）の結合を主張しているのは、修験の徒たち自身である。人間は、聖なる舞台の上にして聖なる山のなかで、人間を超えた存在に変身することができる。しかも、その変身の過程は、「山伏」たちが実際に身にまとっている「装束」（「衣体《えたい》」）そのものが、最も自然に、また最も過不足なく表現してくれている。

「山伏」たちが身にまとっている「装束」は、宇宙そのものを象徴している。山伏は、「宇宙」を身にまとい、そのことによって、「宇宙」そのものへと変身していくのだ。架空の「勧進帳」を読み上げることを命じられる直前、富樫によって死を宣告された弁慶は、他の九人の従者、郎党（「立衆《たちしゅう》」）たちとともに、山伏としての「最後の勤め」を見事に果たし、富樫を圧倒し、感服させてしまう。山伏としての「最後の勤め」とは何か。それは、舞台の上で、宇宙の根本原理を体現する「法身《ほっしん》」大日如来のもつ忿怒相を顕す「不動明王」そのものとなることである――後に、家の芸（「十八番」）として「勧進帳」を位置づけた市川團十郎は、より即物的に、舞台の上に、「不動明王」となった自分を提示する。そこから歌舞伎の「荒事《あらごと》」が生まれた。

能の神聖な舞台の上で、森羅万象あらゆるものを忿怒とともに破壊する「不動明王」に変身すること。しかも、そうした未曾有の事態は、すでに、己自身が身にまとっている「装束」によって実現されていたのだ。謡曲「安宅」では、弁慶を中心に、合計十人の従者たちは、巨大な数珠（「最多角《いらたか》念珠」）を互いに押し揉みながら、「山伏」が身にまとっている「装束」について、こう輪唱していく（以下、シテと立衆の掛け合い、および地謡を一つに集約している）――「いでいで最後の勤めを始めん。それ山伏と言つぱ、役《えん》の優婆塞《うばそく》の行儀を受け、その身は不動明王の尊容をかたどり、兜巾《ときん》と言つぱ五智の宝冠なり。十二因縁の襞を据ゑて戴き、九会《くえ》曼荼羅の柿の篠懸《すずかけ》、胎蔵黒色の脛巾《はばき》を穿き、さてまた八目《やつめ》の藁鞋《わらんず》は、八葉の蓮華を踏へたり。出で入る息に阿吽《あうん》の二字を唱へ、即身即仏の山伏を、ここに討ち留め給はん事、明王の照覧計りがたう、熊野《ゆや》権現の御罰を当らん事、たちどころにおいて、疑ひあるべからず。唵阿《おんナ》毘羅《びら》吽欠《うんけん》と、数珠さらさらと押し揉めば」……。

さあ、われわれは山伏として「最後の勤め」を始めよう。そもそも山伏というのは、役の優婆塞たる小角の理論と実践を受け継ぎ、その身は不動明王の尊い姿そのものとなり、頭にかぶる――正確には額につける――「兜巾」（＝頭襟《ときん》）は、「法身」たる大日如来の戴く、五種の聖なる叡智をあらわした冠である。その「兜巾」を形づくる十二の襞は、衆生が前世・現世・来世の三世で輪廻転生する十二の因縁をあらわし、身にまとう法衣である柿色の「篠懸」（＝鈴懸）は、そのまま金剛界曼荼羅（＝九会曼荼羅）をあらわし、足にまく脚絆である黒色の「脛巾」はそのまま胎蔵界曼荼羅をあらわし、そのうえ、紐を通す乳《ち》（穴）が八つある草鞋の「藁鞋」はそのまま曼荼羅の中心にある八弁の蓮華をあらわす。

二つの曼荼羅をそれぞれ体現する装束を身にまとった山伏たちが身体から出し入れする息は、出す際にはこの宇宙のすべての事象の始まりである「阿」となり、入れる際にはこの宇宙のすべての事象の終わりである「吽」となる。そのような山伏たちを、ここで討ち、ここに留めおくことは、不動明王がご覧になってどう思われるか、その怒りは計りがたいであろう。熊野権現の神罰が、ただいまこの場に下されることもまた、疑い得ない。われわれは、ただひたすら、百八の煩悩にして菩提をあらわす巨大な数珠たる「最多角念珠」を、音を立てて押し揉みながら、「法身」たる大日如来をあらわす真言（呪言すなわち「陀羅尼《だらに》」）にしてあらゆる願いを叶えてくれる真言、「阿毘羅吽欠《あびらうんけん》」のみを唱えていく……。

有限の身体をもった人間たる「山伏」は、そのまま、無限の身体をもった如来たる「法身」である。すなわち、「即身即仏」。しかも、聖なる山のなかで、あるいは、聖なる舞台の上で山伏が成る「法身」とは、相反する二つの相貌をもっていた。光り輝く太陽の仏たる「大日如来」と、闇に蠢く荒ぶる獣である「不動明王」と。生成と、破壊と。さらには、「法身」の智慧を体現する多なる「金剛界」の曼荼羅と、「法身」の慈悲を体現する一なる「胎蔵界」の曼荼羅と。山伏が身にまとう装束は、世界の相反する二つの極、「大日如来」と「不動明王」を、「金剛界」と「胎蔵界」を、世界の始まり（「阿」）と世界の終わり（「吽」）を、いまこの場で一つにむすび合わせてくれる。そのとき、有限の人間は無限の如来となる。有限の人間はいったん滅び去り、無限の如来、宇宙の「胎児」として再生するのである。

山伏が身にまとう装束、「衣体」は、抽象的な「宇宙」そのものをあらわすとともに、具体的には、母胎内の「胎児」の姿そのものをあらわしている。山伏たちが行う「最後の勤め」――より正確には「最後の勤め」にして「最初の勤め」――とは、自らの有限の身体を無限の身体に変成させること、つまりは、「宇宙の胎児」――宇宙としての胎児にして胎児としての宇宙――として、いまここに、聖なる舞台の上にして聖なる山のなかに、生み落とすことだった。

修験道研究の第一人者である宮家準がまとめ上げてくれた大著、『修験道思想の研究』（春秋社、一九八五年）をもとに、山伏たちが身にまとう「衣体」について、さらには、その「衣体」がもつ象徴的な意味について、ここであらためて整理しておきたい（第七章「修験道の人間観」より）。中世から近世にかけて教義が整えられた修験道各派において、行者自身が聖なる山のなかではじめて生と死を象徴的に体験する「峰入《みねいり》」の際、ほぼ次のような十二種の「衣体」を身にまとい（「山伏十二道具」)、それに加えて四種の道具をもつ(「山伏十六道具」)。すなわち、斑蓋《はんがい》、頭襟、鈴懸、結袈裟《ゆいげさ》、法螺、最多角念珠、錫杖、笈、肩箱、金剛杖、引敷《ひっしき》、脚絆《はばき》、檜扇、柴打、走縄《はしりなわ》、八目草履、である。

謡曲「安宅」で、弁慶は、いわば宇宙論的な視点から、自らが身にまとっている「衣体」について説明してくれていた。しかし、それは山伏の「衣体」がもつ一つの側面に過ぎないのだ。「衣体」の宇宙論には、「衣体」の胎生論が重なり合っている。山伏たちの「衣体」は、宇宙を成り立たせている二つの極を一つにむすび合わせるだけではない。二つの極、陰と陽、女性性と男性性の結合によって、一つの新たな存在、「宇宙の胎児」が生み落とされる。山伏の「衣体」は、そうした胎児の有様そのものを指し示してくれている。胎児になるといっても、過去へと退行するのではなく、未来へ向けて再生するという意味である。山伏たちは、あたかも、これから未来に生み落とされる新たな胎児のように、自らを装っている。

たとえば、十二の襞が重ね合わさることで形になった頭襟(「兜巾」)は、十二の因縁をあらわすと同時に、それぞれ左右六つの襞に体現された父と母の「二滞《にたい》」(精子と卵子)の和合によって受胎した胎児そのものをあらわす。そうであるならば、頭襟の上に被される「笠」たる斑蓋は、母胎のなかで胎児に栄養を与え、胎児を保護する「胞衣」であろう。山伏とは「胞衣」を頭に戴冠した胎児そのものの姿をしているのだ。そして「柿色」をした鈴懸(「篠懸」)とは、母の胎内で、母の血の色に染まった胎児の身体をあらわす——さらに宮家準は、字義通り、鈴懸には、もともとはさまざまな音色をたてる「鈴」がつけられていたと推測することも可能だ、と述べている。

さまざまな「鈴」を身にまとった山伏の姿は、東北アジアに固有の憑依のスペシャリスト、さまざまな「鏡」を身にまとい、性の差異どころか種の差異をも軽々と乗り越えてしまう両性具有の野生の宗教者、シャマンの姿そのものである。

シャマンたちが、「宇宙」そのものを体現した太鼓を叩くことで、魂を超現実の世界へ飛翔させるとしたなら、山伏たちもまた、「胎児」そのものを体現した法螺を吹くことで、母親――つまりは聖なる山――の胎内で、「宇宙」がささやく超現実の法の声、心の声を聞く。法螺を字義に分解すると、こうなる。「法は心法、螺の虫は六腑の虫、口は胎内、十は人、糸は臍緒を指すという」。法螺を通じて、修験者は母胎と結ばれ、母胎から発する生命の声を聞き、生命の歌を唄うのである。

山伏たちがその背に負う「笈」(「縁笈《ふちおい》」)とその上に置かれる「肩箱」になると、母胎とのアナロジーは、より直接的なものになる。すなわち、まず、「笈」とは母の身体そのものをあらわす――「笈板は母の骨、これを包む皮は母の皮膚、中に納める黍・稗・菽・麻・麦の五穀は母の肉とも、母が嬰児を育てる乳味ともされている」。「笈」が母の身体であるならば、その上に乗せられた「肩箱」は父の身体である。「笈」と「肩箱」の和合は、母と父の和合を意味する。それは同時に、女性原理を体現する「胎蔵界」の曼荼羅と男性原理を体現する「金剛界」の曼荼羅の和合でもある。胎蔵界と金剛界が和合して宇宙が発生することと、男性の精と女性の卵が和合して生命が発生することは等しい。山伏たちは、自らの身体を通して、そうした宇宙論にして胎生論を語ってくれている。

山伏は、自らの身体を通して宇宙の発生と生命の発生を同時に表現している。そのとき、山伏は母胎にして胎児そのものと成っている。もちろん、ここまで述べてきたような「衣体」に関する精緻な象徴主義が確立されたのは、中世から近世にかけてである。しかし、その源泉は、さらに古代に、より正確に定義すれば、さらに原型的なものへとさかのぼっていくことが可能である。山伏たちが聖なる山のなかで執り行っていた聖なる儀礼。それが存在しなければ、「衣体」の象徴主義など生まれてこなかったであろうからだ。聖なる母胎となり、聖なる胎児となった山伏たちは、一体何を行っていたのか。宇宙の発生にして生命の発生を、宇宙開闢神話にして生命開闢神話を、自身の身体を舞台として繰り返していたのだ。発生が反復される。その度ごとに、宇宙も生命も再生される。それはまた、水と火という、最も元素的な物質同士の聖なる婚姻でもあった。

*

聖なる山のただなかで、山伏たちは、宇宙論的な卵にして胎生論的な卵になろうとしていた（以下、宮家の前掲書、第三章「修験道の宇宙観」にもとづいて基本的に論を進めていくが、かなりの部分を私的に解釈し直したものであることをあらかじめお断りしておく）。

山伏たちが成ろうとした「胎児」とは、いまだあらゆるものが分化していない原初の生殖細胞たる「卵」だった。なぜなら、ユーラシアという巨大な大陸の極東に位置する多島海、「列島」

に伝わる宇宙開闢神話は、こうはじまっていたからだ（『日本書紀』巻第一、「神代上」冒頭）――

「古《いにしえ》に天地《あめつち》未だ剖《わか》れず、陰陽《めを》分れず、渾沌にして鶏子《とりのこ》の如く、溟涬《めいけい》にして牙《きざし》を含めり。其の清陽なる者は、薄靡《たなび》きて天に為り、重濁なる者は淹滞《とどこお》りて地に為るに及《いた》りて、精妙の合摶《ごうせん》すること易《たやす》く、重濁の凝竭《ぎょうけつ》すること難し。故《かれ》、天先づ成りて地後に定まる」。

いにしえは、いまだ天地が分かれず、陰陽が分かれず、すべてが渾沌とした、鶏の卵のなかにあるような状態であった。しかしながら、そのほの暗く一つに融け合った渾沌のなかにも、何かになろうとする兆しは生まれていた。やがて、その兆しのなかでも清く澄んだものがたなびいて天になり、重く濁ったものが滞って地になった。清く澄んだ明るいものは一つにまとまるのが早く、重く濁って暗いものは凝固するのが遅かった。それゆえ、まず天が成って、次いでその後に、地が成った。

天地未分、陰陽未分の、原初の混沌たる卵細胞。その卵細胞のなかには、森羅万象あらゆるものへと生成していく種子が、潜在状態のまま、無限に重なり合い、一つに融け合って存在していた。潜在的に無限を孕んだ一つの卵。一でもなく多でもなく、ゼロであるとともに無限でもある、原初の物質にして原初の力。そこには具体的な形態が生み出されてくる兆し（可能性）が、いまだ具体的な形態をとらないまま（潜在的な状態のまま）、ただ強度としてのみ循環していた。光り輝く生成の太陽たる「大日如来」と闇に蠢く破壊の獣たる「不動明王」をともに生み出す原初の宇宙論的かつ胎生論的な身体。「法身」とは、そのようなもの、原初の卵細胞にして原初の生殖細胞のようなものだった。潜在的に無限を孕んだ「法身」から、無限の属性を体現する原型（イデアア）としての身体たる「報身《ほうじん》」が生まれ、やがて、それぞれが個別の姿態――構造――をもつ個体としての身体たる「応身《おうじん》」として、具体的に分化してゆく。「胎児」としての山伏とは、そうした如来のとる三身、法身・報身・応身を、一身に兼ね備えたものだった。

決して器官をもつことなく、逆に、あらゆる器官を可能にする「卵」としての身体。すなわち、器官なき身体。山伏たちが、山中での修行の果てに成ろうとした胎児とは、そのようなものだった。人間以前の生命の可能性にして、人間以降の生命の可能性。あらゆる生命の可能性を潜在的に孕んだ「卵」。父と母から生まれるとともに、父と母を生むことを可能にする「卵」。山伏たちは、宇宙が発生してくる地点にして身体が発生してくる地点に、自ら立とうとする。

「胎児」としての山伏たちは、自らの身体と言葉と意識を用いて、発生の場所、渾沌とした「卵」から森羅万象あらゆるものが産出されてくる場所に立たなければならない。宇宙開闢神話と生命誕生神話を、自らの身体と言葉と意識を用いて、創造的に反復しなければならない。そのために、山伏たちは、仏教の宇宙観と神道の宇宙観を一つに習合する。渾沌から秩序を発生させるためには、無限を孕んだ海からさまざまなもの、大地にして天へと伸びる聖なる山が生み出されてくる様を具体的に幻視すること、つまりは観想する必要があった。

仏教の宇宙観によれば、世界そのものを体現する聖なる巨大な山、須弥山《しゅみせん》を支えているのは、なんといっても「水」なのだ。「水」こそが、森羅万象ありとあらゆるものを産出する存在の母だった。同様に、『日本書紀』や『古事記』に説かれた神道の宇宙観によれば、やはり、混沌たる「卵」は、無限の海へと展開していく。無限の海のなかに一つの島が形成され、その島の中央に、清く澄み渡って広がる天と、重く濁って凝固した地を一つにむすび合わせる「柱」が立てられる。その一本の「柱」によって、渾沌から生まれた神々を分化させる二つの原理、男性性を体現するイザナキと女性性を体現するイザナミが和合する、つまりは、性の交わりを結ぶ。

山伏たちは、宇宙生成と身体生成を具体的に反復する場として、独自の祭壇を築く。宇宙生成のミニチュア・モデルにして身体生成のミニチュア・モデルである。仏教と神道からともに深い影響を受けながらも、仏教でも神道でもない、修験に固有の修法が整備されていく。「柱源護摩」と呼ばれる秘法である。祭壇の中央には、聖なる「水」の器（「水輪《すいりん》」）が置かれ、そこに「水」が注ぎ入れられるとともに、黒い布で覆われた二本の乳木《ちぎ》と、金襴に包まれて赤い房が付いた閼《あ》伽《か》札《ふだ》という、合計三本の聖なる柱が立てられる。イザナキ（男性性）とイザナミ（女性性）を体現する二本の柱と、その和合から生まれた新たな存在、未来の未知なる「胎児」を体現する一本の柱である。

行者は、「水」からの宇宙生成を観想するとともに、「卵」からの身体生成を観想し、聖なる「水」の空間に、聖なる「火」がともされる。護摩が勢いよく焚かれる。「火」はすべてをゼロへと滅ぼすとともに、すべてをゼロから再生させる。水と火、男性性と女性性、宇宙の消滅と生成……二つの極に分かたれたものが、あらためて一つにむすび合わされ、新たな存在（「胎児」）が生み落とされる。そのとき、行者もまた、天地をつなぐ「柱」、万物を生成させる「胎児」にして「母胎」へと変貌を遂げる。「水」と「火」が互いに交じわり合うということは、対象としての自然（物質）を構成する諸元素、地・水・火・風・空の「五大」と、主体としての精神、すなわち識を加えた「六大」が、一つに融け合うことを意味する。

宮家準の言葉を借りて整理すれば、「柱源」の前半部で行われる所作とは――「陰陽未分で混沌とした壇板上に宇宙を観じ、水輪中に天地の水を入れて父母を生じ、さらにその父母の交わりによって本有の仏性をもつ修法者「仏性をもった「胎児」としての修法者を意味する」を生むことを象徴している。そして同時に修法者が六大からなっているという意味で宇宙を体現した大日如来と同じものであるということも象徴されている」。さらに「柱源」の後半部においては――「修験者が、本来自分は大日如来の性質を持つと観じた上で、修法の主旨を述べ、崇拝対象を招き、それら、なかんずく不動明王の加護のもとに、父母の交わりや、水・米等によって、六大から成り、仏性を持つ修法者としてはぐくみ、育てられることを再度象徴していると考えることができる」。

物質が生まれ、精神が生まれ、宇宙を体現する「如来」が生まれ、この「私」が生まれる。ここに、修験道が明らかにしてくれた原型的な存在、原初の物質にして原初の精神、すなわち原初の力にして原初の神が立ち顕れる。列島の祝祭は、その原初の神にして原初の力をめぐって組織されていく。

3　生命の石

聖なる山のなかで、修験の徒たちは自らの身体を無垢なる存在、宇宙的な「胎児」へと変成させようとしていた。そのとき、「山」という現実の場所もまた、その位相を根本から変えてしまう。「山」は、現実の「山」であるがまま、超現実の宇宙の表現、すなわち「曼荼羅」となる。有限の人間が無限の「胎児」、つまりは無限の「如来」となるとき、有限の「山」もまた、無限の宇宙にして無限の曼荼羅となる。「山」という無限の曼荼羅の中心には、無垢なる胎児が存在していた。それが修験道の曼荼羅だった。

一方、大乗仏教の密教的な展開、その世界観が結晶した曼荼羅の中心には、大宇宙のすべての運行を統べる原理としてある「法身《ほっしん》」、太陽の仏たる大日如来、毘盧遮那仏《びるしゃなぶつ》が鎮座していた。光源としての「法身」からは、絶え間なく、そして常に、無数の度合いをもった無数の光が発出され続けている。光の一つ一つは、それぞれ光り輝く栄光の身体、神的で多様な身体たる「報身《ほうじん》」を形づくる。

唯一の「法身」と無数の「報身」は、唯一の光源とそこから発する無数の光という関係をもつ。一即多にして多即一の関係にある。なぜなら、光源とそこから発する光は、原因と結果という差異をもちながらも、同一のものであるからだ。唯一の「法身」は無限の「報身」によって表現される、と言い換えることも充分に可能であるだろう。無限の属性(「報身」)からなる唯一の実体、唯一の真なる実在(「法身」)である——以下、あえてスピノザ哲学の用語を用いて、大乗仏教の如来蔵哲学と三身論の構造を説明してみた(大乗仏教における如来蔵哲学とスピノザ哲学の類似を最も早く指摘し、それを自身の宗教哲学の根幹としたのは鈴木大拙《だいせつ》である)。

一なる「法身」と多にして無限なる「報身」は、光のなかで一つに融け合っている。そうした、一にして無限の光の身体、宇宙そのものを体現する抽象的かつ理念的な身体が、具体的な「もの」、物質的で固有の身体に受肉したものがわれわれの身体、森羅万象あらゆるものが現実にもつ固有の身体たる「応身」なのである。唯一の真なる実在（「法身」）がもつ無限の可能性を表現した属性、神的で多様な身体（「報身」）が具体的に変様した様態として、さまざまなものに固有の身体（「応身」）が与えられる。実体と属性と様態、「法身」と「報身」と「応身」は、その在り方のレベルとしてはそれぞれ異なっているが、すべて同じものなのである。

実体と属性と様態、「法身」と「報身」と「応身」は等しい。それゆえ、「応身」（具体的で固有の身体）としてのわれわれのなかには光の種子、「法身」（唯一の真なる実在）になるための可能性が植え付けられている。われわれの身体は、そのまま、「如来」（唯一の真なる実在）となる可能性、その種子を孕んだ存在の子宮（「如来蔵」）なのだ。われわれの内に孕まれた太陽の仏たる「法身」になる可能性、光の種子を育んでいくことで、われわれはいまこのあるがままの身体をもったまま――「即」の関係でむすばれて――仏（如来）と成ることができる。「即身成仏」の哲学が、ここに帰結する。

大乗仏教の如来蔵の哲学、さらには「法身」「報身」「応身」からなる三身論を積極的に内に取り込み、それを消化吸収することで、修験の教義は完成した。修験は、大乗仏教の抽象的な哲学をより具体的に、心身の実践的な哲学として練り上げていく。それとともに、「即身成仏」の教えは「始覚」（覚りのはじめ）と位置づけられ、それが「本覚」（真の覚り）である「即身即仏」を経て、「始覚」と「本覚」が一つにむすび合わされた「始本不二」の「即身即身」の教え（いまこの身体であるがままで覚りを得ることができる）にまで突き詰められ、道教・仏教・神道という相異なった三つの教えが一つに習合することが可能になった。曼荼羅は、極東の列島における習合の原理でもあった。

宇宙は、「法身」「報身」「応身」という三つの身体の相からなり、しかも一つに融け合っていて永遠である。宇宙とは如来の巨大な身体である。神即自然にして自然即神である。一なる光の源から無限の光が発出され、また一なる光源へと帰還する。曼荼羅とは、そうした宇宙の運動そのものをイメージとして提示したものだった。修験の徒たちは、自らがそのなかに入ることで人間として一度死ななければならない、他界にして異界である「山」を、如来として再生するための「曼荼羅」として捉え直す。曼荼羅として存在する「山」は、相異なった二つの世界、如来の無限の世界と衆生の有限の世界を一つにむすび合わせる。それは同時に有限の死を無限の生へと転換し、人間を森羅万象あらゆるものにひらくことを意味していた。

それゆえに、相異なった二つの世界を一つにむすび合わせる曼荼羅もまた、相異なった二つの相をもつものでなければならなかった。大日如来からの光の発出（同時に光の集合でもある）を描く胎蔵界の曼荼羅と、宇宙全体の曼荼羅としての変転を描く金剛界の曼荼羅である（変転する九つの世界、九つの宇宙が同時に表現されているので「九会《くえ》曼荼羅」とも称されている）。胎蔵界は「悲」（あるいは「理」）を、金剛界は「智」をあらわすといわれてもいる。しかしながら、二つの曼荼羅は、それぞれの中心に鎮座する太陽の仏たる大日如来を介して一つのもの、「不二」なるものとしてある。胎蔵界の曼荼羅と金剛界の曼荼羅が「不二」であるという、大乗仏教の密教的な展開であるとともに修験道の根本ともなった教えは、二つの曼荼羅が同時に、しかも「不二」のものとしてもたらされた、この極東の列島でしか可能にならなかった。

二つに分かれているがゆえに一つである。役小角がひらいた大峯山――一つの巨大な山であるとともに無数の山々の連なりでもある――は、吉野に広がる側が金剛界の曼荼羅をあらわし、熊野に広がる側が胎蔵界をあらわすという。吉野から熊野へ、熊野から吉野へ。修験の行者たちは、「山」を生きるとともに曼荼羅を生きていたのだ。修験の「山」は、宇宙そのものの抽象的な表現（森羅万象の関係を「光」を通して抽象的にあらわした「曼荼羅」）であるとともに、具体的な表現（森羅万象が「水」を基盤として具体的に産出される「山」）でもあった。

曼荼羅としての「山」は、光の仏たち、神たち、不動明王に体現される怪物たちが「集会」するイメージの世界、純粋に精神的な世界であるとともに、樹木と石と、なによりも変転し循環することをやめない水（川であり泉であり滝）を用いて具体的に創り上げられた、純粋に物質的な世界でもあった。曼荼羅から発する光は精神的であるとともに物質的である。その精神的にして物質的な曼荼羅の中心には、あらゆるイメージ、すなわち光にして水――きらめく流動体――である精神を発生させるとともに、あらゆる物質、光にして水である物質を発生させる「もの」が存在していた。

曼荼羅としての「山」へと入った修験の徒たちは、精神的な光にして物質的な光の源である、そうした「もの」と一体化することによって、光のなかの光、人間を超え出た究極の存在と成ることが可能となる（ここでいう「光」には、さまざまなものに変化する火にして水が重ね合わされている）。

修験が発祥した曼荼羅としての山、金剛界吉野と胎蔵界熊野ばかりでなく、より即物的に、曼荼羅の中心に位置する「大日如来」の「もの」としての姿をあらわに示してくれる、特権的な「山」が存在している。

羽黒山《はぐろさん》、月山《がっさん》、そして湯殿山《ゆどのさん》からなる出羽三山《でわさんざん》である。

出羽三山の奥の院、金剛界と胎蔵界の曼荼羅がそこで一つに交わる湯殿山には、「大日如来」を体現する「もの」が鎮座している。文字通り、火と水が一つに融け合った「湯」を沸き立たせている、つまりは生命それ自体を沸き立たせているその「もの」の上に立つこと、その「もの」と一体化することで、人は胎児としての如来、如来としての胎児として再生するのである。

＊

羽黒山、月山、湯殿山。

それぞれの「山」は、現実の「山」であるとともに、光の仏たちがそこを治める超現実の「楽土」でもあった。羽黒山は観音（聖観音）が治める補（普）陀楽浄土、月山は阿弥陀如来が治める極楽浄土、そして湯殿山は法身常住の大日如来が治める密厳《みつごん》浄土なのである。さらに、羽黒山は現在、月山は過去、湯殿山は未来をあらわすともいう。

深い森に覆われ、生命力に満ちた羽黒山の「現在」から、ひときわ高くそそり立つ荒涼たる月山の「過去」へ。さまざまな高山植物が咲き乱れ、さまざまな色彩に彩られた月山の八合目、弥陀ヶ原はまさに自然が創り上げた野生の楽土である。しかし、そこから山頂へと向かう道を歩んでいくと、徐々に山のもつ生命力が衰えていく。その頂《いただき》には、生命を撥ねつけるように沈黙を守る大小さまざまな石たちが積み上げられていた。まさに、「死」そのもの、生命が死に絶えた「過去」そのものを体現した世界である。

この「死」の世界が、同時に生命の源である「月」であり、「水」であるのだ（列島の神話論理において、「水」と「月」と「生命」は密接な関係を持っている）。「月」をその名とするこの山は、無数の「水」の流れ（川）がそこから生まれてくる生命の源泉でもあった。死という闇の裏面に生という光が存在する。月山山頂に祀られている光り輝く阿弥陀如来の裏面には、それを守護するかのように、闇に蠢く怪物のような三面三眼六臂の「忿怒相」をもった三宝荒神が安置されていたという。荒ぶる闇の神は、月山だけでなく、羽黒山でも、湯殿山でも、つまりは出羽三山すべての光の仏の「御裏」に存在していた。修験の山は、いずれもその頂で、生と死、光と闇、生命と非生命を一つにむすび合わせているのである。

羽黒山の「生」（現在）と月山の「死」（過去）を体験した行者たちは、「生」と「死」、あるいは「現在」と「過去」が一つに交わる「未来」へと向かう。しかしながら、「未来」を体現する湯殿山は、厳密な意味でいえば、「山」と称することはできなかった。つまり、出羽「三山」といっても、三つの山が並んで聳え立っているわけではなかったからである。その中心にひときわ高く屹立しているのは月山であり、羽黒山はその入口にあたり、湯殿山はその出口にあたる——

三山の最後にあたる「山」は、ある時期には「葉山」とされ、ある時期には「鳥海山」ともされていた。いずれにせよ、湯殿山は「山」ではなく、山の「奥」、つまりは曼荼羅の核をなしている。三山がどのような構成になろうとも、湯殿山はつねに、その「奥の院」としてあった。

湯殿山とは「山」ではない。月山の頂から、自然が創り出した険しい石の階段を下りきった谷底、大きな水の流れ(「仙人沢」)の源流に位置する巨大な岩、いまだに温かな生命の水――温泉――を大地の内部から外部へ噴き出し続けている「生命の石」そのもののことだった。温かな生命の水を噴き上げる巨大な「石」の頂は、赤く焼けただれ、白く変色している。まさに生きている石、生命を生み出す非生命、あるいは、生命の源たる原生命の姿そのものである。「山」ではなく、巨大な山が生みなす無数の襞を切り裂いて出現する「裂け目」、そこから内部の力が噴出してくる「裂け目」、内部と外部を通底させる「裂け目」。そうした「裂け目」を体現する「もの」、大地のもつ力が結晶した根源的な物質。それが湯殿山だった。「裂け目」とここで形容しているのは比喩ではない。いくつかの伝承では、その「石」は、胎児をこの世に生み出す「女陰」そのものとして捉えられていた。宇宙の巨大な子宮、如来をそのなかに孕んだ、如来そのものとして存在する巨大な女陰。如来蔵としての曼荼羅を、過不足なく表現し尽くす「もの」であった。

生命をもった石、生命であり非生命であるとともに、生命と非生命を同時に生み出す「もの」。しかも、また別種の伝承では、その生きた石こそが、曼荼羅の中心に位置する大日如来だというのである。さらに、その「大日」は、未来に向かって生み出されるのを待つ胎児の状態にあるとさえいう。宇宙の中心に位置し、宇宙そのものを生み出す、生命をもった巨大な石としての胎児。

出羽三山の諸縁起には、はっきりとそう記されていた。仏教の曼荼羅と修験道の曼荼羅が、見事に一つに重ね合わされている。曼荼羅としての「山」の中心には、無垢なる胎児としての「大日」が鎮座しており、その胎児としての「大日」は、大地の底から、火と水が一つに融け合った「湯」を噴き上げ、森羅万象あらゆるものの生命を生み出し、生命を更新している。無限の光を発出する太陽であり、無限の生命を発生させる泉である。

その「もの」の上に立ったとき、如来蔵としての人間は、如来蔵としての曼荼羅と一体化する、つまりは、「合一」を遂げるのである。そのとき、一体どのような事態が生起するのか。生命とそれを取り巻く環境、人間と石、精神と物質、「私」の内側と外側、「大地」の内側と外側といった区別は一切消滅してしまう。「私」の内側にあるものは外側にあふれ出し、「私」の外側にあるものは内側に殺到する。湯殿山の「石」が体現しているように、生命と非生命の区別さえ消滅してしまう。そうした体験を、修験道の行者たちは「神懸かり」(憑依)と名づけた。「神懸かり」とは、「私」とそれを取り巻く「自然」の区別が消滅し、すべてが神的なものへと変容してしまうような体験、神即自然にして自然即神の体験である。その瞬間、生命と非生命の両者を貫いて流れる「力」が解放される。その「力」はあらゆるものに生命を賦与して独自の形態を与えるとともに、あらゆる生命の形態を崩壊させ、変容させてしまう(「死」とは変容のとる一つの過程に過ぎない)。その「力」、過去と未来を貫いて流れ、すべてのものに形を与えるとともにその形を滅ぼす「力」を、修験道の行者たちは「霊」(「霊魂」)と名づけた。「神懸かり」は「霊魂」を解放する。

「霊魂」の解放には、二つの方向がある。一つは、自己の内側から外側へ。もう一つは、自己の外側から内側へ。前者は、「脱魂」（エクスタシー）とも呼ばれ、物理的な身体を超え出て、精神的な霊魂は永遠不滅であるとの思考を導く。行者たちは、厳しい修行のなかで、あたかも鳥のように「霊魂」を飛翔させ、可視の物理的な世界の上に重ね合わされた不可視の精神的な世界を鳥瞰する。後者は「憑依」（ポゼッション）とも呼ばれ、あたかも空《から》になった容器のように、自己のなかに、森羅万象あらゆるもののもつ「霊魂」が染み入り、互いに浸透し、入り混じる。「霊魂」は不滅であるとともに、生命と非生命を両極とした多様なものを一つに融け合わせる。人間は「憑依」によって森羅万象あらゆるものに変身することが可能になる。

「脱魂」と「憑依」は表裏一体の関係にあり、修験道の実践とは、「神懸かり」による「霊魂」の解放およびその操作に尽きる――以上、「神懸かり」による「霊魂」の解放を、「脱魂」（エクスタシー）と「憑依」（ポゼッション）の二つの方向から考える見解は、ルーマニアに生まれた宗教学者ミルチャ・エリアーデのシャマニズム研究にもとづく（前出、『シャーマニズム』、堀一郎他訳、ちくま学芸文庫）。しかし、エリアーデはシャマニズムにとってより基本的なのは、「憑依」よりも「脱魂」の方であるとしている。宮家準は、エリアーデの分類に従って修験道の「神懸かり」の諸相をまとめているが、修験道では、「憑依」が、「脱魂」に比してより重要な役割を果たしていると説く。特に、村の人々が山の行者に期待するのは、「憑依」による霊的な治療（いわゆる「憑きもの落とし」に代表される）だったからである。そうした技術こそが、行者が手に入れ、駆使する「験《げん》」の主要な効能なのである。

修験道の行者による「憑依」の実践は、多くの場合、「対《つい》」の形で行われる。「神懸かり」を引き起こす者と、「神懸かり」をコントロールする者と、である。行者が担うのは後者の役割である。修験道の行者たちが磨き上げてきた、「対」による憑依の技法は、修験道が解散を命じられた近代、すなわち明治以降、神道的な新興宗教教団——御嶽、金光、天理、大本等々——のなかで生き延び、現在にいたるまで無視し得ない宗教的、政治的、経済的な力を保持し続けている。しかも、その「力」は哲学の発生にもダイレクトにつながっている。

「神懸かり」に哲学の発生を幻視したのは、折口信夫ともミルチャ・エリアーデとも個人的な関わりをもっていた井筒俊彦である。井筒は、ディオニュソスの憑依にギリシア哲学の起源を見出す。ディオニュソスの憑依は、ギリシア人たちに「脱魂」(エクスタシス)による霊魂の永遠を確信させるとともに、その裏面に生起する「神充」(エントゥシアスモス)をも体験させる。ディオニュソスの化身とされる牡牛を集団で殺戮し、共食することで、人間と神と動物、すなわち森羅万象が一つに入り混じり、世界のあらゆるものが神的な様相を呈するに至る。世界は一にして全なるものなのだ。そこからプラトンのイデア論とアリストテレスの形相質料論がはじまる。井筒による、「神懸かり」が可能にした体験(純粋体験にして直接体験)の哲学的な読み替え、である。その井筒が最後に取り組むことになったのが、如来蔵哲学を全面的に展開した『大乗起信論』を、「東洋哲学全体に通底する共時論的構造」をもつものとして読み解いていくことだった。

そこで井筒は、如来蔵哲学を、東洋哲学全体を通時的に、つまりは、その起源にあるものとして読み解こうとしているわけではない。東洋に生まれたさまざまな思想哲学の潮流が「習合」し、そのことによって顕れ出る「原型」として読み解いていこうというのである。だからこそ、如来蔵哲学には、東洋哲学全体に及ぶ「共時論的構造」――時間的な前後関係にとらわれることない原型的な在り方――が見出されるのである。

湯殿山の「生命の石」が体現する哲学もまた、同様の構造をもっていた。

湯殿山の存在が文献学的に遡れるのは、中世から近世への移行期、十五世紀までである。さらに、その哲学がいまある形で確立されるのは近世になってから、しかも江戸の中期以降、羽黒山に依った天台宗系の修験（「本山派」）と政治的な闘争を続けた、湯殿山に依った真言宗系の修験（「当山派」）に属する人々を通してだった。したがって、湯殿山の「生命の石」の哲学は、通時的にみれば、きわめて新しい。しかし、その時間的な新しさは、共時的、つまり空間的かつ「習合」的な原型性とは矛盾しない。原型的な物語、原型的な神話を繰り返すことによって、そこに新しきものが生まれる。曼荼羅とは、宇宙を通時的に捉えたものではなく、その生成も消滅も一気に、共時的に捉えたものなのである。曼荼羅とは、反復される度ごとに、そこに差異としての新しさを産出する、宇宙の子宮にして、思考の母胎なのだ。

羽黒山の人々が、その始祖を役小角以前、はじまりの「聖《ひじり》」である聖徳太子の異形の分身である能除《のうじょ》太子――崇峻《すしゅん》天皇の第一皇子とも第三皇子ともいう、聖徳太子とは祖父（欽明天皇）を同じくしている――とするのに対して、湯殿山の人々が始祖として位置づけるのは、胎蔵界と金剛界、「不二」の曼荼羅という概念を、この列島に初めてもたらした弘法大師空海である。空海は、川から流れてくる「梵字」に目をとめる。その流れを遡ることによって見出されたのが湯殿山の

「生命の石」だった。「生命の石」は自然を形成する水と火という根源的な元素だけではなく、精神を形成する根源的なイメージである「梵字」をもまた産出し続けていたのである。

　羽黒山が「山」であることに対して、湯殿山は「谷」である。山が体現する「空」と「火」に対して、谷は「海」と「水」を体現する。その両者が相矛盾するまま一つに結合することで、動的な宇宙が生み落とされる。谷とは、生命の母胎そのものである。空海の足跡を反復するように、湯殿山の行者たちがその渓谷（「仙人沢」）を遡る際、正規の史書には決してあらわれることのない、正体不明の神にして仏たちの名前を唱えていく（「湯殿山法楽《ほうらく》」という）。そこで口ずさまれる神にして仏たちの姿は、渓谷を構成する自然の景観として、岩々に、あるいは滝々に、直接刻み込まれている。自然の曼荼羅と、法楽の曼荼羅が互いに響き合い、共振する。神々が歌い、自然が歌い、生命それ自体が歌う。それこそが、列島の祝祭の、列島の哲学の、起源なき起源である。

　この地点までできて、列島祝祭論の主題は、新たに、曼荼羅という思考の母胎にして表現の母胎をこの列島に、十全に組織することに成功した、真言密教の大成者たる空海へと移っていかなければならない。

空海

1　仮名乞児

曼荼羅という概念をこの列島に初めてもたらし、真言密教という大乗仏教の新たな教えの体系を、たった一人で創出してしまった空海。その空海によって、列島の宗教も、列島の芸能も、大きな変革を遂げる。

空海は、聖なる山の宗教、おそらくは列島古来の原型的な宗教がそのまま形を整えた「修験」のなかから生まれるとともに、「修験」がひらいてくれた未曾有の体験を、世界宗教の論理によって鍛え上げ、それをある種の普遍にまで導いていった。空海は修験から生まれるとともに、修験を根底から変革してしまった。

そうした空海の営為によって、列島の「祝祭」は、人間が森羅万象あらゆるものに変身していくための一つの理論をもつことが可能になった。空海は、こう説いている。森羅万象あらゆるものを聖なる言葉として、自らの内から悦びとともに流出する大宇宙の存在原理である大日如来（宇宙の法そのものを体現した「法身」）、その光り輝く大いなる無限の存在と、この「私」、有限の小さな存在が、いまここにある身体・言葉・意識をもったまま「合一」することができる。如来（仏）は「私」であり、「私」は如来である。そこには絶対の清浄、絶対の平安に満ちた地平が切り拓かれる。この欲望にまみれた人間の「身体」が、そのまま、まばゆく荘厳された光の宮殿（「密《みつ》厳《ごん》国土」＝法身が治める法界）となる。

空海が、この列島に初めて十全なかたちで将来した、大乗仏教の秘教的、神秘主義的な展開である「密教」。それはアジアの大地に緩やかに流れた千年を超える時間によって育まれた伝統的な思想である仏教に根本から変革をもたらしてしまう、まったく新たな思考方法だった。仏教の始祖である人間ゴータマ・シッダッタ（覚者＝仏陀）を信仰の下位区分――如来がこの地上に顕われ出でた一つの変化身「応身」――として位置づけ、それを包括するような能動的な上位概念――如来自らが語り出すこと、すなわち「法身説法」――を提起してしまったからである。つまり、この「私」も、仏陀ことシッダッタも、「応身」という在り方においては、等しいのだ。誰もが、あるいは、森羅万象あらゆるものが、如来となる種子を自らのうちに孕んでいる。その種子を育み、開化させることで、誰もが、あるいは、森羅万象あらゆるものが、如来になることができる。

そうした教えの過激さゆえに、いまだにそれを仏教の正統的な発展形態とみなさない人も多い。だが、空海はこの列島において、その思想を極限に至るまで展開させたのである。この身体がそのまま「即」如来であること(「即身成仏」)、さらには草も木も含め、生きとし生けるものがそのまま「即」如来の表現であること(「声字実相《しょうじじつそう》」)。それが、空海が大成した真言密教の根本をなす教えである。

空海の思想の開花はその生涯の軌跡と、おそらくは密接に結びついていたはずだ。しかしながら、膨大な神話と伝説に彩られた空海の生涯を、厳密な史料批判のもとに正確に再現することは、現在では、ほとんど不可能なこととなっている。確実に依拠できる空海の伝記史料は次に掲げる一節しかない、と言ってもいいからだ。『続日本後記』、承和二年(八三五)三月「丙寅《かのえとら》」(二十一日)、「大僧都《だいそうず》伝燈大法師位空海、紀伊の国の禅居に終る」とはじまる記事(「空海崩伝」とも称されている)には、空海の生涯の軌跡について、簡略にこうまとめられていた(以下、原文の漢文を、筑摩書房版『弘法大師空海全集』第八巻にもとづいてあらためている)――。

法師は、讃岐の国、多度郡《たどのこおり》の人。俗姓は佐伯の直《あたい》。年十五にして、舅《おじ》、従五位下阿刀宿禰《あとのすくね》大足に就いて、文章を読み習ひ、十八にして槐市《かいし》に遊学す。

時に一《ひとり》の沙門あり。虚空蔵求聞持《こくうぞうぐもんじ》の法を呈示す。その『経』に説かく、「もし人、法によつてこの真言一百万遍を読まば、すなはち一切の教法の文義《もんぎ》暗記することを得」と。

ここにおいて、大聖《だいしょう》の誠言《じょうごん》を信じて、飛焔を鑽燧《さんすい》に望み、阿波の国大瀧の嶽に攀《よ》ぢ躋《のぼ》り、土左の国室戸の崎に勤念《ごんねん》す。幽谷、声に応じて、明星来影す。

これより慧解《えげ》、日に新たにして、筆を下ろせば文を成す。世に伝ふ『三教論《さんごうろん》』は、これ信《しん》宿《しゆく》の間に撰するところなり。

書法に在《あ》りては、最もその妙を得たり。張芝《ちようし》と名を斉《ひと》しくし、草聖《そうしよう》と称せらる。

年卅一にして得度す。

延暦二十三年、入唐《につとう》、留学し、青龍寺《しようりゆうじ》の恵果《けいか》和尚に遇いて、真言を稟《う》け学び、その宗旨、
義味《ぎみ》、該通《がいつう》せざることなし。

遂に法宝を懐いて、本朝《ほんちよう》に帰来し、秘密の門を啓《ひら》き、大日《だいにち》の化《け》を弘《ひろ》む。

天長元年、少僧都に任じ、七年、大僧都に転ず。

自ら終焉《しゆうえん》の志あり、紀伊の国金剛峯寺《こんごうぶじ》に隠居す。化去《けきよ》の時、年六十三。


これが列島の正史のなかに記された、空海の現存する唯一の肖像である。この記述は空海の没年である承和二年（八三五）から三十年ほどの間でかたちになった、いわば同時代の第一級史料である――『続日本後記』が撰進されたのが貞観十一年（八六九）、具体的な史料の収集と編纂はそれより数年はさかのぼると推測される。

さらにこの記述は、竹内信夫（『空海入門――弘仁のモダニスト』ちくま新書、一九九七年）が丁寧に検証してくれているように、性格を異にする二つの史料を典拠として一つにまとめ上げられたと考えられるものだった。一つは得度の年、入唐の年、さらには没した年など、国家の事業と関連した「公」の文章。もう一つは個人的な体験をその内実まで記した「私」の文章。そしてこの段階ですでに、その「私」の文章には『三教論』という名前が与えられていることが分かる。

そして重要な点がもう一つ、この卓越した個性をもった人物が「空海」という自らの名前を社会に向けて発信したのが、すでに人生の半ばを迎えたとき、文字通り自らの人生を変え、この列島の精神文化に後戻りのできない変化をもたらした直前であったということである。

この人物は、十五歳の時、辺境から中央へと上ってくる（ただし現在の空海研究では異なった説も唱えられている）。おそらくは有力な親類縁者の物質的さらには精神的な強い援助があってのことだったのだろう。その一人（阿刀大足）から漢文学の素養を、当時の一般的な知的教養を遥かに超えたレベルで受容する。さらに十八歳で槐市（大学）に入学。しかしその後、仏教の教えを自らの進む道として選択したことはうかがえるのだが、歴史の上からはぷっつりとその姿を消してしまう。無名の「一《ひとり》の沙門」から、呪文を唱え記憶力を驚異的に増進させるという「虚空蔵求聞持の法」を授かり、それをもとに「山」や「森」で厳しい修行に明け暮れていた……。「私」の史料はただそう語るだけである。その修行は単に身体を痛めつける苦行だけではなかったはずだ。自然のなかへ心身ともに溶け込んでいくと同時に、この人物は独自のネットワークをもとに膨大な書物を次々と読破し、その内容を消化していったと思われる。仏教というアジア思想の網羅的な学習、さらには、後半生にいたるまで持続する古都・奈良の旧仏教界に君臨する大物たちとの密やかな人間関係もまた、同時に構築されていった。だが彼はそのような状況にありながらも、いまだ正式な名前をもっていなかった。人生の進むべき道を示してくれたその師と同じく、無名の「一の沙門」であり、しかもいまだ正式に出家することのない、私度僧としてあったのである。

この人物の生年は、出典が確実ないくつかの史料を相互に検討することによって、宝亀五年（七七四）であったことがほぼ明らかにされている――その議論をはじめ空海の諸伝記史料の批判的な比較研究は、上山春平『空海』（朝日選書、一九九二年）に詳しい（ここにおいて『続日本後記』の化去すなわち遷化の年齢は六十二歳と訂正される必要がある）。とするならば「年卅一にして得度す」とある三十一歳（数え年、以下同）の年とは、延暦二十三年（八〇四）にあたる。得度とは、在家のものが出家して僧侶になることをいう。当時は国家が公認した者以外は、僧侶になることができなかった。個人的な動機にもとづく出家は厳しく制限され、禁止されていたのである。いまだ私度僧であったこの人物は、おそらくは、ほぼ同時代にまとめられた『日本霊異記』に登場する異形の聖《ひじり》たち、役《えん》の優婆塞《うばそく》である小角《おづの》や卵から生まれた鳥にして蛙である少女のように、聖なる山に、自らの意志をもって入っていったのである。

つまり、この人物は三十一歳までは、優れた修行者であり、また絶対の真理を探究する孤独な求道者であっても、正式な「僧侶」ではなかった。だから「空海」という僧名もまた、三十一歳のこの得度によって初めて名乗ることができたはずである。つまり彼には、この時期に国家公認の僧侶となり「空海」という名前をもたなければならない明確な、そして切迫した理由が存在していたのである。その目的の実現のためだけに、出家得度という、人生における重要な決断を素早く、また断固として下したのである。

それは、当時の世界帝国の中心すなわち唐の首都である長安に赴き、そこで自らが信ずる学の体系を完成させることだった。空海が「空海」となったと同じ年（延暦二十三年）の五月、彼と最澄を乗せた遣唐使船四隻が唐に向かって出発することになる。空海の生涯において、この瞬間以外に唐に渡るチャンスはなかった。そのわずか二年後、長安において自らが望んだ信仰に完成をもたらすためのマスター・ピース、すなわち曼荼羅を、理論的かつ実践的に手に入れた彼は、幾多の幸運な偶然に助けられながらも首尾良く列島に帰還する。そしてそこから「沙門空海」の名前において、完成された密教の体系とその設計図『請来《しょうらい》目録』を、国家に対して提出することになったのである。

現在までのところ、確実な史料としては『請来目録』に記されたこの署名こそが、列島において公に「空海」という名が出現した最初のものである。そしてこれ以降、出家修行者を意味する「沙門」と対をなしながら、この名前のもとに無数の上奏文、願文、個人的な手紙が執筆されることになる。

＊

「空海」と名乗る以前の前半生、無名の私度僧であった一人の青年は、一体どのような生を送っていたのか。それを明らかにしてくれるのが、「崩伝」が採り上げた「私」の文章の起源と推定される『三教論』、すなわち『三教指帰《さんごうしき》』である。『三教指帰』に付された「序」に空海自身が記した「私」の記録を、「崩伝」が採用したのである（しかし、これまで確実にそう思われてきた、『三教指帰』の「序」と「崩伝」の前後関係についても、現在の空海研究においては疑義が提出されている）。

いまだ「空海」と名乗れぬ一人の青年が、自らの進むべき道を、儒教・道教・仏教という三教の比較宗教史的見地から、しかも危機的状況にあった自らの内的な心情も登場人物に仮託し吐露しながら、一編のドラマ——正真正銘、この列島で書かれた最初の「小説」(フィクション)——として構築したのが『三教指帰』であった。空海の自筆とされる別稿(序文と巻末の詩がまったく異なる)も存在するが、いずれも二十四歳のとき、すなわち延暦十六年(七九七)に完成の日付が記されている。これには大きな意味があったのである。というのも、当時は二十五歳という年齢が官吏になるためのリミットであったからだ。

つまり、ここで「空海」になる以前の一人の青年は、内外に向けて、世俗に生きることを断固拒否する宣言をしたのである。それは、制度の外にある荒々しい土地、聖なる山へと単身踏み込んでいくことでもあった。なぜなら、青年は仏教を極める選択はしたが、「僧侶」となることもまた拒否していたと思われるからである。『三教指帰』はその後半、『日本霊異記』の役の優婆塞たる小角と並ぶ、もう一人の「聖」の原型、「仮名乞児《かめいこつじ》」の像を提出する。いまだ名前をもたなかった一人の青年の理想であるとともに、疑いもなく、その自画像でもあった。名前ももたず(「仮名」)、家ももたず(「乞児」)、ただ救いだけを求めて、山野を彷徨う異形の聖。

仮名乞児と役の優婆塞、すなわち、空海と小角は、互いに分身であり鏡像であった。さらに言えば、双生児のような存在であった。『日本霊異記』の小角、そして『三教指帰』の仮名乞児は、空海以前にして小角以前、またはそれ以後にも途絶えることなく生み出され続けてきた、社会を離れ「名もなく、家ももたない」生を営んだ表現者たちの群れ、つまりは宗教家にして芸術家でもあった放浪者たちの生き方の、原型になったとさえ思われる。名前をもたず（僧名を得るためには国家の厳格な審査と承認が必要であった）、家ももたず（正式な出家・得度を経ない者は寺院に所属することができなかった）、自らの意志のみで仏道をきわめようとしていた求道者、ただ一介の私度僧として、いまだ制度には取り込まれていない野生の領土、荒れ果てた自然の山野を修行の場とせざるを得ない、もしくはそうすることを強く望んでいた人々の……。

それでは、『日本霊異記』の小角とならぶ仮名乞児というイメージを提出した『三教指帰』とは、一体どのような物語だったのか。題名の通り、三つの教え（儒教、道教、仏教）の論旨の帰着するところ（「指帰」）を、比較思想史的に明らかにしたものである。もちろん、ここでは仏教の優位が説かれている。しかしその他の二教も、決してその存在価値が否定されているわけではない。むしろこの三教の教えを、段階を踏んで学んでいくことではじめて、人間の、さらにはこの宇宙全体の総合的な理解が叶う、そう主張しているかのようである（事実、後年、空海がひらいた理想の私塾・綜藝種智《しゅげいしゅち》院《いん》では、この三教を過不足なく学ぶことが理想とされていた）。

『三教指帰』は、自らの欲望のままに生きる、ほとんど獣と等しいならずものである蛭牙《しつが》公子《こうし》を、三教をそれぞれ代表する亀毛《きもう》先生、虚亡《きょもう》隠士、仮名乞児（すなわち孔子、老子、釈迦）が教え諭し、その人間性を完成に導いてゆく、といった物語である。ここに登場する四人の人物たちは、情欲に荒れ狂う蛭牙公子をも含めて、いずれも等しく空海の分身であった。空海の密教は、人間のもつ、あるいは生命のもつ欲望（情欲）を決して否定しない。欲望をこそ、解脱にいたるための重要なエネルギーとするのだ。蛭牙公子は、そういった意味で、おそらくは、若き日の空海その人をあらわしている。

亀毛先生は、儒教的な言葉の論理を展開する。華麗な言葉を使うことによって、人間は、社会的な関係と社会的な地位を築き上げ、理想の家族と君主を得る。空海もまた漢文の天才的な使い手であり、その技術によって弘仁年間の朝廷に重きをなした。亀毛先生は、蛭牙公子に「秩序」（社会）を形成する言葉を教える。そして、虚亡隠士は、道教的な身体の論理を展開する。身体を自然のなかで養生させることによって、人はこの社会を超えた力と幸福を得る。それは超自然の世界と直接につながることである。のちに密教的なかたちに変形されるとはいえ、空海はこのような道教的自然観＝身体観を生涯捨てることはないだろう。虚亡隠士は、蛭牙公子に、「自然」として存在する身体を教える。

自然がそのなかに秘めている宝を活用する道教の術を修めれば、人は、鬼神を手足のように使えるばかりでなく、自らの身体をも劇的に変化させることができる。老いた肉体を若返らせ、長寿に憩い、さらには青空高く翔け上がり、太陽を下に見て、天空を自由に散歩することさえ可能になる……。まさに、役の優婆塞たる小角である。しかしながら、『三教指帰』の前半を包むこのような楽天的で華麗なイメージは、その後半、仏教的な空《くう》の精神を体現した無一文の異形の修行者、仮名乞児が登場することで一変する。言葉の論理と身体の論理は「空」へと壊滅し、「空」によって総合されなければならないのだ。

『三教指帰』で、仏教の真理、仏教の理想を追い求める仮名乞児は異様な相貌と風体で登場する。名前も、そして住む家ももたない。青空を天蓋として眠り、山野を食卓として貧しい食事に耐える。市場では瓦や小石を雨のように投げつけられ、渡し場では馬屎（糞尿）が霧のように降ってくる。だが仮名は仏教の道を追究することに不屈の闘志をもち、誇り高い志を失わない。

そして、仮名は、「おまえは一体何者なのか」という問いに対してこう答えている。私はこの世界に定まった名ももたないし、家ももっていない。あるときは天国（「天堂」）に生まれ、あるときは地獄に生まれるだろう。悪鬼（「波旬《はじゅん》」）を師とし、外道《げどう》を友として。この世界は、繰り返し、空《くう》へと滅亡しまた生起する。その円環を描く運動はやむことがない。轟音を発して回りつづける巨大な輪のように、何度も何度もこの無常の世界を生きなければならないのだ。つまり餓鬼や鳥獣も含めて、この世界を生きているありとあらゆるものが、ある時は私の父であり、またある時は私の母であり、そして私自身となるのだ……。

三界《さんがい》は家無し六趣《ろくしゅ》は不定なり。或るときは天堂を国と為《な》し、或るときは地獄を家と為す。或いは汝の妻孥《せいど》たり、或いは汝の父母たり。有るときは波旬を師と為し、有るときは外道を友と為す。餓鬼・禽獣は皆是《これ》、吾《われ》と汝との父母、妻孥なり。始《はじめ》より今に至るまで曾て端首《たんしゅ》無し。今より始に至る、何ぞ定数有らむ、環の如くにして四生《ししょう》に擾擾《じょうじょう》たり。輪に似て六道に轟《ごう》轟《ごう》たり。汝の髪は雪の如くなれども、未だ必ずしも兄《このかみ》たらず。吾が鬢は雲の如くなれども(而《しか》も亦)弟《おとと》に非ず。是れ汝と吾と無始《むし》より来　更《このかたかわるがわ》る生れ代《かわるがわ》る死して転変無常なり。何ぞ決定《さだま》れる州・県・親等《しんとう》有らむ。然れども頃日《このごろ》の間、刹那《しばらく》、幻のごとく南閻浮提《なんえんぶだい》の陽谷、輪王所化《しょけ》の下《もと》、玉藻帰《よ》る所の島、櫲樟《よしょう》日を蔽すの浦に住す。未だ思ふ所に就かざるに、忽ちに三八の春秋を経たり。

ある時は天国に生まれ、ある時は地獄に住む。この仮名乞児の告白は空海の肉声そのものである――「いまだ自分の思う道を見つけることができない間に三八（二十四年）もの歳月が流れてしまった」という嘆き。そして空海はわざわざ「玉藻帰る所の島」に讃岐と、さらに「櫲樟（くすのき）日を蔽すの浦」に多度と、自身の故郷の名を注記し、仮名が自らの分身にして鏡像であることを読む者たちすべてに分かるようにしているのである。

この世界に現象したあらゆるものは、ただ仮に名前を与えられたはかない存在に過ぎない。すべては空のなかに呑み込まれ、生々流転してとどまるところを知らない。そこで現世的な幸福、来世的な幸福を願うことなど、単なる幻に執着しそれに踊らされているだけなのだ。こう主張する仮名乞児は、黙示録的と言ってもいい無常観、世界崩壊の予感にとらわれていた。

「つらつら考えてみれば、世界の中心に高く聳え立っている須弥山は天の川に届くほどのものであるが、世界最後の日に現れるあらゆるものを焼き尽くす劫火によって、すべてが灰になり滅び去ってしまう。ひろびろとした大海原は天の涯までも漲《みなぎ》っているが、やはり世界最後の日に現れるいくつもの太陽に曝されて、消え去ってしまう。堅牢と思われた大地も大振動とともに裂け、すべてを包み込んでいた蒼穹も砕け散る……」

大地は裂け、空は砕け散る。形あるものはすべて滅び去り、そこには空虚しか残らない。だから「私」が誰かと問うことなど、まったくばかげたことなのだ。無常を認識し、生と死の苦を徹底的に知らなければならない。世界とは空のなかで壊滅する。誰もその宿命を逃れることはできない。だから、この空の無常を前にして、現世に執着すること、ましてや家族や人間関係にとらわれることなど愚かな妄想に他ならないのだ。空の前では、すべてが生滅変化し、とどまるところを知らない。

こうして仮名乞児はすべてを捨て去り、その身一つで持ち運べるだけの道具をまとい、放浪の生活へと入っていったのだ。輪廻転生するこの苦の世界の果てで、それがそのまま如来の楽土へと転変するという究極の「空《くう》」をその目にし、それを生きるために。いまだ「空海」と名乗ることのできなかった一人の青年は、黙示録的な無常観を抱き、さまざまに異形なものが生息する苦の「生死海」のただなかを生きていく自らの分身、仮名乞児に、その生死の海がそのまま、百億の仏が湧き立ち、空からは無数の花々が舞い降り、地からは次々と蜜が溢れ出てくるような光あまねく浄土へと劇的に転変してゆく様をまざまざと幻視させる。「社会」(秩序)としての言葉も、「自然」としての身体も、いったん「空」へと滅び去り、「空」を媒介として、新たな次元で総合されなければならない。

だがしかし、そうした「空」を経て、「生死海」を光の楽土へと転換するための方法を、この『三教指帰』の段階では、空海＝仮名は、いまだ充分に表現できていない。「空」を媒介として苦を楽へと転換させる方法を学び、それを自らの言葉として十全に表現するためには、空海＝仮名自身が化外の領土、聖なる山のなかに入り、さらには、森羅万象あらゆるものが生み出されてくる存在の子宮へと入り、人間以上のものと「合一」し、人間以上のものへと変身するという未曾有の体験を経なければならなかった。そうした苦闘の軌跡、その痕跡もまた、『三教指帰』の「序」に、はっきりと刻み込まれていた。

2　虚空蔵

空海が創り上げた自伝的かつ思想的なドラマ、『三教指帰』において、無常たる「空《くう》」による世界の滅亡という黙示録的な宇宙観を開陳し、そこに居並ぶ人々全員を悲嘆の底に突き落とした仮名乞児《かめいこつじ》は、物語の最後にあらためて、この現世の苦を「生死海《しょうじかい》の賦《ふ》」として歌い上げ、そこからの救い（解脱）を「大菩提《だいぼだい》の果《か》」として示す。そこにこそ、いまだ「空海」と名乗る以前のまったく無名の「一《ひとり》の沙門」、山野を彷徨して救済を求め続けた一人の青年、一人の私度僧たる「聖《ひじり》」が立たなければならない場があった。

仮名乞児の前には、際限もない「海」が広がっていた。鱗をもつもの（魚類）、羽をもつもの（鳥類）、その他ありとあらゆる異形のものたちが、自らの欲望のままに生き、その欲望によって殺し合う「生死の海」が。空海は、仮名乞児の前に広がる「海」の描写を、こうはじめている――「夫れ生死《しょうじ》の海《かい》たらく、三有《う》の際を纏うて弥望《びぼう》するに極罔《きわまりな》し。四天の表《ほか》を帯びて渺瀰《びょうび》として測ること無し。万類を吹嘘《すいきょ》し、巨億を括摠《かっそう》す」。

目の前に広がるのは、生死流転を繰り返す生命たちが満ちる海であり、三つの存在する世界（欲有・色有・無色有）の際まで広がっていて、そこから見渡せば、限りがない。四天（仏教で言う世界の四洲）を取り巻いて、遠く縹渺として、測ることもできない。その海は、そこからあらゆるものを吹き出し（産出し）、それら巨大で膨大なものたちすべてを自らの内に包括している。

そして空海は、「海」の描写を、こう締め括る――「是《かく》の如き衆類《しゅるい》、上《かみ》、有頂天を絡《めぐ》ひ、下、無《む》間獄《げんごく》を籠めて、処に触れて櫛のごとくに比《なら》び、浦毎に屋を連ぬ。玄虚《げんきょ》が神筆、千《ち》たび聚《あつ》むとも陳《の》べ難し。郭象《かくしょう》が霊翰《れいかん》、万《よろず》たび集むとも何ぞ論ぜむ。茲《これ》に因つて五戒の小舟、猛浪に漂ひて（以て）羅刹《らせつ》の津に曳曳掣掣《えいえいせいせい》たり。十善の椎輪《ついりん》、強邪に引かれて（而して）魔鬼の隣に隠隠軫軫《いんいんしんしん》たり」。

この海には、欲望によって生み出され、欲望によって滅び去る異形のものたちが、満ち満ちている。それら異形のものたちは、世界の頂点たる有頂天に絡み合い、最底辺の無間地獄に籠もり、いたるところ櫛の歯のようにぎっしりと並び、浦々にその住処を連ねひしめき合っている。その有様は、名文家の玄虚の神のような筆をいくら集めても述べ尽くせないし、雄弁家の郭象の霊のような言葉をいくら集めても論じ尽くせない。このように荒れ狂う生死の海のなかで、五戒を掲げて覚りの彼岸を目指していた小舟は猛烈な波に呑み込まれ、漂い、羅刹の港に引かれに引かれ、十善を体現する木の車もまた、強欲な破戒の力に導かれて魔鬼の隣へと騒々しい音を立てながら近づいていく。

生死海の直中《ただなか》で、五戒と十善の教えにもとづいた救いの小舟、覚りの小舟を、どのようにして立て直していったらよいのか。仮名乞児＝空海は、端的に、こう答える。「海」を「心」と考えよ。そして、そこに「菩提」（覚り）を求める力を目覚めさせよ。そうすれば、生死の「海」が、「仏《こころ》」そのもの（「法身」）へと転換するであろう。さらには、仏そのもの（「法身」）となった無限の「海」が、「心」がもつ真なる有様、つまりは心の真理たる「真如《しんにょ》」を示すであろう。生死の海を、無限の「法身」へと転換させ、そこに「真如」をあらわす。つまり、海とは、法身とは、真如とは、すべて「心」なのだ。

「生死海の賦」を歌い終わった仮名乞児は、「大菩提の果」を示す。その冒頭には、こう書きつけられていた――「是の故に勝心を因の夕《ゆうべ》に発《おこ》し、最報を果《か》の晨《あした》に仰ぐ非ざるよりは、誰が能《よ》く淼淼《びょうびょう》たる海底を抜きむで、蕩蕩《とうとう》たる法身に昇るらむ」。

勝心、すなわち覚りを求める心、大菩提心を原因として夕べに起こし、その結果として最もすぐれた報いを朝に仰ぐのでなければ、一体誰が、淼淼と広がる生死の海の底から抜け出て、蕩蕩と光り輝く巨大な法身の位にまで昇りつめることができようか。否《いな》、誰であろうとも、菩提を求める「心」さえ起こせば、異形のものたちが満ちあふれる生死の海を、光り輝く法身に転換することができるのだ。

それでは、法身とは何か。いまだ僧侶の名前をもたず、荒野を彷徨う一人の乞食《こつじき》であった若き空海は、大和（奈良）の中心、東大寺に鎮座する毘盧《びる》遮那《しゃな》仏《ぶつ》を目にしていたはずである。人間的な身体ではなく、宇宙の原理（法）そのものを巨大な身体とした毘盧遮那仏、すなわち「太陽」の仏たる「大日《だいにち》如来」――サンスクリット語「ビルシャナ」を漢訳したものが「大日」である。真の法身は無形無相であり、この宇宙そのものである。宇宙そのものとして遍満し、そこから産出された森羅万象あらゆるものに生命を賦与し、森羅万象あらゆるものを育むといった意味で、その存在は「太陽」（大いなる「日」）と等しい。しかも、法身は、この地上を超越したところに鎮座しているわけではないのだ。菩提を求める「心」のなかに生きている。誰もが、あるいは、森羅万象あらゆるものがもつ「心」のなかに内在しているのだ。

仮名乞児＝空海は、菩提心によって装備を整え直した船で、生死海を乗り越えていくことを力強く説いていく。六度（六波羅蜜の修行）を筏《いかだ》として、その纜《ともづな》を解いて迷いの河に船出し、八正（八つの正しい行い）を船として、その棹を仁愛の波が打ち寄せる浜辺で艤装し、精進の帆柱を立てて、心を静める帆を上げ、忍辱《にんにく》の鎧をつけて煩悩を防ぎ、智慧の剣でもって多くの敵を威嚇する。するとそのとき、生死の海に蠢く異形のものたちは、すべて、菩提を求める真摯な求道者たちへと変貌を遂げる。その果てに、世界の真理である「真如」が、その輝かしい姿をあらわす――「十地の長き路《みち》、須臾《しゆゆ》に経殫《へつく》し、三祇《さんぎ》の遥かなる劫、究め円《まど》かにせむこと難きに非ず。然《しこう》して後に十重の荷《か》を捨てて尊位を真如に証し、二転の台《うてな》に登つて帝号を常居《じようご》に称せむ」。

菩提心そのものとなった船によって、覚りを得るために菩薩が体験しなければならない十地の長い修行の過程も、須臾（一瞬）にして経尽くしてしまうし、三大無数劫という遥かに長い時間をかけて行う修行もまた、完全に達成するのは難しいことではなくなる。そうした後に、菩薩が背負った十の荷（除くべき十の障害）をそこに捨てて、真如を体得して仏の位にのぼり、「二転」（二つの障を二つの徳に転じる）を実現し、仏の国土において帝王と呼ばれる。心の真理（「真如」）に到達することこそが、仏の世界（「法界」）の帝王、すなわち「法身」となることなのだ。そのとき、すべては「一如」（絶対平等の「一」）となり、生滅を超越して変わることなく、増減を超越して衰えることなく、「万劫」（巨大な時間の流れ）を超越して「円寂」（絶対の平安）であり、「三際《さんさい》」（過去・現在・未来）にわたって「無為《ぶい》」（無限）である。

菩提を求める「心」によって、有限の海が無限の海に転じる。さらに仮名乞児は、こう続けていく――「然りと雖《いえど》も、四弘《しぐ》未だ極まらざるに、一子、溝に沈めり。此を顧みて悢悢《ろうろう》たり。此を思つて丁寧なり。爰《ここ》に更に百億の応化《おうけ》、百億の城に班《わか》ち、仮に非相に託《つ》いて非形を示現す。曾成《そうじょう》の道、八相《はっそう》に始まり、金山《こんせん》の体、四康《しこう》に坐す。神光神使、八荒に馺《は》せ、慈悲慈檄《じげき》、十方に頒《わか》つ」。

しかし、そうは言っても、仏の教えは偉大ではあるが、菩薩がいまだ「四弘」（一切衆生を救うための四つの誓願）を全うしないうちに、仏の「一子」たる一切衆生は、路傍の溝に沈むようなはかなく惨めな境遇に陥ってしまう。仏（法身）は、このような衆生の惨状を見て深く悲しみ（「悢悢たり」）、またこれを懇《ねんご》ろに思う。そして、自らの百億の化身を、百億の国（「城」）に分かちて出現させる。法身自体は非形（無形無相）ではあるが、衆生のためにそれぞれ仮の姿、「非相」（卓越した仏の姿）をとり、示現する。永遠にして無限である法身となる道は、ゴータマ・シッダッタ（仏陀＝釈迦）が体験した「八相」（下天・入胎から入涅槃まで）に始まり、黄金の山のように滅びないその身体は、「四康」（苦・集・滅・道の四つの真理）のなかに存している。仏が発する神のような光（仏の教え）、神のような使い（仏の弟子たち）は、八方の国々の果てにまでいたり、慈悲に満ちたその触れ文（檄）を十方に分かち与える。

森羅万象あらゆるものを救いたいという、宇宙の中心に坐する無形無相の法身の悲しみと願いによって、百億もの国土に百億もの化身が出現する。ここにおいて、生死の海に蠢く異形のものたちのすべてが、百億の化身をそのなかから生み出す光り輝く法身に転じるのである。有限の闇に閉ざされた生死の海が、無限の光に開かれた法身となる。仮名乞児＝空海は、光り輝く化身たちが雲に乗り、風に乗って集まり、天上からは雨のように、地中からは泉が湧くようにして集まってくる様、法身を中心として「集会」する様を、美しく描き出す。花のように「聯聯《れんれん》」と。あるいは、「燐燐爛爛《りんりんらんらん》として震震塡塡《しんしんてんてん》たり」と。

そのように美しく光り輝く化身たちを前にして、法身は自ら語り出す。「一音《いっおん》の鸞輪《らんりん》を転じて」、たったの一音ですべての我執を打ち砕く。「鸞輪」（法輪）を転じる、すなわち説法を行う。化身たちは、あるいは、森羅万象あらゆるものは、法身から発する聖なる言葉、「一」なる言葉を、「甘露の雨」のごとく、「法喜の食《じき》」のごとく、味わい尽くす。

この地点こそ、物語のなかの仮名乞児ばかりでなく、『三教指帰』を書き上げた二十四歳の現実の空海が、仮名＝無名時代に到達した最後の場所であろう。そこから、さらなる一歩を踏み出し、世界の真理を探究するために聖なる山に入った無名の私度僧は、「空海」という名前を得る。しかし、この時点ですでに、後の大僧正、弘法大師「空海」が構築していく知の大伽藍、その基礎のすべては完成していた。その教えの核心は、「大菩提の果」に過不足なく述べられていた。すなわち、真如である「心」を通して法身にいたる。そして、そこで、法身が森羅万象あらゆるものに語りかける聖なる声を聞く。さらには、自ら法身となって、森羅万象あらゆるものとともに、生命そのものを讃える聖なる歌をうたう。真如である心こそが法身なのだ。

しかも空海は、『三教指帰』の「序」に、自らが体得した、世界の奏でるそうした真理を獲得した方法、獲得した場所について、詳細かつ具体的に記してくれていた。

*

『三教指帰』の「序」に、空海は、「余」（「私」）という一人称を用いて、自らの身に起こった特異かつ特権的な体験を記してくれていた。そこに記された「私」の文章が、ほとんどそのまま、「公」の文章、『続日本後記』に記録された「空海崩伝」に採用されることになる。十八歳で「槐市」（大学）に入り、血のにじむような努力をもって勉学に励んでいたとき――「爰《ここ》に一の沙門有り。余に虚空蔵求聞持《こくうぞうぐもんじ》の法を呈《しめ》す。其の経に説《と》かく、「若し人、法に依つて此の真言一百万遍を誦《じゅ》ずれば、即ち一切の教法の文義、暗記することを得《う》」と。焉《ここ》に、大聖《だいしょう》の誠言《じょうごん》を信じて飛燄《ひえん》を鑽燧《さんすい》に望む。阿国大滝嶽に躋《のぼ》り攀《よ》ぢ、土州室戸崎に勤念《ごんねん》す。谷響を惜しまず。明星来影す」。

そこに、一人の沙門があらわれ、私に「虚空蔵求聞持の法」を教えてくれた。その経（『虚空蔵菩薩能満諸願最勝心陀羅尼求聞持法』）には、こう説かれていた。もし、人がここに記された法の通りに、虚空蔵菩薩を讃える真言（マントラ＝陀羅尼）を百万回も読誦すれば、たちまち一切の経典の文句を暗唱し、そこに書かれている文字の意味のすべてを容易に理解することが可能になる。そこで、私は、この大いなる聖者（「大聖」＝仏）が残してくれた至高の言葉を信じて、木鑽（錐）によって火をおこすように慎重に、しかも粘り強く、その道をきわめるための努力を懸命に続けていった。阿波の国の大滝嶽の頂によじ登り、土佐の国の室戸崎の岩窟に籠もって、一心不乱にその聖なる真言を唱え続けた。すると、室戸崎の付け根に穿たれた石の蔵（「谷」）もまた聖なる響きに満ちあふれ、そこに虚空蔵菩薩の化身である光り輝く明星があらわれ、私のもとへとやってきた。

この直後、「公」の記録(『続日本後記』)とは異なって、「私」の記録(『三教指帰』の「序」)では、こう記されることになる——「遂に乃《すなわ》ち朝市《ちょうし》の栄華念念に之を厭ひ、巌藪の煙霞日夕《じっせき》に之を飢《ねが》ふ」。この、虚空蔵菩薩の化身である明星と一体化するという未曾有の体験をしてしまった私は、「朝市」(朝廷と市場、すなわち世俗の名声と富)のことを思う度に深く厭うようになり、大滝嶽や室戸崎のような「巌藪」(険しい岩場や深い藪林)に立ちこめる煙霞を、朝も夕も、つねに慕い願うようになった。そして、現実の世界を捨てて、超現実の世界に生きることを選んだ。

つまり、一人の無名の沙門に教示された「虚空蔵求聞持の法」こそが、若き空海に、世俗の栄華を捨て、家を捨て、「仮名乞児」になることを決断させたのだ。『三教指帰』の「序」では、この後にも、儒教に説かれた道徳をもとに「我」(「私」)を縛る「親識《しんしょく》」(親戚知人)との記述も見られる。さらに、「序」の冒頭部分には「憤《いきどおり》を写す」とも。空海は、自らが信ずる道を、「憤」をもって、さまざまなかたちで課されてくる束縛を自らの強い意志をもって——ある場合には、おそらくは暴力的に——断ち切って、進んでいったのだ。名もなき放浪者、仮名乞児のようにして。その最大の契機として、「虚空蔵求聞持の法」との出会いがあった。

それでは、「虚空蔵求聞持の法」とは一体どのような「法」であり、空海に一体どのような「体験」をもたらしたのか。『三教指帰』の「序」や『続日本後記』の「崩伝」に明記されているように、「虚空蔵求聞持の法」とは、「虚空蔵菩薩」の名前、その聖なる呪言(真言)を唱え続けることによって、「虚空蔵菩薩」そのものと一体化する、つまりは「合一」するための技法であった。有限の人間と、無限の如来の化身である菩薩とが一つに融け合うことを可能にする「法」であった――以下、「虚空蔵求聞持の法」に関しては、薗田香融「古代仏教における山林修行者とその意義　特に自然智宗をめぐって」（日本名僧論集第三巻『空海』、吉川弘文館、一九八二年、所収）、竹内信夫「空海の「存源之意」とは何か　「空海とサンスクリット」再考」（『空海　世界的思想としての密教』、河出書房新社、二〇〇六年、所収）、堀内規之「空海以前の修法と法会　虚空蔵求聞持法と悔過法会」（『初期密教　思想・信仰・文化』、春秋社、二〇一三年）を参照している。

まずは、その本質を詩的に要約してみる。

南牟　阿迦捨　掲婆耶　唵　麼唎　迦麼唎　慕唎　莎嚩賀。ナム・アカーシャ・ガッバーヤ・オン・マリ・カマリ・マウリ・スバッハー。アカーシャ・ガルバ、虚空蔵菩薩よ、汝に帰依奉る、オーム、髪に花を飾り、蓮華の宝冠を戴いた高貴なる人よ、スバッハー。

「虚空蔵求聞持の法」をきわめるために、行者は、その真言を、何万遍、何十万遍も繰り返す。固有名詞の連呼と、意味を拒絶するかのような咒音の連なり。その中心に位置する虚空蔵菩薩、アカーシャ・ガルバ。字義通りにその意味をとれば「虚空」（アカーシャ）の「蔵」（ガルバ＝子宮にしてそこに孕まれる胎児）、となる。

空なる子宮にして空なる胎児。つまり、自らのなかに、虚空を胎児のように孕んだ仏、である。自らの内に、現在・過去・未来、あらゆる時、あらゆる場所の記憶を蔵することを可能にする巨大な子宮としてある仏。行者は、その菩薩を崇める真言を唱えながら、心のなかに、大きな白い絹布を思い浮かべ、そこに円を描く。満月の象徴である。その円の中心に、蓮華の台座に半跏のかたちに腰を下ろした菩薩の姿を想い浮かべる。虚空のなかの蓮華。虚空のなかの満月、黄金の環。

行者は瞳を閉じ、さらに一心に菩薩を念じ、菩薩を招く。すると菩薩の心が大きく開かれ、そこにもう一つの黄金色に輝く満月が昇ってくる。外と内の、透明に輝く二つの月が重なり合う。その重合する満月のなかに、いま行者が誦えている虚空蔵菩薩の真言、神聖文字があらわれ出でたかと思うや、菩薩や二重になった月と同様に輝きわたる。やがて、菩薩の真言はゆっくりと動き出したかと思うと、突然羽が生えたように月から飛び出し、行者の頭頂に黄金の雫となって降り注ぐ。

行者の頭に満ち溢れ、行者を頭から貫く、聖なる言葉の雫。黄金に煌めく言葉を通じて、行者と菩薩は一つにつながり合う。その時、大地は鳴動し、聖なる岩窟のなかから発するすべての物音は、行者の唱え続けるマントラと響き合い、一つに融合する。樹液のように、蜜のように滴るその言葉の雫は、行者が続ける読経とともにふたたび口から出でて、菩薩の足もとへと還って行く。虚空そのものとなった胎児との合一。輝く真言によって菩薩と行者は一つにつながり合う。その循環は、徐々に速度を増しながら、果てしなく続いてゆく。行者の息が続かなくなったところで、一つのセッションが終わる。

行者の心のなかには、ありとあらゆる時間と空間が満ち、それらに付随するさまざまな記憶が甦ってくる。行者は洞窟に吸収され、外と内との区別はなくなり、その空虚の場において、純粋な時間と無限の空間とが婚姻を遂げる。すべての物音が行者の唱える真言と共振し、洞窟はさらに揺れ動き、大きな響きを発する。その響きに感応したかのように、天空から燃え上がる一つの星が、そこに墜ちてくる。夜明けの空に、ひときわ光を放つ虚空蔵菩薩の化身である暁の明星が。黎明の天使（ルシファー）たる金星が。洞窟は、行者は、そこに交響する神聖なる言葉たちは、炎を吹き上げ到来した流星と一つに融け合い、まばゆい光に包まれる……。

より即物的に、その行法の在り方を、経典に説かれた通りにまとめてみれば、こうなる。

「虚空蔵求聞持の法」が行われるのは、「空閑静処・浄室・塔廟・山頂・樹下」（以上、薗田、前掲論考）である。そこで、行者は……「満月を描き、その中に虚空蔵菩薩の像を描く。それを部屋に安置し礼拝し、陀羅尼を唱える。目を閉じて菩薩の心の上に満月があると観想。唱える虚空蔵菩薩の陀羅尼の文字が、満月の中に現れて、みな金色をして、その字が満月から流出して行者の頂から入り、足下から出て、また満月の中の菩薩に戻っていくと観想する。真言は一日一座で一万遍、一日二座であれば各座五千遍ずつ、百日で百万遍とする」。

百万遍の陀羅尼を唱え終えた、日蝕あるいは月蝕のとき……「飲食・財物を捨施し、虚空蔵菩薩の図像と壇を路地に移し、牛乳を煮詰めて作った牛蘇を銅製の器に入れ、壇の上に置く。華香等を器の中に入れ、陀羅尼を唱えながら、樹の枝で攪拌する。そうして牛蘇に気・煙・火のいずれかの相が出現すれば、この求聞持法は成就し、神薬となった牛蘇を飲めばたちどころに抜群の記憶力を得て、一度見たり聞いたりするだけで、文義を理解し心に記憶して永く忘れることがない」（以上、堀内、前掲論考）。

仏の聖なる言葉を唱え、仏の聖なるイメージを創り出し、それと合一する。それは純粋に精神的な作業ばかりではなく、聖なる「食物」をその場で創り上げ、消化吸収するという純粋に物質的な作業でもあった。行者は、自らの言葉と身体と精神を駆使して、つまりは抽象的な論理の運動だけでなく、具体的な身体の運動を通して、すべての感覚を一つに協働させることによって、自らの内に永遠にして無限の存在を招くのだ。それが列島の祝祭の原型となった。同時に列島の宗教と芸術表現の原型ともなった。

3 大日

空海が、「虚空蔵求聞持の法」を学んだのは、修験の故郷でもあった吉野ではないかと推定されている。吉野の入口に位置する比蘇（曾）山寺には、宗派を超えて、「虚空蔵求聞持の法」によって、自らの内から湧き上がってくる「自然智」の発露を求めて、さまざまな仏教者たち、さまざまな求道者たちが集っていたからだ。「自然智」、人間が本来もっている、森羅万象あらゆるものを、そのあるがままに認識することができる自然の叡智、である――薗田は、比蘇山寺に宗派を超えた「自然智宗」の成立を考えているが（前掲論考）、「宗」としての成立まではなかったと考える研究者も多い。

空海と同様、『続日本後紀』にその生涯が記された、法相宗《ほっそう》――空海は法相宗の教義の根幹をなす唯識哲学を大乗への導入として位置づけていた――の有力な僧侶、護命《ごみよう》（七五〇―八三四）もまた、若かりし頃、「虚空蔵求聞持の法」を修めた山林修行者であった（空海は晩年の護命と密接な関係を保っていた）。『続日本後記』に、護命の生涯は、こう記されていた。十七歳で得度を受ける以前に吉野山に入って苦行を続け、その後も、月の上半は深山に分け入って「虚空蔵法」を修し、下半は本山である大和の元興寺に在って法相の宗学に励む生活であった、という。奈良の都での論理の研鑽と、吉野の山での身体の修練。「心」の構造を深く探究すること――唯識哲学は個人的な無意識である「マナ識」のさらにその奥底に、いわば集合的な無意識とでも称すべき「アーラヤ識」を見出していた――を課題とした宗教者がもっていた二つの側面は、おそらくは「空海」以前の空海、仮名乞児の時代の空海にも、そのままあてはまったはずだ。

いずれにせよ、空海もまた、護命と同様、少年の頃から、吉野のことをよく知っていた。後年、自らが開くとともに「法身の里」と名づけ、後半生の多くの時間をそこで過ごした山頂の聖地、高野もまた、吉野を通して発見されていたからだ――「空海少年の日、好んで山水を渉覧《しようらん》して、吉野より南に一日、更に西に向つて去ること両日程にして、平原の幽地《ゆうち》有り。名づけて高野と曰《い》ふ」。

私は少年の日、好んで山水の間を渡っていきました。そのとき、吉野から入って南に一日ほど深い山中を歩み、さらにそこから西に向かって二日ほど歩むと、山頂に突如としてひらかれる平原がありあます。幽玄なたたずまいをもち、高野と名づけられておりました。

この一節は、空海が、「入定」の地、そこで死を乗り越えて生きたまま仏となる終の住処として高野を選び、それを賜ることを願った、弘仁七年（八一六）の「紀伊国伊都郡高野の峯に於て入定の処を請け乞はせらるる表」のなかに見出されるものだ。空海が、「虚空蔵求聞持の法」を学んだのが吉野であったとするならば、山林修行者としての空海の生涯は、吉野に始まり高野で終わったことになる。その生涯の軌跡が、この一節に見事に集約されている。吉野で求聞持法を学んだ空海は、後世の修験者たちと同じように、虚空蔵菩薩の聖なる名前を唱え続けながら、吉野から熊野へ、熊野から吉野へ、深山のなかを縦横無尽、自由自在に、歩きまわっていたであろう。

さらに、その足跡は、吉野から父方の故郷である四国にまで延ばされることになる。『三教指帰』の本文のなかで、空海は、仮名乞児に、あるときは「金巌《きんがん》」（吉野の金峯山）に登り、雪に閉ざされて困窮し、またあるときは「石峯《せきほう》」（伊予の石鎚山）に登って、断食することで苦労を重ねた、と述懐させている。それは、空海自身の抱いた実際の感慨でもあったはずだ。金峯山も、石鎚山も、その頂は地上からそそり立ち、天に直接触れるような澄み切った場所である——なお、空海の闇の分身である役の優婆塞や、鳥や蛙のように卵から生まれた少女が登場する『日本霊異記』は、石鎚山を開いた寂仙菩薩が、現実の空海にも篤い庇護を与えた嵯峨天皇に生まれ変わるという、きわめて興味深い物語で閉じられている（下巻第三十九）。

しかしながら、空海が、「虚空蔵求聞持の法」による決定的な体験をするのは、透明に澄み渡った山頂ではない。天に接する山の頂から降り、荒々しい波が打ち寄せる海岸線を歩き続け、その果てに陸が尽き、文字通り際限のない大海原が一面に広がる岬の突端、その付け根に穿たれた、闇に閉ざされた岩窟のなかで、であった。『三教指帰』の「序」に記された「阿国大滝嶽《あこくたいりようのたけ》」を現在の太龍寺（別の候補地も存在する）、「土州室戸崎」を室戸岬の御厨人窟《みくろど》に宛てることが妥当であるとするならば、そうなるはずだ。御厨人窟に籠もった人は誰でも、果てもなく広がる海から太陽が昇り、またその海に太陽が沈む光景をその目にする。そこには古代から、この地上に生み落とされた最大の海獣、鯨たちが回遊を続けていた。

巨大で異形の海獣たちに満ちた生死の海から、大宇宙の法則そのものをその身体とした日輪としての如来、光り輝く法身が屹立してくる。『三教指帰』の末尾、仮名乞児が歌い、そして示した、「生死海の賦」から「大菩提の果」へと転換していく風景そのものが、ここにはある。それだけではない。大海原に向けて開かれた洞窟は、生命発生の場所、自然が造形した母胎そのものであった。御厨人窟は、自然の石でくみ上げられた生命の母胎、男根のように海へと伸びていく岬の付け根に刻み込まれた女陰、異空間への裂け目として存在する女陰でもあった。陸と海と空が分かれ、またそこで一つに重なり合う、両性具有の自然の母胎のなかで、再び胎児のように閉じ籠もり、新たな胎児としての如来を胚胎する。まだ僧侶としての名前をもたなかった一人の聖なる乞食に、「空海」という名前が与えられるには、最もふさわしい場所でもある。

そしてこのとき、つまりは『三教指帰』を書き上げた段階で、空海の導きの糸となっていたのは、ほぼ間違いなく、人間のみならず森羅万象あらゆるものが、その「心」のなかに如来となるための種子、その可能性を胎児のように孕んでいるとする如来蔵の哲学だった。なぜなら、仮名乞児＝空海が「大菩提の果」に記した「法身」「真如」「一如」などの言葉（概念）は、いずれも、如来蔵の哲学のもつ構造を最もシンプルかつ最も簡潔にまとめた『大乗起信論』に由来するものだったからだ。

『大乗起信論』は、こう宣言する。大乗とは「心」のことである。「心」にこそ、宇宙の真理、「真如」があらわれる。「真如」はまた「如来蔵」でもある。「如来」になるための「蔵」(ガルバ)、すなわち如来の「子宮」であり、そこに孕まれる如来の「胎児」である。人間は、あるいは森羅万象は、「心」としての如来蔵を自らの内にもつこと、孕むことによって、そのすべてが如来となることができる、そうした可能性をもつことができる。「如来蔵」は、アーラヤ識でもある。有限の人間、あるいは有限の森羅万象あらゆるものは、「心」の奥底にアーラヤ識、つまりは如来としての母胎にして如来としての意識をもつことで、無限にして永遠の存在と、一つにつながり得る。「合一」することが可能になる。

如来蔵の哲学は唯識の哲学から生み落とされた(そう推定されている)。しかし、如来蔵の哲学と唯識の哲学は、アーラヤ識の理解において大きく相違する。唯識の哲学においてアーラヤ識は、さまざまな迷いを生み出す意識の源泉である。如来蔵の哲学においては違う。如来蔵の哲学においてアーラヤ識は、迷いを覚りに、覚りを迷いに転換してくれる、二つの相異なった世界の媒介となる意識である。如来蔵としてのアーラヤ識をもつことによって、有限の衆生の世界と無限の如来の世界は、一つにつながり合う。衆生の心と如来の心、生滅する心と永遠の心(真如としてある心)は、一つにつながり合う。如来蔵の哲学は、大乗仏教の密教的な展開を可能にした教えにして、大乗仏教の密教的な展開によって生み落とされた教えでもあった。

『三教指帰』の段階で、つまりは世界帝国であった唐の中心部に乗り込む以前に、空海は最新の理論として、如来蔵の哲学の詳細を熟知していた。空海は、『三教指帰』から晩年の体系的な大著『秘密曼荼羅十住心論《じゅうじゅうしんろん》』にいたるまで、『大乗起信論』と、当時から偽経の疑いを濃厚にかけられていたその注釈書である『釈摩訶衍論《しゃくまかえんろん》』とへの参照をやめることはなかった。空海による真言密教体系の樹立において、『釈摩訶衍論』が果たした役割は甚大なものがある――『日本霊異記』において、卵から生まれた少女と法論を闘わせた大安寺の僧、戒明が将来したと伝えられた論でもある。しかも、その基盤となった『大乗起信論』自体、現在にいたるまでサンスクリット語の原本は発見されておらず、サンスクリット語と漢語の間に張り巡らされた翻訳の網目から生み落とされた、起源をもたない論、混血の雑種である可能性が高い。翻訳に翻訳が重なり、解釈に解釈が重なる。革新的な教えは、正統な親をもたない、雑種としての孤児たちの連帯のなかからしか生まれない。

広大な海に開かれた洞窟のなかで、若き空海にとって、如来蔵の哲学による理論と、「虚空蔵求聞持の法」による実践が、一つに結びついたのである。それこそが、空海が生涯にわたって繰り返し反復することになる唯一無二の体験であり、その啓示であった。自然が形づくった母胎のなかで、胎児としての自然、自然を構成するすべてのものを生み出す生命の胎児が、空海のなかに孕まれたのである。そのとき、有限の海は無限の海へと転換し、虚空蔵としての明星が、如来蔵としての太陽が、空海のもとを訪れ、空海と一つに融け合ったはずだ。

さらにこのとき、後に空海が、世界帝国であった唐においてはじめて十全なかたちを整えることが可能になった思考の原型、その設計図を手にしていたこともまた疑い得ない。空海は、このときすでに真如としての心、如来蔵としての心、アーラヤ識としての心を体得していただけでなく、その心こそが「法身」すなわち大日如来であることを充分に理解していたと思われるからだ。

＊

空海は自身の宗教哲学の体系、真言密教の体系を、「法身」である大日如来あるいは大毘盧遮那を説いた、二つの相異なった経典、『大日経』(『大毘盧遮那成仏神変加持経』)と『金剛頂経』(『真実摂経』――『金剛頂一切如来真実摂大乗現証大教王経』)が一つに交わる地点に創り上げた。『大日経』と『金剛頂経』は、編纂された時期も、そこで力点が置かれている主題も、大きく異なったものである。ごく一般的に、現代の研究において、大乗仏教における密教的展開は三期に分けられている。陀羅尼(マントラ)や印形《いんぎょう》(身体技法)や曼荼羅(イメージ創出技法)があらわれはじめる初期、それらが一つの体系に組織される中期、そして列島日本には伝わることのなかった、教義の根本において性交や殺人さえも大胆に肯定するようになった後期である(後期密教において、性交や殺人は象徴的なものではあるが、しかし現実の実践とも無関係ではなかった)。『大日経』も『金剛頂経』も、中期密教に属する経典である。しかしながら、『金剛頂経』が後期密教に属する経典ほとんどすべての源泉になっていったのに対して、『大日経』は、後期密教の展開には、ストレートにつながることはなかった。『大日経』は、初期密教の一つの総合としてかたちを整えた。ただし、両経とも、教主として「法身」大日如来（もしくは大毘盧遮那）を据え、その「法身」を中心としてさまざまな神格が「集会」する曼荼羅を説いている。『大日経』で説かれる曼荼羅が胎蔵界曼荼羅、『金剛頂経』で説かれる曼荼羅が金剛界曼荼羅である。空海は、法身と曼荼羅という、二つの経典に共通する二つの理念を媒介として、『大日経』の世界と『金剛頂経』の世界を、一つにむすび合わせたのである。胎蔵界曼荼羅と金剛界曼荼羅は二つにして一つのものである。その地点に、金胎不二《こんたいふに》の教えである真言密教の体系が確立された。

空海は、わずか二年の滞在のうちに、唐の中心に花開いた密教の最新の教えを身につけ、それらを列島に将来した。その成果は、『請来目録』としてまとめられている。そのなかに『大日経』についての重要な注釈書は含まれてはいるが、『大日経』それ自体は含まれていない。対して『金剛頂経』をはじめとする『金剛頂経』系統に属する経典類は、このときはじめて空海によって列島にもたらされている。つまり、空海は唐へ渡る以前に、『大日経』を読み込んでいた、あるいは所持していた、と考えられるのだ。

現在では、空海の真筆ではないということで史料的な価値はあまり高く置かれていないが、空海の遺言をまとめた『御遺告《ごゆいごう》』のなかで、空海は、「虚空蔵求聞持の法」で明らかにされた体験をさらに体系化した経典を求め、南都から吉野へといたる入口に位置する久米寺の塔のなかで、『大日経』を発見したと述べている。ただし、『大日経』が説く理論的な核は理解することができたが、それと双輪をなす実践的な核、如来の聖なる言葉による呪、真言による陀羅尼は梵語で記されており解せず、曼荼羅をいまこの場に創り上げるための口・身・意（言語・身体・精神）全体におよぶ技術もまた、それらすべてをマスターした師から直接学ぶ必要があった。だからこそ、唐に渡らなければならなかったのだ。『御遺告』には、そう記されていた。

空海は唐において金胎不二の教えを学び、それをこの列島において独自のかたちに結晶させた。相異なった二つのものを通底させる。『大日経』と『金剛頂経』、胎蔵界曼荼羅と金剛界曼荼羅、初期の密教と後期の密教、世界的な仏教と列島的な仏教、等々。さらには、それを土台として、さまざまに相異なった要素を一つにむすび合わせる、総合的で新たな宗教哲学の体系を構想する。そうした未曾有の営為を、たった一人で、理論的かつ実践的に実現していった点に、空海の独創性が存在する。

しかしながら、そもそも空海を密教への道に導いた「虚空蔵求聞持の法」こそ、『金剛頂経』の系統に属する経典であった。『大日経』は、その冒頭の章（「入真言門住心品」）において、人間的な仏陀（ゴータマ・シッダッタ）ではなく、宇宙的な法身が自ら言葉を発し、「心」のもつ諸相とその可能性について、説き尽くしていた。『金剛頂経』は、その「心」から、さまざまなイメージを秩序立てて発生させる方法、さらにはそのイメージと合一する方法について、説き尽くしていた。「虚空蔵求聞持の法」は、虚空蔵菩薩をイメージとして発生させ、そのイメージと合一するための方法を詳細に説くものであった。そこには『金剛頂経』として結実する理論と実践の一端が説かれていた。

少なくとも、空海は、『三教指帰』の「序」が書かれた段階で、法身にいたるためには二つの方法があること、『大日経』が説く「心」のもつ諸相とその可能性という問題と、『金剛頂経』が説くイメージの発生とそれとの合一という問題に一つの総合を与えることを、自身が解決しなければならない重要な課題として意識していたはずである。だがしかし、あるいはそれゆえ、空海は、自らにはじめて密教のもつ可能性の全体を垣間見せてくれた『大日経』に生涯こだわり続ける。「虚空蔵求聞持の法」が明らかにしてくれた特権的な体験に生涯こだわり続けたように。『三教指帰』の「大菩提の果」において仮名乞児＝空海が示せたのは、生死の海から立ち上がってくる偉大な法身の姿であった。その姿を、きわめて華麗な言葉を用いて、しかしながら、客観的な対象として、外から描き出すことしかできなかった。それは、南都最大の寺院、華厳宗の教えにもとづいた東大寺が本尊として安置する巨大な毘盧遮那仏を、ただ外から、その巨大さに賛嘆しながら見惚れたままでいることと等しい。さらには、法身（如来）となる種子を、人間をはじめとする森羅万象あらゆるものは胎児として孕んでいると説く『大乗起信論』およびその注釈書である『釈摩訶衍論』においても、真如として存在する「心」は言説を超えていると記すのみであり、若き空海にとって、「心」としての如来に直接到達する道は、理論的にも実践的にも、閉ざされていた。

　そのような空海の前に、『大日経』が出現したのである。『大日経』の冒頭にもまた、『三教指帰』の「大菩提の果」で描写されたような、法身を中心として、神聖な性質に転換された森羅万象あらゆるものが「集会」する様が語られていた――「かくの如く我れ聞けり。一時、薄伽梵《ばがぼん》は如来の加持する広大金剛法界宮に住したもう。一切の持金剛者は皆悉く集会《しゅうえ》す。如来の信解遊戯《しんげゆげ》神変より生ずる大楼閣宝王《ほうおう》は、高くして中片なし。諸《もろもろ》の大妙宝王をもって種々に間飾《けんじき》し、菩薩の身をもって師子座《ししざ》となす」。

このように私は聞いています。永遠のなかのあるとき、森羅万象すべての尊い師（「薄伽梵」）である如来（法身）は、その不思議な力（「加持」の力）によって、果てしなく広大で、金剛（ダイヤモンド）のように不壊である真理の世界（「法界」）に住しておられました。そこには、すべての金剛杵《しょ》をもつ者（如来の化身たち）が集まり会していました。如来は、菩提心を起こして覚りにいたることを確信（「信解」）して、その自由自在な喜ばしい力を発揮し、そこに、素晴らしい財宝の王を収める大楼閣を築きました。その大楼閣は、無限の高さをもっているので中間という概念がなく、巨大でしかも妙《たえ》なる、さまざまな財宝の王によって、その間を飾られていました。如来は、覚りを得ようと努力している菩薩の身を獅子の座として、その上に君臨しています（この最後の一節は、字義通りではなく、注釈書の見解をさらに意訳して翻案すると、菩薩の身体のなかにはすでに如来となる種子が孕めていることを意味している）。

如来（法身）を中心に、その化身たちが「集会」している様を、この冒頭の章につづく「入曼荼羅具縁真言品」以降は、胎蔵界曼荼羅とする。無限の力を秘めた法身は、そのまま無限の世界（金剛法界宮）であり、森羅万象あらゆるものをそこから産出し、流出する曼荼羅なのだ。『大日経』では、胎蔵界曼荼羅の中心に座する如来自身が、そこに「集会」してきた自らの化身である金剛杵をもつ秘密主《ひみつしゅ》（持金剛秘密主）からのさまざまな問いかけに、直接答えていく。つまり、如来（法身）が対象として描き出されているのではなく、主体として自ら語り出すのだ。自らが住んでいる、あるいは自らの身体そのものである、金剛のように不壊の世界は、一体どこから生まれてくるのか。毘盧遮那仏は、こう答える。それは「心」からなのだ。自身の「心」を如実に知ること（「如実知自心」）から「菩提心」が生起し、その「菩提心」を因とし、「大悲」を根とし、「方便」を究竟として、ありとあらゆるものが生み出される。「自心」の発露とは、「自然智」の発露であり、「一切智」の発露でもある。

すべては「心」である。法身は自らそう語る。「心」を介して、無限にして永遠の存在である法身が語る聖なる言葉と、有限にして刹那の存在であるこの「私」が語る俗なる言葉が一つに重ね合わされる。列島の奥深い山を生きていた仮名乞児が、唐という世界帝国に渡り、自身の経験を、普遍的な理論によって鍛え直すことで「空海」となるのは、そこからだった。

4　曼荼羅

仮名乞児・空海は、大地が尽き果てる極限の場所、際限のない大海に突き出した岬の根元に穿たれた岩窟のなかで、宇宙の原理そのものを体現する法身・大日如来（毘盧遮那仏）が突如として自らの前に現れ出で、しかもなおかつ、その法身・大日如来と一つに融け合うという未曾有の体験をなした。

そのとき、法身・大日如来は、客観的かつ静的な対象ではなく、主観的かつ動的な主体、つまりは「私」として、宇宙の真理を、空海に向けて語りかけてくれた。有限の人間ではなく、無限の如来が、直接、救いへと至る聖なる言葉を語り出してくれたのだ。如来は、如来の語る聖なる真実の言葉、「真言《しんごん》」そのものとして存在していた。如来の「真言」を介して、有限の「私」、名もなく家もない放浪の聖と、光り輝く無限の太陽、森羅万象あらゆるものの源泉である存在が、一つに重なり合う。「私」が如来となり、如来が「私」となる。

無限の如来のもつ聖なる身体、言葉、意識——身・口・意——と、有限の人間のもつ俗なる身体、言葉、意識は、あたかも太陽が水を温め、水が太陽によって温められるように、互いに応え合い、一つに混じり合う。それは性的な合一そのものであるような恍惚とした体験であった。空海は、地の果てで、文字通り永遠を、海と融け合う太陽を、発見したのだ。

このような特権的な体験がなされるまでに、空海は、「虚空蔵求聞持の法」を実践し、ほぼ確実に『大日経』を読み込んでいた。「虚空蔵求聞持の法」は、心内にイメージとして浮かび上がってくる月輪と夜空に燦《きら》めく現実の月輪、そこにさらに現実の「私」と超現実の「虚空蔵菩薩」が一つに重なり合い、一つにむすばれ合うという未聞の体験を空海にもたらしてくれた。『大日経』は、空海のそうした体験は「心」が可能にするのだ、「曼荼羅」(『大日経』では「漫荼羅」という表記が用いられているが、以下、「曼荼羅」に統一する)というかたちに建立し直された「心」が可能にするのだと説いてくれていた。「曼荼羅」としての「心」を通して、有限の「私」は無限の如来になることができる。

『大日経』は、冒頭の章(「入真言門住心品」)に描き出された、無限の神々、如来たち、菩薩たち、天部たち、怪物たちが集会する法身・大日如来が住する大楼閣——法界としての「心」——を、その章に続く「入曼荼羅具縁真言品」以降は「曼荼羅」として、しかも、その「曼荼羅」を構成する具体的な細部の在り方を徹底的かつ執拗に、描き尽くしてゆく。曼荼羅とは「諸仏を発生させる」存在の母胎なのだ――「此れを諸仏を発生する曼荼羅と名づく」(「入曼荼羅具縁真言品」)。有限の人間が、無限の如来となるためには、「曼荼羅」のなかに立たなければならなかった。曼荼羅は、心のなかから湧き上がってくる聖なるイメージにして聖なる文字で構築されるとともに、具体的な「もの」、現実の花々であり、食物であり飲物であり、香りであり色彩であり音響である供物によって構築されなければならなかった。曼荼羅の中心に位置する存在(法身・大日如来)から、ありとあらゆる存在者が流出し、やはり曼荼羅の中心に位置する大日如来を体現する聖なる文字「阿」から、ありとあらゆる聖なる文字が流出してくる。

法身・大日如来と一体化し、有限の人間としての身体をもったまま無限の如来としての身体、法身となることを求める「真言」の行者は、師に導かれて、現実の曼荼羅にして超現実の曼荼羅、現実の「もの」で作られた曼荼羅にして超現実のイメージで作られた曼荼羅のなかに入る。現実と超現実が、「もの」とイメージが、曼荼羅によって一つに重なり合い、融け合う。そこで、自らの身体と言葉と意識――身・口・意――を如来の身体と言葉と意識と共振させ、現実の諸感覚と超現実の諸感覚を交響させるのだ。そのようなことができてはじめて、人間は、有限の身体をもったまま如来の身体となることができる、「成仏」することができる。胎蔵界曼荼羅は存在の母胎であるとともに、人間のなかに孕まれた如来となるための種子を開花させてくれるものだった。曼荼羅のなかで、人間は、人間を超えたものへと開花していく。霊的な光を発する太陽にして、一輪の巨大な蓮華の花。それが胎蔵界曼荼羅であり、曼荼羅のなかで人間がなるべき法身の姿だった。

しかしながら、この列島に生まれ、名もなく家ももたずに放浪する聖、仮名乞児である限り、空海は、決してその曼荼羅のなかに入ることはできなかったのだ。なぜなら、現実の曼荼羅のなかに入り、イメージとしての曼荼羅を建立するための素材である如来の聖なる言葉「真言」は、そのときまでに仮名乞児としての空海が自在に読み解くことができた漢文には、結局のところ翻訳されていなかったからだ。ただ、その奇妙な「呪」としての読み方のみが、特異な漢字を用いて示されていた。如来の「真言」は、仏教が生まれた故郷、インドの言葉、サンスクリット語のまま、その読み方のみを漢字で示されて、記されていた。仮名乞児は、その漢字の奇異な連なりの意味をとることはもちろん、声に出して読むことすらできなかったであろう。「呪」は翻訳することができないのだ。翻訳してはいけないのだ。

さらにまた、この列島には、真言の修行者を曼荼羅のなかに導き入れ、その心と身体と言葉を曼荼羅として造り替えてくれるような師、密教の大阿闍梨《あじゃり》はいまだ存在していなかった。後に、空海自身が、そうした大阿闍梨になるまでは……。

私度僧たる仮名乞児には、得度することで正式な僧侶の名前を得ること、当時の世界帝国である唐の中心におもむき、曼荼羅を真に理解し、曼荼羅を真に建立するための如来の聖なる言葉、サンスクリット語の「呪」である「真言」を理解できるようになること、さらには、その「真言」をもとにして曼荼羅のなかに直接導き入れてくれる師を見つけ、その師から直接教えを受けることが必要だった。仮名乞児は「空海」という名前を得て、唐に渡る。そしてそこで、『大日経』

に由来する胎蔵界曼荼羅と、『金剛頂経』に由来する金剛界曼荼羅は不二のものであることをはじめて説いた不空三蔵《ふくうさんぞう》に連なる大阿闍梨である恵果《けいか》に師事し、その導きのもとで曼荼羅のなかに入り、密教の行者となるための儀式、灌頂《かんじょう》を受け、太陽のように遍く光に満ちたダイヤモンドとしての存在、「遍照金剛《へんじょうこんごう》」という聖なる名前（「密号」）を得ることになった。仮名乞児は「空海」となり、「遍照金剛」となり、真言密教の基礎が確立された。

空海は、恵果のもとで二つの曼荼羅を手に入れる。人間に孕まれた如来の種子を一輪の巨大な花として開花させてくれる胎蔵界の曼荼羅と、その花としての如来にさまざまな身体を与え、さまざまなものへと変身させてくれる金剛界の曼荼羅である。一つの母胎としての曼荼羅と、イメージの焦点たる「金剛」（金剛杵）を介して無限の変身を可能にしてくれる曼荼羅である。「虚空蔵求聞持の法」を通して空海が体験した事態は、『金剛頂経』（『真実摂経《しんじつしょうぎょう》』）に端を発する金剛界曼荼羅が可能にしたものだった。空海が自らその生まれ変わりとも称した、恵果の師、不空三蔵。不空が初めて漢訳した『金剛頂経』に属する諸経典を、空海は、これもまたはじめて列島日本に将来する。列島の奥深い山のなかで、無限の存在との合一を確信させてくれた個別で野生の経験に、世界宗教として鍛え上げられた普遍的な論理、変身の論理が与えられたのだ。空海の密教は、人間を超越へとひらき、変身へとひらく。曼荼羅の中心に立ち、曼荼羅と一体化することによって、人間は人間を超えた存在になり、森羅万象あらゆるものに変身することが可能になる。

空海が、二つの曼荼羅をもとに整理してくれた、神秘的な超越にして神秘的な変身の論理こそ、列島固有の権力の構造を確定し、列島固有の芸能（芸術）の構造を確定した。権力と芸術は、この列島において、互いによく似た分身のような、あるいは、よく似てはいるが正反対の鏡像のような関係にある。空海は、名前をもたず家をもたない乞食《こつじき》であった。その空海に「遍照金剛」というもう一つの名前が与えられたとき、空海は、この地上を統べる帝王の戴冠の儀式を模した「灌頂」を施されなければならなかった。聖なる水を頭から注がれることによって、王は、天上世界の神になる。「灌頂」は、神聖なる帝王をこの地上に生み落とす儀式でもあった——不空の密教は、世界帝国たる唐の皇帝をも帰依させていたのだ。密教とは、いわば究極の権力、その権力への意志に、明確なかたちを与える教えでもあった。

二つの曼荼羅を介して、乞食は帝王となり、帝王は乞食となる。空海がもつ二面性にして両義性、曼荼羅がもつ二面性にして両義性は、この後、空海と曼荼羅がそれぞれ体現する二つの極を、その帰結まで生き抜いた二人の人物によって完結する。究極の帝王を目指した後醍醐《ごだいご》と、究極の乞食を目指した僧、一遍《いっぺん》である。列島を貫く祝祭の構造は空海によって確定され、後醍醐と一遍、異形の帝王と異形の乞食によって完成する。その核心には、『金剛頂経』に説かれた変身の論理が据えられていた。それでは一体、『金剛頂経』にはどのような論理、どのような技法が説かれていたのか。

なによりもまず、そこに出現するのは、無数の如来の身体が一つに融け合った「一切如来」(大毘盧遮那如来)の姿である——「恒河沙《こうがしゃ》に等しき数の如来と与《とも》にして、猶《なお》し胡麻の如く示現《じげん》して閻浮提《えんぶだい》に満てり。阿迦尼吒天《あかにたてん》に於ても、亦復、是の如し。彼の無量数の如来の身《しん》は一一の身より無量阿僧祇《あそうぎ》の仏刹《ぶつせつ》を現じ、彼の仏刹に還つて此の法の理趣《りしゅ》を説きたもう」。

一切如来、法身である大毘盧遮那如来は、ガンジス河の真砂に等しい無数の如来とともに、胡麻の実が莢《さや》のなかに無数に充ちているように、この現実の世界（閻浮提）にその無数の姿を顕してあふれている。アカニタ天もしくはアカニシタ天（物質世界の最高の頂、有頂天）においても同様である。その身体を成り立たせている無限の如来の身体は、その一つ一つが、そこから仏の国土（仏刹）を生じ、その仏の国土に還ったそれぞれの如来が、大宇宙の運行を司る法の奥義を説いている。

つまり、一切如来を成り立たせている如来の無限の身体は、互いに浸透し合い、互いに融け合っているのだ（「一切如来の互相《たがい》に渉入《しようにゆう》したもう」）。無限に無限が重なり合う。そのような身体をもった如来が、聞き手である金剛手菩薩（金剛薩埵《さつた》）に向けて、無限の身体をもったものが、無限に変身していくための原理を解き明かしていく。

一切如来は、如来になろうと努めている菩薩、すなわち密教行者に、こう語りかける。まずは自らの「心」を微細に観察する境地に入りなさい。すると、「心」を観察しているうちに、そのかたちが月輪のように見えてくるはずだ。「心」はその本性として光（光明）の性質をもっている。その光の性質を増大させるのだ。そうすると、そこに覚りを求める心、「菩提心」が目覚める。その心のなかの月輪こそが、現実にして現実を超える、超現実の月輪そのものとなる。私の月輪が、あなたの月輪となる。さらにその月輪のなかに「金剛杵」（煩悩を滅ぼす聖なる武器）のイメージを思い浮かべなさい。そうすると、無限の身体をもった一切如来の心のなかにあらわれた月輪、一切如来の身体・言葉・意識からなる金剛界が、菩薩の心のなかに生じた月輪にそのまま降入し、菩薩は如来となり、如来は菩薩となり、金剛（ダイヤモンド）の身体を獲得することができる。

心を観察し、心のなかに金剛（ダイヤモンド）の聖なる武器を観想する。金剛杵は、如来の心のなかにも、如来になろうとしている菩薩、すなわち人間の心のなかにも存在する。そのイメージを通して、有限の人間の身体のなかに、無限の如来の身体、如来の無限の金剛身が流れ入り、人間の身体は如来の身体、無限に無限が重なり合う金剛の身体となる。まずは心を金剛と成し、さらにそれを金剛の身体へと変身させていく。黄金に光り輝く聖なる武器（金剛杵）というイメージを介して、有限の人間は、無限の如来が体現する森羅万象あらゆるものに変身することが可能になる。イメージの錬金術にして身体の錬金術である。

『金剛頂経』のなかで、菩薩＝人間がなによりもまず変身しなければならないのは、仏教の最大のライバル、ヒンドゥーの荒ぶる破壊神、凶暴な踊りを踊りながらこの世界を滅ぼすインドのディオニュソスたるシヴァ神（摩《ま》醯首羅《けいしゅら》王＝大自在天）を調伏する、降三世《ごうざんぜ》の明王であった。荒ぶる破壊神を調伏するには、牙を剝き出し、ダイヤモンドの武器を振りかざす荒ぶる破壊仏、明王とならなければならなかった。明王とはシヴァ神そのものでもあった。破壊をさらなる破壊によって乗り越え、悪をさらなる悪によって乗り越え、世界を再生させる。

金剛界曼荼羅は、変身のための舞台、つまりはさまざまな「会《え》」を、密教の行者に提供していく。金剛界曼荼羅が次々と変貌してなる「会」は、仏たちの世界には限られない。神にも、悪魔にも、獣にも、女たちにも、さまざまな「もの」たちにも、変身することが可能になる。変身のためには、まずその場を穢している「魔」が払われなければならない。その「魔」を代表するのが「毘那夜迦《びなやか》」という存在である。「毘那夜迦」を払うためには、自ら「毘那夜迦」のような存在、「毘那夜迦」以上の「魔」にならなければならない。

「毘那夜迦」とは荒ぶる神であり、そのなかに「大障礙心」と「大慈悲心」の両極を合わせもつ双身の歓喜神である。暴力の神であり、愛欲の神である。そうした「毘那夜迦」を、「鬼」の仮面をまとい、自らの身体を用いて演じることから、能の「翁」が生まれた。そう論じているのは現在の「翁」研究の第一人者である松岡心平である――「翁芸の発生」(能を読む①『翁と観阿弥能の誕生』[角川学芸出版、二〇一三年]所収)。

能の「翁」は、空海の曼荼羅から、その変身の時空から生まれたのである。

*

空海は、『大日経』と『金剛頂経』(広義の『金剛頂経』系の諸経典)、胎蔵界曼荼羅と金剛界曼荼羅、超越の論理と変身の論理を一つに総合し、それをさらに自らの言葉を用いて簡潔にまとめた「身体論」として提出する。おそらくは、空海の晩年近くにかたちがなったと推定される「即《そく》身成仏義《しんじょうぶつぎ》」である。空海にとって曼荼羅とは、未知なる心そのものであるとともに、未知なる身体そのものでもあった。

空海は、「即身成仏義」の核心を、美しくも力強い詩、二頌八句のかたちで表現してくれている（ここで取り上げているのは「即身」を説いた前半部、四句からなる第一の「頌」の読み下しである）。

六大無碍《ろくだいむげ》にして常に瑜伽《ゆが》なり
四種曼荼　各《おのおの》離れず
三密加持すれば速疾に顕はる
重重帝網《じゅうじゅうたいもう》なるを即身と名づく

「六大無碍常瑜伽」――この世界を成り立たせている六つの要素は、お互いにさえぎることなく一つに融け合っていて永遠である。「六大」とは、物質を成り立たせている地・水・火・風・空の五大に、精神を成り立たせている識（識大）を加えたものをいう。つまり、空海は、物質と精神の間に差異を設けないのだ。この「六大」こそが、森羅万象すべてを生み出す産出の基盤、すなわち法身を構成する。法身とは「六大」、つまりは、物質と精神をともにそこから生み出す自然そのもののことなのである。森羅万象あらゆるものは、そうした自然そのものとして存在する法身から産出される。「六大」は産み出す自然であり、産み出された自然でもあった。

「四種《ししゅ》曼荼各不離」――「六大」は、相互に重なり合った四種類の曼荼羅、「四曼」として展開される。曼荼羅は、そこに集会する諸尊の形象からその属性、さらには諸尊を体現する聖なる文字からその具体的な像に至るまでの四種（大曼荼羅・三昧耶《さんまや》曼荼羅・法曼荼羅・羯磨《かつま》曼荼羅）からなり、決してお互いに離れることなく一つに重なり合っている。

「三密加持速疾顕」――四種の重なり合う曼荼羅、「四曼」から、「三密」によって個別の存在が形づくられる。個別の存在は、重なり合う曼荼羅のなかで、手に印形《いんぎょう》をむすび、口に真言を唱え、心を深い瞑想の状態に保てば、すなわち身体・言葉・意識――身・口・意――を共振させ、交響させれば、たちまちのうちに、自身のなかに胎児として孕まれていた如来の三密（身体・言葉・意識）と触発し合い、一つにむすばれ合うので、成仏が、覚りの境地に至ることが、可能になる。「四曼」のなかから、「三密」によって、如来の普遍と衆生の固有化を兼ね備えた真の「個」が生み落とされる。空海は、「加持」を、如来の日（太陽）が行者の心の水に現じ、行者の心の水が如来の日を感じることだ、と説いている。また、『秘蔵記』（現在では、空海の真作ではないと推定されている）においては、父の精が母の胎に入り、あらたな存在の種子を孕むことである、とも。

「重重帝網名即身」――「六大」は四種からなる曼荼羅、「四曼」に展開し、さらにその曼荼羅から「三密」によって、この「私」が、法身をそのなかに孕んだ個別の存在が、現実に生み落とされる。それらの過程すべてを一言でまとめるとすれば、「重重帝網」こそが「即身」となる。すなわち、天上の宮殿にかかる「帝網」（「インドラの網《もう》」）を織り上げている一つ一つの結び目につけられた透明で光り輝く宝珠のように、互いのなかに互いの影像《ようぞう》が映り込み、それらがさらに無限に重なり合っていくさまこそが「即身」と名づけられる。「即身」とは、現実的な一つの身体のなかに、潜在的な無限の身体の可能性が孕み込まれていることをいう。

空海は、「帝網」の比喩とともに「鏡中の影像」の比喩を用いて、その有様を説明していく――「かくの如く等《とう》の身は、縦横重重にして、鏡中の影像と燈光の渉入《しょうにゅう》との如し。彼の身すなはちこれこの身、この身すなはち彼の身、仏身すなはちこれ衆生身、衆生身すなはちこれ仏身なり。不同にして同なり、不異にして異なり」。

多くの鏡を向かい合わせるとそこに映る像が互いに重なり合うように、あるいは、そのなかに置かれた無数の燈明の光が互いに浸透し合うように、さまざまに異なりつつも互いに等しい無数の身体が縦横に関係し合い、無限に重なり合う。そのとき、彼の身体は私の身体であり、私の身体は彼の身体である。仏の身体は衆生の身体であり、衆生の身体は仏の身体である。それらの身体は、同じでないという点で同じであり、異なっていないという点で異なっている。

「即身」とは、『金剛頂経』の冒頭に記された無限の如来にして如来の無限、一切如来の身体を自らの身体として生きる、ということでもあった。「胎蔵」、すなわち存在の子宮から、無限の変身可能性を潜在的に秘めた「金剛」の身体が生み落とされる。曼荼羅としての心から、曼荼羅としての身体が変成される。それを理論として確立するとともに、実践的に生きる。それが空海の密教であった。

空海は、「即身成仏義」の核心である「即身」を説いた、前半部の「頌」を構成する四句のうちの最初の三句に、如来蔵思想を説いた『大乗起信論』、その注釈書である『釈摩訶衍論』に準じて、それぞれ「体」「相」「用」――本体・様相・作用――という区分を与えている。「六大」が「体」であり、「四曼」が「相」であり、「三密」が「用」である。森羅万象あらゆるものを産出する唯一の「実体」(体)である「六大」(自然即如来にして如来即自然)は、重なり合う「四曼」(四つの曼荼羅)としてあらわされた無限の「属性」(相)をもち、その無限の属性が「三密」という具体的な作用にもとづいて現実に存在する個別の「様態」(用) へと変様していく。「六大」「四曼」「三密」はすべて等しい、すべて法身の表現である。この「私」は、「六大」「四曼」「三密」から形づくられている。だからこそ、即身成仏が可能になるのだ。「私」とは如来の、すなわち自然の表現なのだ。

空海の身体論にしてその哲学は、スピノザの身体論にしてその哲学と完全に呼応する (あえてスピノザ哲学の術語を「即身成仏義」に用いられた語と重ね合わせるようにしてその構造を説明してみた)。ここでは東洋と西洋という空間的な区別、近代と古代という時間的な区別は意味を失う。

心であり身体である曼荼羅は、同時に聖なる言葉の曼荼羅でもあった。「即身成仏義」に続き、空海は「声字実相義《しょうじじつそうぎ》」「吽字義《うんじぎ》」をまとめ上げ、自身の「真言」密教の体系を確立してゆく。そのことによって列島の祝祭にもまた一つの論理、「変身」の論理が貫徹されることになった。

天台

1　大楽

人が時代をつくるのか、時代が人をつくるのか。

それを見極めることは、多くの場合、きわめて難しい。しかも、これもまた多くの場合、相反する強烈な個性をもった複数の人間たちが、互いに競い合い（極端な場合は殺し合い）、もしくは互いに協力し合いながら、時代に新たなステージをひらいていく。政治においても、文化においてもまた。

空海にとっても、互いに協力し合い、また、互いに競い合いながら、極東に位置する列島の信仰の歴史に、あるいは文化の歴史に、新たな局面をひらいていった特権的な人物、強力なライバルが存在していた。言うまでもなく、最澄である。運命は、最澄も空海も同じ船団に乗り合わさせ、同時に唐に渡らせることになった。ただし、両者の乗った船は、困難をきわめた航海の果てに、それぞれ別の港に漂着することにはなるのだが。

このとき、年長者である最澄は、国家の命を受け、その名はすでに鳴り響いていた。それに対して、空海は、ようやく僧侶としての名を得たばかりであった。最澄は、『法華経』信仰を背景として「天台《てんだい》（円教《えんぎょう》）」を目指し、空海は『華厳経』信仰を背景として「密教（真言）」を目指した。「天台」は、『法華経』を仏教の到達点と考え、ゴータマ・シッダッタ（仏陀＝釈尊）が説いたそれまでの教えに総合を与えるもの、「円教」――仏教のすべての教えを円満に総合するもの――とした。『法華経』では、釈尊が、最後の教えを説くのだ。そして、その釈尊は、有限の身体をもった人間であると同時に、無限の生命をもった「久遠」の存在である。釈尊は、すべての生あるものは仏となる性質をもっている（「一切衆生悉有仏性《いっさいしゅじょうしつうぶっしょう》」――この概念自体は『涅槃経』に由来する）、という境地を体現している。

「密教」は、『華厳経』を土台として、超人間的な宇宙原理、さまざまな光（人間的な釈尊＝応身）を生み出す太陽（超人間的な太陽仏＝法身）へと到る道を説く。そこでは、人間的な釈尊ではなく、超人間的な大毘盧遮那、光り輝く巨大な太陽の仏たる大日如来が、自らの悦びとともに直接、聖なる言葉を発していた。『華厳教』を基盤としてなった『大日経』および『金剛頂経』では、釈尊ではなく、毘盧遮那仏（大日如来）そのものが、永遠の教えを説いているのだ。

さらに「密教」では、人間的な言葉では決して表現することのできない「秘密」（「神秘」）の体験、身体・言葉・意識が一つに融け合う「曼荼羅」を通して、人は仏となることができる、とする。人間は、自らの内に、如来となる種子を蔵しているのである。「曼荼羅」は「如来蔵」を完成させる。人間は、「曼荼羅」を通して、有限の身体をもったまま、無限の如来となることができる。それゆえ、「密教」は、超人間的な毘盧遮那仏（大日如来）自らが説く教えこそが、これまでの人間的な釈尊の教え、人間的な言葉で理解することができる「顕教《けんきょう》」（そのなかには『法華経』も含まれている）をはるかに超えているのだと、高らかに宣言することになった。

最澄は「円教」としての天台を選び、空海は「密教」としての真言——如来の聖なる言葉にもとづいた教え——を選んだ。「円教」としての天台は、それまでの大乗仏教の総合としてあり、「密教」としての真言は、これからの大乗仏教の新たな展開としてあった。ともに、「一切皆成仏」、すべてのものは仏となる性質をもち、仏となることができる、と説いていた。それを人間の側から説くのか、仏の側から説くのか、そこに大きな違いがあった。大陸の天台山をひらき、天台宗の体系を構築した智顗《ちぎ》の時代、「密教」は、この地にいまだ伝来していなかった。だから、天台の体系のなかには、そもそも「密教」が含まれていなかったのだ。

最澄もまた天台山からの帰路、大乗仏教の新たな展開である「密教」の存在を知る。しかし、最澄には、その新たな教えの全貌を理解し、摂取する時間は充分に残されていなかった。列島に帰国した最澄は、自分よりやや遅れて、やはり大陸から戻ってきた年少の僧侶が、世界帝国の中心で「密教」の教えを完全にマスターし、しかもそれまで列島に知られていなかった新訳の経典——それらの中心となるのが、不空三蔵がはじめて漢語に翻訳した『金剛頂経』系の経典であった——を多数携えてきたことを知る。『請来目録』を上表した空海である。そこで、最澄は、自らが列島にもたらした「円教」に「密教」を加え、大陸ではいまだ十全には果たされていなかった、あるいは自身では十全に果たすことができなかった、大乗仏教の真の総合を成し遂げることを願った。

それゆえ、最澄は、二十年の留学期間をわずか二年で切り上げて帰国したため九州に留め置かれたままの空海を京に呼び寄せることに尽力し（そう推定されている）、空海を師として、「密教」の教えを受けた。さらに空海から、金剛界曼荼羅と胎蔵界曼荼羅の灌頂を受けた。最澄は空海のなかに大乗仏教の新たな可能性を見出し、空海は最澄のなかに大乗仏教を盤石のものとしてくれる総合性を見出した。二人は協力し合い、手を携えて、列島の宗教と文化を刷新していくはずであった。

しかしながら、唐に渡った段階ですでに、大乗仏教の総合である天台（「円教」）を選んでいた最澄と、大乗仏教の新たな展開である真言（「密教」）を選んでいた空海の間には、埋めることのできない溝が広がっていた。

最澄にとっては、「円教」と「密教」は両立し、新たな次元で、さらに創造的に総合されるべきものだった。しかし、空海にとっては違った。「円教」（「顕教」）と「密教」は両立するべきものではなかった。「顕教」は「密教」へと到る過程であり、「顕教」をスプリング・ボードとして、ただ「密教」へと飛躍することによってのみ、仏教に新たな可能性がひらかれるのだ。師である最澄とともに空海から曼荼羅の灌頂を受け、師によって空海のもとへ派遣され、そのまま戻らなかった弟子の泰範《たいはん》の名前で、空海は最澄に、残酷にもこう答えさせる。

御師匠さま、あなたは私に、あなたとともに天台宗の教えを、この列島の四方に宣《の》べ広げようとおっしゃってくださいました。私はよろこんでそのお申し出をお受けしました。しかし、それなのになぜいま、自分のもとへ戻ってきてくれないのかと問われます。なぜ天台宗ではなく真言宗でなければならなかったのか。ともに、すべての者が仏になる可能性をもっていると説くただ一つの教え（「一乗」）に相違はないはず、優劣はないはずだ、と。

「法華一乗と真言一乗と何の優劣かある」。最澄の根源的な問いかけに、泰範＝空海は、正面から答える。そこに師である最澄と弟子である泰範の別れが、この列島に、言葉の真の意味で列島固有の大乗仏教、インドに生まれた大乗仏教の東方的な展開である二つの巨大な流れ、天台宗を創設した最澄と、真言宗を創設した空海の別れが生起することになる。泰範＝空海は、こう述べている――「性欲千殊《せんじゅ》にして薬種万差《まんじゃ》なり。大小鑣《くつばみ》を並べ、一三轍《いちさんあと》を争ふ。権実《ごんじつ》別ち難く、顕密濫《みだ》し易し。知音に非ざる自《よ》りんば誰か能《よ》くこれを別たん」。ここで述べられているのは天台宗が、その教義を確立するために引き起こしたさまざまな論争のことである。すなわち（以下、「 」内は翻案者による補足である）……。

人々のもつ性質や欲求は千差万別であるので、世尊（釈尊）はそれらすべてに応じるために、千殊万差の薬、つまりは種々多様な教えを示された。そこでは大小、すなわち大乗仏教と小乗仏教は轡を並べ、一乗にのみ救いがあるとする教えと三乗、教えを受ける声聞・縁覚・菩薩によって差異が存在するという教えが優劣を争い［天台宗と法相宗の論争］、どちらが権（方便）であり、どちらが実（真実）であるのかは分かち難く［右に同］、さらには顕教と密教とは容易く一つに混同されてしまいます［天台宗と真言宗の論争］。それらを真に区別することは、仏教をよく知る人でないとできません。

「三一」（一三）および「権実」の論争、「顕密」の論争は、それぞれ最澄が、伝統的な法相宗の徳一《とくいつ》、自らと同じく新興である真言宗の空海と繰り広げた論争を指す。特に、重要なのが最後の論争である。「顕」と「密」を根底から別つものとは一体何なのか。泰範＝空海は、端的に、こう答えている――「然りと雖《いえど》も法応の仏は差《しゃ》無きことを得ず。顕密の教、何ぞ浅深《せんじん》無からん。法智の両仏、自他の二受、顕密説を別《こと》んじて権実隔《へだて》有り」。

しかしながら、顕と密の間には、乗り越えがたい差異が存在している。それはなによりも「法」と「応」の差異であり、そのことによって顕と密の教えの浅さと深さが生じる。それは、「法」と「智」という仏の差異であり、またその仏の身体がもつ「自」と「他」の二つの「受」（受用身）の差異である。そうした差異こそが、顕と密がそれぞれもつ方便と真実の差異そのものとなるのだ。

「法」と「応」の差異とは、教えを説く主体、超人間的な「法身」である大日と人間的な「応身」（「応化《おうげ》」）である釈尊の差異のことである。真言を成り立たせている『大日経』および『金剛頂経』は、超人間的な法身がそのまま説いた教えであり、天台を成り立たせている『法華経』は、人間的な釈尊が説いた教えである。

「応」の根源には「法」が存在している。人間が読み解くことができる文字で書かれた『法華経』の根源には、『大日経』と『金剛頂経』が指し示す、神秘（秘密）の体験を通じてしか到達することのできない曼荼羅が存在している。法身とは曼荼羅である。それが空海が最後まで固持する点である。

密教の教主である超現実の「法」身をもつ仏と顕教の教主である現実の「智」身をもつ仏の差異は、それが「自」の受用身をもつか「他」の受用身をもつかによって定まる。「自」の受用身とは、自ら（「法身」）の楽のために法を説く（聖なる言葉を発している）超人間的な身体そのもののことであり、「他」の受用身とは、「法身」になろうと努力を重ねている「菩薩」に向けて法を説く人間的な身体である。そこにこそ、方便（「権」）である顕教と真実（「実」）である密教を分ける点が存在している。

密教は、超人間的な法身、すなわち無限の如来と、人間的な身体をもったこの「私」（衆生）が一つにむすばれ合うこと、一つに融け合うことを、教義の中核に据える。そうした体験は、人間的な言葉では表現することができない。ある場合には、さまざまな性的な交わりがもたらしてくれる究極の快楽、「大楽」であり、またある場合には、生命を殺戮する暴力の発動そのものでもあった。空海は、「大楽」を説いた真言密教の根本的な聖典、『理趣経《りしゅきょう》』の解釈を記した不空の手になる『理趣釈経』（『大楽金剛不空真実三摩耶経般若波羅蜜多理趣釈』）を、最澄に貸与することを拒否する。ただし、後に触れる空海の激烈な書簡が直接最澄に宛てられたものかどうか、疑問をもつ研究者も存在している――しかし、その書簡に書かれたことが、真言と天台を別つ重要な契機になったことに疑いはない。

『理趣経』を解釈する書物を貸与することの拒否。そのことによって二人の巨人、最澄と空海は、完全に袂を分かつことになった。

＊

『理趣経』は危険な書物である。

たとえば、「序文」が終わり、「正宗分」の「初段」は、「一切法の清浄句門を説きたもう」とはじまり、以下、十七の「清浄な句」の教えが説かれていく。しかし、その冒頭の「妙滴清浄《しょうじょう》の句、是れ菩薩の位なり」(「妙滴を説く清浄の句を理解することは、菩薩の位につくことを可能にする」)以下、「欲箭《よくせん》清浄の句」、さらには「触《そく》」「愛縛」等々、ここで説かれている言葉はすべて、性の交わりに関係したものばかりなのである。『理趣釈経』においても、「妙滴」とは「梵音の蘇囉多《そらた》なり」「蘇囉多は那羅那哩《ならなり》の娯楽の如し」と記されている。「蘇囉多」も「那羅那哩」も、「妙なる適合」(「性交」)や「男女の肉体的な交わりの快楽」をダイレクトに意味している。つまり、如来になるとは、性的な歓喜そのもののなかで、人間を超えて超人間的なるものと一つに融け合うことだった。

そうした性的なエクスタシーのすべては「清浄」なのだ。

『理趣経』は、『金剛頂経』の系統に属し、曼荼羅を介した「変身」を具体的に説いていく。「初段」「第二段」に続く、「第三段」では、あらゆる「魔」を「調伏」するもの、「降三世」の明王への変身が詳細に説かれていた。あらゆる「性」の悦びを覚りへと転換させる如来は、同時にまた、あらゆる「暴力」の発動をも覚りへと転換させる。如来は、蓮華のような清らかな顔をほのかにほころばせながら、しかも怒りの眉を猛々しくひそめ、鋭い牙を剝き出し、強力な「魔」を「降伏《ごうぶく》」するような姿をとる。そのとき、「設《たと》い三界の一切の有情《うじょう》を害すとも悪趣に堕せず」（「たとえ、この世界に生きているあらゆるものを「害す」――滅ぼす、あるいはその生命を絶つ――とも、悪しきところに堕落することはない」）。

『理趣経』は、「性」を肯定し、「暴力」（破壊）を肯定する。

「降三世」の明王への変身を説いた「第三段」に続く「第四段」には、こう記されている――「所謂、世間の一切の欲は清浄なるが故に、即ち一切の瞋《しん》は清浄なり。世間の一切の垢《く》は清浄なるが故に、即ち一切の罪は清浄なり。世間の一切の法は清浄なるが故に、即ち一切の有情は清浄なり。世間の一切の智智《ちち》は清浄なるが故に、即ち般若波羅蜜多は清浄なり」。

この世にあらわれるあらゆる欲望は、それ自体が清らかであるために、一切の瞋恚《しんい》もまた清らかなものとなる。この世にあらわれるあらゆる垢《よご》れも、それ自体が清らかなものであるために、一切の罪もまた清らかなものとなる。この世にあらわれる生命の法則もまた、それ自体が清らかなものであるために、生命をもったあらゆるものもまた清らかなものとなる。

この世にあらわれるさまざまな叡智もまた、それ自体が清らかなものであるために、仏教で説く「般若」(真の叡智)の完成もまた清らかなものとなる。

性の悦び、暴力の爆発、穢れと罪、それらはすべて清らかなものである。生命をもったものすべてが清らかであるように。そのような境地に達することが、仏教で説く「般若」、真の叡智の完成、真の叡智の実践なのである。『理趣経』は、その最後(第十七段)、高らかにこう宣言して閉じられる。仏教の叡智と実践によって「諸法及び諸有《しょう》、一切を皆清浄ならしむ」。有頂天に住むものから悪趣に堕ちたものまで、すべてを「調伏」し――「悪」に打ち克ち、そこに調和をもたらし――その生命のもつ可能性を尽くさせる。そうするならば、「大欲」そのものが「清浄」となり、大いなる「安楽」を得て、すべてが「富饒《ふにょう》」となる。

空海は、このような事柄が記された『理趣経』を解き明かしていくための特権的な解説書を、最澄に貸し出すことを拒絶した。『理趣経』に説かれた「大楽」こそが即身成仏を成り立たせるための鍵であり、その鍵は、まさに言葉だけで伝えられないからこそ、言葉だけでは大きな誤解を招く恐れがあるからこそ、「秘密」にして「神秘」の鍵なのであった。

空海は、経典の貸与を求め続ける最澄に対して、こう諭す。「夫れ理趣の妙句は、無量無辺にして不可思議なり」。『理趣経』に説かれていることは、さまざまな意味に解釈することができ、そのことによってこの経は限りなく深く、不可思議なものとなっているのだ。

だからこそ、『理趣経』に説かれていることを、そこに書かれている文字だけで理解しようとしてはいけない（以下、要点のみを、空海の本文をやや意訳しながら、分かりやすくまとめることを試みた）。経典を聞いてはじめて理解できる理趣もあり（「可聞《かもん》」の理趣）、曼荼羅を見てはじめて理解できる理趣もあり（「可見《かけん》」の理趣）、なによりも身体を通して実際に体験することで心の内からはじめて理解できる理趣もある（「可念《かねん》」の理趣）。「文字」を読み、そこに書かれていることを「観照」し、そしてはじめてその「実相」があらわれてくる。しかも、それらはすべて「空《くう》」にもとづいたものであるから、たとえ『理趣経』そのものを読まなかったとしても、あなたも私も、『理趣経』が説くところのものを生きていることに変わりはないのだ。

もしそれでも『理趣経』を理解したいとするならば、経典の貸与という方法はふさわしいものではない。身体と言葉と意識が一致するところ、「可聞」と「可見」と「可念」が一位一致するところ、「文字」と「観照」と「実相」が一致するところ、つまりは師の導きによって曼荼羅に入り、自らの心のなかに孕まれている如来になるための種子を開花させることによらなければ、その真実は理解することができない。それは、書物だけを通して実現できることではない。もしあなたに『理趣経』を解き明かすための書物を貸与し、それだけをもとにしてあなたが『理趣経』で説かれていることを理解したつもりになってしまうとするならば、それは正しい法式によらない教法の伝授になってしまう。「非法」のものとなってしまう。

空海は、最澄に決別の辞を送る――「汝若し非法にして受け、我若し非法にして伝へば、則ち将来求法の人、何に由《よ》つてか求道の意《こころ》を知ることを得ん。非法の伝受、是を盗法と名づく」。もし、あなたが「非法」をもちいて『理趣経』の内容を理解したと思い、私が「非法」をもちいて『理趣経』の内容をあなたに伝えてしまったとしたなら、将来、あらためてその道を求める人があらわれたとき、そこに秘められた最も重要な意義が伝わらなくなってしまう。あなたが、それでも私に「非法」による伝授を強いるなら、それはもはや「盗法」である。

空海は、大乗仏教の総合としての『法華経』理解にもとづいた「円教」と、『大日経』と『金剛頂経』の統合の上に成り立った「密教」の両者をともに並び立て、ともに追究していくという最澄の姿勢を認めなかった。空海は、「密教」こそが「顕教」(「円教」)を新たに基礎づけ直し、「顕教」を乗り越えていくものだと理解していた。『理趣経』に説かれた、「如来蔵」を原理とし、「曼荼羅」を手段とした、即身成仏の思想こそが、自身の「密教」の核心になると考えていた。だからこそ、最澄の願いを断ったのだ。

空海は、こう記す。あなたとともに、この極東の列島に、大乗仏教のもつ新たな可能性を広めていくと約束したことは決して忘れていません。しかしながら──「顕教一乗は公に非ざれば伝へず、秘密仏蔵は唯《ただ》我が誓ふ所なり」。顕教にもとづいた一乗思想は、あなたでなければ後世に伝えることはできません。しかし、私は顕教ではなく密教を後世に伝えていくことを選びました。

この点で、最澄の天台と空海の真言が分かれることになった。

それでは、空海が選んだ真言密教の核心、『理趣経』に説かれた「大楽」思想の核心とは一体どのようなものだったのか。不空は、『理趣釈経』の冒頭に、こう記す。森羅万象あらゆるものは、「一切如来」より流出し、展転する。「一切如来」は、中央の大日、東方の阿閦《あしゆく》、南方の宝生、西方の無量寿(阿弥陀)、北方の不空成就の「五仏」、すなわち金剛界曼荼羅からなる。そして、この私もまた「五仏」に、すなわち「一切如来」となることができる。どのようにしてか。

不空は、その方法を、こう解き明かしてくれる——「灌頂の師に従い、三昧耶智《さんまやち》の曼荼羅に入り、阿闍梨、弟子の身中の本有《ほんぬ》の如来蔵性《にょらいぞうしょう》を加持して金剛の加持を発《おこ》し、以て真言行《しんごんぎょう》を修する菩薩の法器《ほっき》となす」。密教の灌頂を体得した師である阿闍梨は、現実の曼荼羅にしてイメージの曼荼羅のなかに弟子を導き、その身体のなかに秘められている「本有の如来蔵性」を目覚めさせ、それを如来の金剛の身体に合致するものへと育て上げていく。そうすることによってはじめて、弟子の身体は、真言の行を修めるにふさわしい、この世界の原理を収めるのにふさわしい、菩薩としての器となる。

「本有の如来蔵性」——生命あるものは、如来となる可能性、如来となる種子を、その本性として秘めもっている。それが即身成仏を成り立たせる根本原理であった。『理趣経』は、こう宣言している——「一切の有情は如来蔵なり」(第十二段)。そこには罪もなければ悪もない。生命あるものは、すべて悦びとともに「一切如来」、すなわち金剛界曼荼羅となる。『理趣経』は、人間の如来への変身を説くだけでなく、明王への、さらにはヒンドゥーの神々への、荒々しく世界を破壊する男神たち、性の悦びを体現する女神たちへの、曼荼羅を通した変身を説いていた。その根拠となるのが、生命あるものすべてがその本性としてもっている「如来蔵性」であった。

最澄は、空海から、『理趣経』が体現する『金剛頂経』系の曼荼羅、金剛界曼荼羅における変身の理論の伝授を拒否された。しかし、最澄は、円教と密教を両立させるという自らの総合への意志を諦めなかった。空海は、真言の体系を過不足なく確立し、この世を去った。真言は空海によって完成されてしまった。最澄は、自らが考えていた天台の体系を完全に確立することなく、この世を去らなければならなかった。旧仏教（法相宗の徳一）と論争を重ね、新仏教（真言宗の空海）と論争を重ねた最澄は、未完成であることによって、天台の可能性を未来にひらいた。

最澄の法統を継いだものたちは、真言宗とは異なったルートで、密教を完全なかたちで受容し、円教と密教の総合を成し遂げた。そこから浄土と禅が生まれることになった。浄土は、天台の「声明《しょうみょう》」と重なり合うようにして発展し、禅はそもそも天台の基本思想であった「止観《しかん》」と重なり合うようにして発展していった。法然の浄土宗、親鸞の浄土真宗、日蓮の日蓮宗、栄西の臨済宗、道元の曹洞宗、つまり鎌倉新仏教のほとんどが天台を母胎とすることによって生み落とされた。

総合は、仏教に限られない。天台は、神道との習合の理論をも磨き上げていった。それは、まさに『理趣経』に説かれた「大楽」思想の徹底としてかたちになった。『理趣経』では、如来蔵をもつのは「有情」のもの（生命あるもの）であった。天台は、それをさらに「非情」のもの（生命なきもの）にまで押し広げてゆく。「一切衆生悉有仏性」を「草木国土悉皆成仏」にまで深めていく。空海の即身成仏思想から天台の本覚思想へ。列島の祝祭を成り立たせているすべての理論がここに出そろうことになる。

2　最澄

最澄と空海は、互いによく似た環境に育った。理論においても、実践においても。二人とも、聖なる「山」で成長を遂げた。空海が高野を発見したのは、少年の日であった。最澄は、そもそも比叡の山麓に生まれ、比叡を思索と行動の母胎とした。高野は天に向かって垂直に伸び、比叡は巨大な湖に沿って水平に広がり、いずれもその内部に無限を秘めていた。二人とも、自らの学の形成にあたって、列島最大の聖なる「山」、吉野の比蘇山寺で「虚空蔵求聞持の法」を修して「自然智」を磨き上げようとする山岳修験者にして学僧でもあった奈良の有力者たちと深い関係をもっていた。そう推測されている。

最澄も空海も、そうした聖なる「山」との関わりのなかで、まさに「自然智」として発露される、自らの内部に潜む如来の無限の力、すなわち「如来蔵」を体得していった。二人とも、「如来蔵」の哲学がもつ基本構造を過不足なくまとめた『大乗起信論』（空海の場合はその注釈書である『釈摩訶衍論』）を繰り返し読み、後にそれぞれが宗祖となって大成する日本天台宗、日本真言宗の土台となる基本理念として採用したのである。『理趣経』にもとづいた空海の「大楽《だいらく》」の思想も「如来蔵」という理念が可能にし、その「大楽」の思想を内部に取り込むことによって最澄の後継者たちが確立していった「本覚《ほんがく》」の思想に至っては、「本覚」という術語自体が、『大乗起信論』を一つの直接の起源としていた――「始覚《しかく》」という言葉と対になるかたちで「本覚」という言葉が全面的に論じられるのは、『大乗起信論』を嚆矢とする（ただし最澄自身が残した著作のなかで、「本覚」という言葉が使われるのは、わずか一箇所だけである）。

空海は真言宗の体系を自らの手によって完成し、最澄は天台宗の体系を未完成のまま未来の後継者たちに託した。しかし、未完成とはいえ、後に「本覚」の思想としてその極限まで展開される日本天台の核心となる教えのすべては、最澄が激しい論争の末、死の直前になってようやくまとめ上げることができた二つの主著、『守護国界章《しゅごこっかいしょう》』（八一八年）および『顕戒論《けんかいろん》』（八二〇年）のなかに、すべて萌芽の状態で認めることができる。能楽の「翁」を生み、列島の祝祭を成り立たせる根本の原理となった天台本覚思想――森羅万象すべてに霊的な生命が宿るというアニミズム思想の仏教的かつ「神仏習合的」な理論化――は、最澄と空海の交わりのなかで胚胎され（その際、まずはじめに主導的な役割を果たしたのは空海である）、最澄と最澄の後継者たちが、日常とは隔絶した聖所、非日常の聖なる「山」のなかで育んでいった。アニミズムの真の意味での完成は、もしかしたら「本覚」以降に位置づけることが正当なのかもしれない。

最澄と空海がよく似ていながらも対照的な思索と行動をなしたように（最澄の思索と行動は閉じられているようで開かれ、空海の思索と行動は開かれているようで閉じられている）、二人が自身の思索を結晶させた二つの聖なる山、高野と比叡もまた、よく似ていながらも対照的な姿と働きをなしていた。高野は新たな都からはるかに遠く、比叡はその都のごく近くに位置していた。高野を登りきるには丸一日かかるが、比叡は半日かければ登って降りてくることができる。しかしながら、最澄は、尾根伝いに、人工の都（平安京）と雄大な自然（琵琶湖）の双方を間近に見下ろすことができるこの比叡に一度入ったならば、少なくとも十二年の間はそこから下りることはできないという厳しい戒めを、自らにも、自らの後継者たちにも課した。

聖なる「山」を、日常から切り離したのだ。地上からは独立した純粋な聖所、純粋な宗教都市を、山中に創り上げようとしたのだ。最澄には、自分こそが真に国家を鎮護する者だという自負があった。その想いは、逆説的に、比叡を、国家権力に最も抗う力をもった、独立した宗教共同体にまで高めていった。そこには、現実の国家を超える、超現実の宗教共同体の夢が紡がれることとなった（天台およびそこに端を発する鎌倉新仏教はその夢を現実化するものであった）。そうした未曾有の試みの全貌は、文字通り、最澄の聖なる「山」への想いにはじまり、聖なる「山」への想いで完成を見たのである。それが、最澄が十九歳のときに残した『願文《がんもん》』と、後に「山家《さんげ》」――「山」の人――を名乗った最澄が、晩年、立て続けに三度、朝廷に提出した天台独立のプログラムである『山家学生式《さんげがくしょうしき》』である。

奈良で、僧侶となるための「戒」を受け、将来を嘱望された若き最澄は、十九歳のとき、突如として故郷、琵琶湖畔の坂本に戻り、少年の頃から何度も訪れた比叡に籠もってしまう。そして十二年間、山を下りなかった。そこには、仏教界の現状への批判、そこに安住してしまいそうになった自らに対する押さえることのできない憤懣があった。最澄は自らに厳しい「戒」を課し、さらには自らの今後の望みを、『願文』にこうしたためていた――。

我れ未だ六根相似の位を得ざるより以還《このかた》、出仮せじ。

未だ理を照す心を得ざるより以還、才芸あらじ。

未だ浄戒を具足する得ざるより以還、檀主の法会に預らじ。

未だ般若の心を得ざるより以還、世間人事《にんじ》の縁務に著《じゃく》せじ。相似の位を除く。

三際の中間《ちゅうげん》にて、所修の功徳、独り己が身に受けず、普く有識《うしき》に廻施《えせ》して、悉く皆な無上菩提を得しめん。


付して願はくは、解脱の味ひ独り飲まず、安楽の果独り証せず、法界の衆生、同じく妙覚に登り、法界の衆生、同じく如味を服せん。もしこの願力に依つて六根相似の位に至り、もし五神通を得ん時は、必ず自度を取らず、正位《しょうい》を証せず、一切に著せざらん。願はくは、必ず今生の無作無縁の四弘誓願《しぐぜいがん》に引導せられて、周《あまね》く法界に旋《めぐ》らし、遍《あまね》く六道に入り、仏国土を浄め、衆生を成就し、未来際を尽すまで恒《つね》に仏事を作さんことを。


私は、この聖なる山のなかで、いまだ眼・耳・鼻・舌・身・意の六根が仏の位と同じく清浄にならない限りは、人々に軽々しく働きかけることはしない。

いまだ仏の理を明らかに照らし出す心を得ない限りは、才芸に関わらない。

いまだ清浄な戒律を保った生活を行い得ない限りは、施主の施しによる法会には与らない。

いまだ般若の叡智、すなわち仏の真の叡智へと到達した心を得ない限りは、世の中の人事にはたずさわらない。ただし、六根が清浄になった後は、この限りではない。

過去世、現在世、未来世という三際の中間、すなわちいまこの時にあって、この世の中で修める功徳を、ただ独りこの身に受けるのではなく、あまねく、生きとし生けるものすべて（「有識」）に施して、その悉く、すべて皆が、無上の菩提（覚り）を得られるように試みたい。

　いまここで伏して願うのは、解脱の味は決して独りでは味わわず、安楽という成果もまた決して独りであきらかにすることなく、仏の世界に生きるすべてのものと同じく、妙なる覚りの境地に達して、仏の世界に生きるすべてのものと同じく、その妙なる覚りを味わいたい。もしも、この願いの力によって六根が仏の位と同じく清浄になり、神足《じんそく》・天眼《てんげん》・天耳《てんに》・他心《たしん》・宿命《しゅくみょう》という五つの不可思議な通力《つうりき》を得た場合には、自分だけを済度（救済）することはせず、自分だけを仏の位につかせるのではなく、一切のものに決して執着しない。ただ願うのは、故意に作為するのではなく、また、他の衆生の利害に囚われるのでもなく、あるがまま生起する四つの誓願に導かれて、仏の世界をあまねくめぐり、さらには輪廻の世界をもまたあまねくめぐり、そのすべてを清浄な仏の国土とし、生きとし生けるすべてのものを覚りに導いて救い、はるかな未来の時が尽きるまで、仏の行いを続けていくことである。

　ここに最澄の想いは尽きている。聖なる山のなかで、六根が清浄となった仏の心、仏の身体を得ることで、覚りが、救いが訪れる。そうした未聞の体験は、ただ一人で為されるのではなく、生きとし生けるものすべてが、自らの心、自らの身体を通して為すのだ。最澄は、生きるものすべてが覚りを得られ、生きるものすべてが「仏の子」であると宣言する。この愚かな私と衆生は等しく、しかしながら、そのすべては「仏の子」として、自らの内に「仏」になる可能性が秘められている、孕まれているのだ。

その「仏」となる可能性、「仏」となる種子を開花させるためには、聖なる山に入らなければならない。選ばれたものだけを平地に縛り付けておく煩雑で小さな「戒」(小戒＝小乗戒)ではなく、誰もが山地で心身を解放することができる大きな「戒」(大戒＝大乗戒)が必要である。その「戒」にもとづき、「円教」である止観業《ごう》と「密教」である遮那業《ごう》という二つの方法を用いて心身を鍛え上げ、生きとし生けるものすべて、森羅万象すべてに救いをもたらすこと、生きとし生けるものすべて、森羅万象すべてを「仏」となすこと。それが、十九歳で聖なる山に入ってから、その山で生涯を終えるまで、最澄の思索と行動を貫く原理となった。

最澄が朝廷に提出した『学生式』の最初、「国宝とは何物ぞ」ではじまる「天台法華宗年分《ねんぶん》学生式」には、こう記されていた――「凡そ大乗の類は、即ち得度の年、仏子戒を授けて菩薩僧となし、その戒牒《かいちょう》には官印を請はん。大戒を受け已《おわ》らば、叡山に住せしめ、一十二年、山門を出でず、両業《りょうごう》を修学せしめん」。およそ、大乗を目指すものは、僧侶となる得度のとき、その受ける「戒」は、「仏の子」となる「戒」でなければならず、しかも、それは「私」のものではなく「公」のもの(「官印」を押されたもの)なのだ。そうしてはじめて「菩薩」としての僧となることができる。菩薩としての僧となるための「戒」は、奈良の大寺院で出されて宮中で受けるものではなく、この叡山で出され、この叡山で受けるものでなければならない。小さな「戒」(小乗戒)ではなく、大きな「戒」(大乗戒)を得たものは、叡山のなかで暮らし、十二年(「一十二年」)の間はその山門を決して出ることなく、「円教」である止観業と「密教」である遮那業を学び、身につけなくてはならない。そうしてはじめて「国宝」、道心（菩提心）をもった、国の宝としての「仏の子」となることができるのだ。

奈良の大寺院では、仏教のさまざまな教え（六宗）が入り混じるかたちで教えられていた（雑住《ぞうじゅう》）。しかも、そこで僧侶となるためには、いまだに「小乗」に属する「戒」を受けなければならなかった。最澄は、「円教」と「密教」が一つに総合された新たな仏教、「大乗」の教えを純粋化した新たな仏教を確立することを目指していた。そのためには旧い仏教と徹底的に闘い、独立を勝ち取る必要があった。その過程で、最澄は自らが方法として選んだ止観を定義づけ、「大乗」を定義づけなければならなかった。止観の極致に顕れ出る世界の真の姿とは、一体どのようなものなのか。

最澄は、同じく止観を「心」を探究するための方法とした、法相宗の徳一《とくいつ》との論争をまとめた『守護国界章』を通して、天台宗の止観を明確に定義し、『山家学生式』をより詳細に発展させ、南都旧仏教の「小乗戒」に対して叡山新仏教の「大乗戒」の差異を浮き彫りにした『顕戒論』を通して、大乗を明確に定義した。そして、そこで力尽き、この世を去った（八二二年）。最澄の後継者たちは、最澄の意志を継ぎ、止観の極致に顕れ出る「大乗」の世界に、「本覚」という言葉を与えた。

*

語のごく一般的な意味において、止観の「止」とは、心が「法性寂然《ほっしょうじゃくねん》なる」状態にいたること、すなわち散乱動揺する心を止息することを意味し、「観」とは、その「寂にして常」なる境地から心の真実、「真如」に到達し、「真如」を洞見することを意味する。後に「禅」として独立していく、心身観想の方法でもある——以下、『守護国界章』の内容の整理にあたっては、ごく簡単な概要を述べるに留めることにする（最澄と徳一の間に、精緻な語義解釈にもとづいたやり取りがなされているのだが、詳細に論じていくと煩雑になる恐れが多分にあるからである）。

法相宗の立場に立つ徳一は、中国天台宗の止観の起源に位置する智顗《ちぎ》が著した『摩訶止観《まかしかん》』に記された一文一文を丁寧に検討し、その矛盾を突いていく。最澄は、「山家」の名のもとに、その徳一の読解に反論を加えていく。法相宗は、意識を多層構造と捉えていた。眼・耳・鼻・舌・身の五識に意識を合わせた六識、さらにその先（深層）に末那識《まなしき》、阿頼耶識《あらやしき》の合計八識の層があり、すべての迷妄は、根源の識である阿頼耶識から生じる。そうした心の構造を理解するのが止観の方法なのだ。最澄は、そのような法相宗の止観の理解は、修行の「迂回道」だとする。天台宗は修行の「直道」をゆく。徳一が言葉の矛盾として剔出《てきしゅつ》したものを、天台は、あるいは最澄は、「即」によって一つにむすび合わせる。

徳一は、智顗が止観の究極とする「絶待《ぜつだい》止観」（絶対の止観）とは、端的に語義矛盾だとする。智顗はいう。絶対の止観とは、すべてを絶してしまうことだ。そこでは止も観も絶して、ただ清浄なる「空《くう》」が広がっている。最澄は、徳一が矛盾を見出すところにこそ、天台宗の止観の核心があると述べる。天台宗の止観は、相矛盾し合うすべてのものを「空」に絶して、そのことによって、相矛盾し合うすべてのものを「即」によって一つに結び合わせるのだ。徳一の止観理解では世界の「円融相即《えんにゆうそうそく》」（すべてが一つに――円かに――融け合い、互いに即の関係によってむすばれ合っていること）を知ることができない。「山家」としての私、最澄が立つのは「円融相即」の立場だ、と。

さらに徳一は、智顗のいう、止と観と捨（止観によってひらかれ、しかしながら止と観のいずれにも属さない平等にして三昧の境地）の関係、一にして三であり三にして一である関係、一即三にして三即一の関係もまた言語遊戯に過ぎないと断じる。智顗は、こう記していた（以下、［ ］内の注記は引用者による）――「もし止観を用ひて共に三徳［法身・般若・解脱］に通ずれば、止は即ちこれ断［煩悩の断］、断は解脱に通ず、観は即ちこれ智、智は般若［叡智］に通ず。止観等しきは名づけて捨相となす。捨相は即ちこれ法身に通ず」。最澄は、智顗の残した言葉を、そのまま理解しなければならない、と説く――「一即是多の故に無為は即ち有為なり。多即是一の故に有為は即ち無為なり。有為・無為都《すべ》て障礙なし。止・断・解脱もまた恒に相即す」。

「即」によって一と多、多と一が直接むすび合わされる。それゆえ、その「即」の場においては、矛盾が矛盾として成り立たなくなる。それが止観なのだ。止観によって、さまざまなものが「即」の関係としてむすび合わされる。その最大の対象こそ、『法華経』の説く、衆生と如来の関係である。最澄と徳一の論争は、生きとし生けるもの、すなわち衆生のすべてが如来となることができるのか否かという点に絞られていく。一切の衆生は「仏性」（如来蔵）を具しているのか否か。天台法華宗は、『法華経』に説かれている通り、一切の衆生は、本来、仏性を具している（悉有《しつう》仏性《ぶっしょう》にして本具《ほんぐ》仏性説）と説き、法相宗は、理念（「理」）として仏性は本具であるが、実際（「行」）として仏性には具と不具がある（人間は五種姓に分かれ、そのうちには絶対に仏となれない種姓がある）と説いている（五姓各別説《ごしょうかくべつ》）。

天台法華宗の止観は、衆生と如来を「即」によって一つにむすび合わせる。衆生はそのまま、「即」如来となり、如来はそのまま「即」衆生となる。最澄は、徳一に向けて、高らかに、こう問う。一切の衆生は、皆、仏の子（仏子）であるのか否か。法相宗では、衆生のうち仏になることができないもの（「無性の仏子」）がいると説いている。それに反して、『法華経』では、仏自身が、こう説いているのだ――「今、この三界は皆なこれ我が有なり、その中の衆生は悉くこれ吾が子なり」、あるいはまた、「この諸《もろもろ》の衆生は皆なこれ我が子なれば、等しく大乗を与へて、人の独り滅度［解脱］を得ることをあらしめず、皆な如来の滅度を以て、而もこれを滅度せしめん」、とも。

最澄は、聖なる山で菩薩としての僧となったものに、仏の子として、大乗の「戒」を与えると宣言した『顕戒論』のなか、しかもそのほとんど最終の段階に至って、天台法華宗が可能にした「即」の論理を、その極限まで推し進めていく（『顕戒論』巻下、五十五）。最澄は、そこで『諸法無行経』を引いて、特異な比丘（尼僧）、喜根《きこん》菩薩を登場させる。この喜根菩薩こそが、人々に「諸法」（あるがままの現象）こそが「実相」（真の実在）であることを教えてくれるのだ。しかも、最も異様で力強い方法を用いて。喜根菩薩は、通常の善行を称揚しなかった。まったく逆に、こう説いていた――「いはゆる一切の仏性即ちこれ貪欲の性、貪欲の性即ちこれ諸法の性、瞋恚の性即ちこれ諸法の性、愚癡の性即ちこれ諸法の性なりと」。一切の仏性とは貪欲の性、瞋恚の性、愚痴の性のなかに宿っている。衆生がもつ貪欲の性、瞋恚の性、愚痴の性こそが如来へと至る道なのだ。

喜根菩薩は、もう一人の比丘、正義と善行を主張し、それを実践する勝意菩薩に声高に誹られる。勝意菩薩は、喜根菩薩に向かっていう。この比丘は、淫欲と仏性の間にはさえぎるものがなにもない（「障礙なし」）と説いている。淫欲こそが仏性であり、貪欲こそが仏性であり、瞋恚こそが仏性であり、愚癡こそが仏性である、と。それでは、仏の教えは崩壊してしまう。そうした非難を受けて、喜根菩薩は、「障礙の罪法」を「菩提の道法」へと転換させる偈《げ》を説く。いわく、「貪欲これ涅槃　恚痴《いち》もまたかくの如し」、あるいは、「菩提と貪欲と　これ一にして二に非ず」、等々。偈が説かれ終わるや否や、大地が裂け、喜根菩薩を誹った勝意菩薩はそのまま、その巨大な裂け目に呑み込まれ、大地獄へと堕ちていった。

勝意菩薩に打ち勝った喜根菩薩という存在、喜根菩薩が残した偈こそが、最澄の止観、最澄の大乗が最終的に到達した地点である。あらゆるものが「即」によって結ばれ、貴と賤が、清と穢が、如来と衆生が、相互転換することをやめない世界。まさに空海がたどり着いた「大楽」の世界でもある。この喜根菩薩の挿話を引いてくる直前、『顕戒論』巻下、五十四において、最澄はやはり同じく『諸法無行経』を引いて、森羅万象あらゆるものが立てる、相互に対立し合う汚れた物音こそが、仏が語る清浄な音声そのものである、と文殊師《もんじゅし》利《り》法王子《ほうおうじ》を介して、述べている――「その時、文殊師利法王子、仏に白して言さく、世尊、我れ仏の諸説の義を知るが如きは、貪欲の音声と仏の音声と等しくして異なりあることなし。瞋恚の音声と仏の音声と等しく、愚痴の音声と仏の音声と等しく、外道の音声と仏の音声と等しく、少欲の音声と多欲の音声と等しく、知足の音声と不知足の音声と等しく、細の音声と麤《あら》の音声と等しく、楽独《ぎょうどく》［独奏］の音声と楽衆《ぎょうしゅ》［協奏］の音声と等しく、此岸の音声と彼岸の音声と等しく、遠の音声と近の音声と等しく、生死の音声と涅槃の音声と等しく、聚落の音声と空閑の音声と等しく、布施の音声と慳貪の音声と等しく、持戒の音声と毀戒の音声と等しく、忍辱の音声と瞋恚の音声と等しく、精進の音声と懈怠の音声と等しく、禅定の音声と乱意の音声と等しく、智彗の音声と愚痴の音声と等しと」。

さまざまなレベルで、世界は、無限の対位法からなる巨大な交響楽を奏でている。相異なったもの、相対立するものが「即」によって結ばれていく。森羅万象すべてが仏の音声に満ちあふれる。空海とは異なってはいるが、その核心は、空海が説いた声字「即」実相というヴィジョン（『声字実相義《しょうじじつそうぎ》』）ときわめて近い。

止観の極限において、諸法即実相であり、煩悩即菩提である。ありのままのものこそが、そのまま仏であり、仏の覚り、すなわち「本覚」である。自然が立てるさまざまな物音こそが仏の「声」そのものである。ここから天台本覚思想がはじまる。

3　源信

最澄は天台の完成を未来に託した。それは、大乗仏教の総合を成し遂げることを意味していた。

そもそも中国で天台を大成した智顗のなかに、大乗仏教に一つの総合を与える、つまりは、『法華経』読解を中心として、そこに禅と浄土という新たな――きわめて中国的な――実践の技法を組み込んで一つに総合するという姿勢が濃厚に存在していた。その智顗の試みを受け継ぎ、さらに『華厳経』を読み解くことで、中国唐代に華厳宗を打ち立てたのが、賢首大師法蔵《ほうぞう》らであった。法蔵がまとめ上げた『華厳五教章《けごんごきょうしょう》』は、最澄にも空海にも、あるいは二人の巨人を生み落とした古代から中世にかけての極東の仏教全体にも、甚大な影響を与えていた。最澄の天台も空海の真言も、二人が確立した宗派のさらなる展開を含み込んだ中世の極東仏教も、『華厳五教章』を一つの重要な源泉としている。

つまり、ルーツを共有している最澄と空海が出会うことは必然であったのだ。しかしながら、最澄は、『華厳五教章』の起源にさかのぼるようなかたちで天台――顕教の総合たる「円教」――を見出し、空海は、『華厳五教章』の帰結をさらに展開させるようなかたちで真言――顕教を乗り越えていく「密教」――を見出した。最澄と空海が別れなければならなかったこともまた、必然であった。最澄は、智顗に由来する「止観《しかん》」を大乗仏教総合の基点とする。心を鎮め（「止」）、そのことによって、心の真実を観るのだ（「観」）。華厳宗では、心とは無限である、つまり心とは仏そのもののことである、と説いていた。「止観」によって、心身集中の極という状態（「三昧」）に到達することで、仏を観て、仏と一体化することが可能になる。智顗の『摩訶止観』には、「三昧《さんまい》」に到達するための四種類の方法（四種三昧《ししゅさんまい》）が説かれていた。順に、常坐三昧、常行三昧、半行半坐三昧、非行非坐三昧、である。常に坐ることで三昧に到達する、常に歩くことで三昧に到達する、歩くことと坐ることを繰り返すことで三昧に到達する、歩くことでも坐ることでもなく日常生活そのものを三昧となす、という四種類、四段階の方法である。常坐三昧とは「禅」そのものであり、常行三昧のためには「念仏」が必要とされた。常坐三昧は、普賢菩薩を前に、一日二回の食事、排泄以外は「跏趺正坐」して、座り続ける。常行三昧は、阿弥陀如来のまわりを、「南無阿弥陀仏」と唱えながら歩き続ける。いずれも九十日間、不眠不休で行われる。その果てに、仏の姿を観、仏と一体化することが可能になる。

最澄は、『山家学生式』においても、『顕戒論』においても、比叡とは、こうした四種三昧を行うための聖域なのだ、だからこそ、そこには四種三昧を行うための特別な場所（「院」）が設置されなければならないのだと、繰り返し説いていた。『顕戒論』には、こう記されている（以下、［ ］内は引用者による補足である）――「論じて曰く、四三昧院とは円観を学する者の住する所の院なり。文殊般若［『文殊師利所説般若波羅蜜経』］並びに『文殊師利問経』［『］に依つて常坐一行三昧院を建立し、般舟三昧経に依つて常行仏立三昧院を建立し、法華経等に依つて半行半坐三昧院を建立し、大品経［『摩訶般若波羅蜜経』＝『大品般若経』］等に依つて非行非坐三昧院を建立す。具《つぶさ》には止観に説くが如し」。

最澄の最後の願い、叡山に常行三昧を行う常行堂と法華三昧（法華経に依って行う常坐三昧）を行う法華堂が建立されたのは、天台のなかに十全なかたちで密教を導入することを可能にした最澄の直弟子、円仁《えんにん》の手によってであった。常坐と常行、禅と念仏。『法華経』に説かれ、『華厳五教章』によって大成された如来蔵思想を根本として天台が磨き上げていった二つの技法は、鎌倉時代、それぞれ天台から独立し、いわゆる「日本的霊性」を成り立たせる二つの柱となった。「日本的霊性」を禅と浄土、さらには華厳から論じた鈴木大拙の営為を、『法華経』にまでさかのぼらず（大拙は日蓮を正面から論じることはなかった）、同じく密教にまで展開しなかった（大拙はやはり空海を正面から論じることはなかった）、原型としての天台本覚思想、『華厳五教章』の段階にとどまった、原天台にして原真言を兼ね備えた未生の思想――いまだ名前を与えられていない潜勢力に満ちた思想――として捉え直すことは充分に可能であると思われる。最澄と空海の協力と対立のちょうどその狭間に、「日本的霊性」が孕まれていたのだ。

　列島の祝祭にとって、特に能楽の「翁《おきな》」の発生にとって重要なのは、常行三昧である。常行三昧を行う常行堂こそ、「翁」が生み落とされた原劇場とでも言うべきものであった。そこでは相対立する二つの項、地獄と極楽が、鬼と如来が、有限の現実と無限の超現実が、生と死が、一つにむすび合わされる。口に聖なる名を唱え、身体すべてを使って歩き続け、心のなかに仏の聖なるイメージを浮かび上がらせることによって。

　比叡で常行三昧を理論的に完成し、しかも、そこで体験される光景を最も想像力豊かに描き出したものこそが、恵心僧都《えしんそうず》源信《げんしん》による『往生要集《おうじょうようしゅう》』（九八五年）であった。源信は、最澄と円仁の営為を受け継ぎ、法然や親鸞の思想が生まれ出てくる産婆役となったのだ。法然と親鸞の師弟は、いずれも比叡に籠もり、源信の教えを批判的かつ創造的に継承し、その受容の果てに一遍《いっぺん》があらわれる。源信が『往生要集』をまとめ上げる際に、理論的にも実践的にも依拠したものの一つが、最澄が『顕戒論』で常行仏立三昧院を建立するための指針とした『般舟三昧《はんじゅざんまい》経』である。『般舟三昧経』には、仏を観る方法（「観仏」）と仏を念じる方法（「念仏」）が説かれていた。

源信の批評的な後継者である法然と親鸞は、聖なる山・比叡を下りるとともに、イメージ想起法である「観仏」と心身変容技法である「常行」を棄て、ただ「念仏」のみを選択し、その極にまで至ろうとする。そのことによって宗教的な純粋性は担保されるが、さまざまな「もの」、さまざまな感覚が一つに入り混じり習合する芸能発生の場は解体されてしまう。宗教と芸能の分離がはじまるのだ。

常行堂は、古代から中世にかけて、そこが宗教の発生の場であり、同時に芸能の発生の場でもあったことを明らかにしてくれる。この現実世界（娑婆）のなかに超現実世界（極楽）を顕現させるためには、極楽の主である如来（阿弥陀）の姿をありありと観じ、その名前を常に念じ、身体のもつ可能性の極限まで歩み続けなければならなかった。仏を観じ、仏を念じ、ただ歩む。そうしたことによって、阿弥陀像が中心に据えられた閉じられた空間のなかに、開かれた無限が宿る。常行堂そのものが極楽に変ずる。身体的な「死」、人間的な「死」を経なければたどり着けないはずの極楽が、いまここに顕現する。常行堂という小宇宙《ミクロコスモス》のなかに極楽という大宇宙《マクロコスモス》が宿る。地獄は極楽に変じ、鬼は如来に変じ、人間は人間以上のものに変じる。

＊

琵琶湖畔から比叡に向かうと、最澄が生まれたとされる生源寺《しょうげんじ》がある。生源寺から比叡に向けてまっすぐ進むと、比叡への入口である本坂に到着する。本坂の次第に狭くなる石段を登り切ると山の道が続き、しかし、一時間もかからずに、最澄が初めて意識的に聖なる山に籠もるために建てた草庵、一乗止観院から発展した、巨大な根本中堂に突き当たる。根本中堂は、比叡において、「止観」のもつ純粋性を体現している。

根本中堂から歩いて三十分ほどで、現在でも常坐三昧が行われている法華堂と常行三昧が行われている常行堂という二つの堂が渡り廊下でつながれた「にない堂」に至り、さらにその「にない堂」を下ると、釈迦堂があらわれる。根本中堂のあたりを東塔《とうどう》、釈迦堂のあたりを西塔《さいとう》という。釈迦堂のなかには、さまざまな神々、さまざまな仏たちが混在しながらも整然と祀られている。神仏習合のパンテオンであり、比叡のもつ習合的な性格を体現している。比叡山延暦寺は、東塔と西塔、さらに、西塔から回峯行者たちも歩む尾根道を九十分ほど進むと到達する横川《よかわ》の三地域、「三塔」からなる。

東塔と西塔を訪れるものは多いが、横川まで来るものはそれほど多くはない。真冬の横川には、回峯行者たちの残した足跡と、野生の鹿たちの残した足跡しか存在していなかった。すべてが白で覆われた世界のなかで人間と鹿、聖なる山は等しくなる。比叡の最も奥まった聖地である横川は、円仁がひらいた。比叡の賑わいから遠く離れた静寂の地で、比叡のもつ純粋性と習合性が一つに総合されている。そのような場所に落ち着き、狭い堂に籠もり、あたかも世捨て人のような生活を続けながら、『往生要集』をまとめ上げたのが源信である。横川は、厳しさを求める修行者たちを惹きつけた。日蓮が修行する場となり、道元が得度する場ともなった（いずれも伝承）。

源信は、そうした比叡の果てにひらかれた横川で、ただ一人、さまざまな経典を読み解き、それぞれ地獄と極楽についての百科全書ともいうべき「厭離穢土《おんりえと》」と「欣求浄土《ごんぐじょうど》」の対比を試み、『往生要集』を書きはじめる（巻上大文第一「厭離穢土」、大文第二「欣求浄土」）。有限の存在が住む世界「穢土」を厭い、離れ、無限の存在が住む世界「浄土」に生まれ変わることを、ただひたすらに求める。源信の描写はきわめて具体的であり、同時にきわめて生々しい精彩に富む。源信は、虚構の経典類の編纂者《アンソロジスト》であるとともに、間違いなく現実の幻視家《ヴィジョネール》でもあった――法然と親鸞が棄て去ったのは、源信が確実にもっていた、地獄と極楽の光景をまざまざと幻視してしまうというこの資質であった。

「厭離穢土」は、地獄、餓鬼、畜生、阿修羅、人、天の六道とその惣結（総括）からなる。たとえ人の上に位置する天に生まれようとも、この地上の存在である限り、その身が滅びてしまうことは免れない。「厭離穢土」のなかで最も多くの言葉を費して、しかも詳細に描き出されているのは地獄の光景である。地獄は、等括、黒縄、衆合、叫喚、大叫喚、焦熱、大焦熱、無間《むげん》からなり、その空間の広さとそこで過ごさなければならない時間の長さが等比級数的に増大していく。さらには、いずれの地獄においても、すべてを燃やし尽くし、すべてを滅び去らせる業火に包まれている。地獄へと堕ちた罪人たちの身体は、異形の獄卒、異形の怪物たちによって、甚大な苦痛とともに引き裂かれ、粉々にされ、しかしながらたちまちに再生し、その責め苦が無限に繰り返される。

最底辺に位置する無間地獄（阿鼻地獄）の光景を、源信は、そこに堕ちた者の視点から、こう描き出す（『往生要集』全体は膨大な仏典のコラージュからなり、源信が果たしたのは卓越した編集者としての役割である）――「一切はただ火炎なり　空に偏して中間《ちゅうげん》なし　四方及び四維《しい》　地界にも空しき処なし　一切の地界の処に　悪人皆遍満せり　我、今帰《き》する所なく、孤独にして同伴なし　悪処の闇の中にありて　大火炎聚に入る　我、虚空の中に於て　日月星を見ざるなり」。一切を焼き尽くす地獄の業火にすべてが包まれている。そこには、少しの余地もなく悪人たちが満ちあふれ、しかし、それぞれが孤独に、ただ、大いなる炎に焼かれている。

同じく、この無間地獄の圏域（阿鼻城）には、罪人に激烈な罰を与える異形の者たちもまた満ちあふれている――。

> かの阿鼻城は、縦広八万由旬《ゆじゅん》［古代インドの長さの単位］にして、七重の鉄城、七層の鉄網あり。下に十八の隔《かく》［壁］ありて、刀林周り帀《めぐ》る。四の角《すみ》に四の銅の狗あり、身の長《たけ》四十由旬なり。眼は電《いなずま》の如く、牙は剣の如く、歯は刀の山の如く、舌は鉄の刺《とげ》の如し。一切の毛孔より皆猛火を出し、その烟《けむり》、臭悪にして世間に喩ふるものなし。十八の獄卒あり。頭は羅刹《らせつ》の如く、口は夜叉の如し。六十四の眼ありて鉄丸を迸り散らし、鉤《まが》れる牙は上に出でて、高さ四由旬、牙の頭より火流れて阿鼻城に満つ。頭の上には八の牛頭《ごず》あり。一々の牛頭に十八の角《つの》ありて、一々の角の頭より皆猛火を出す。また七重の城の内には七の鉄幢《てつどう》あり。幢《はた》の頭より火の踊ること、猶し沸《たぎ》れる泉の如く、その炎、流れ迸りて、また城の内に満つ。四門の閫《しきみ》［閾］の上に八十の釜あり。沸れる銅、涌き出でて、また城の内に満つ。一々の隔の間に、

八万四千の鉄の蟒《おろち》・大蛇ありて、毒を吐き、火を吐いて、身城の内に満つ。その蛇の哮び吼ゆること、百千の雷《いかずち》の如く、大いなる鉄丸を雨《ふ》らして、また城の内に満つ。五百億の虫あり。八万四千の嘴ありて、嘴の頭より火流れ、雨の如く下る。この虫の下る時、獄火いよいよ盛んにして、遍く八万四千由旬を照らす。また八万億千の苦の中の苦は、集まりてこの中にあり。

凄まじい光景である。源信は、何を考えながらこの一節を写し取っていったのだろうか。地獄の最底辺には、七重、七層に閉じられた鋼の城があり、そこには多頭にして多眼の異形の獄卒たちが罪人たちに残酷にして苛酷な罰を与えている。獄卒たちばかりでなく、狗も大蛇も、無数の虫たちも咆吼し、その頭からすべてを焼き尽くす炎を噴き出している。地獄に生きる者たちばかりでなく、地獄に存在するありとあらゆる「もの」のすべてからも滅びの炎が上がっている。

源信は、「厭離穢土」に描き出された地獄の業火をそのまま、「欣求浄土」に描き出された極楽の光明へと転換していく。源信は、「欣求浄土」に、極楽のもたらしてくれる十の楽《らく》（聖衆来迎《しょうじゅらいごう》、蓮華初開、身相神通、五妙境界、快楽《けらく》無退、引接結縁《いんじょうけちえん》、聖衆倶会《くえ》、見仏聞法、随心供仏、増進仏道）を列記してゆく。念仏を重ねた者には、生命の終わりに臨んで、極楽の聖衆が来迎し、極楽へと導いてくれる（聖衆来迎の楽）。極楽にあらためて再生した者は、自らの身体が「紫磨《しま》金色」に光り輝いていることに気がつく（蓮華初開の楽）。自分だけではなく、そこではありとあらゆるものが光り輝き、妙なる色、妙なる音、妙なる香を発している。地獄の業火は極楽の光明へと浄化されている——「かの土《ど》の衆生はその身真金色《しんこんじき》にして、内外《ないげ》倶《とも》に清浄なり。常に光明ありて彼此互に照す。三十二相［仏の身体に備わる優れた三十二の特徴］具足して荘厳《しょうごん》し、端正《たんじょう》殊妙にして世間に比ぶるものなし。もろもろの声聞衆は身の光一尋にして、菩薩の光明は百由旬を照す。或は十万由旬とも云ふ。第六天の主を以てかの土の衆生に比ぶるに、猶し乞丐《こつがい》の、帝王の辺にあるが如し」（身相神通の楽）。

糞便の汚辱に塗れ、耐えがたい臭気を発し、地下の業火に焼かれていた者たちが、すべてが清浄となった地に、清らかな香気を発し、光明を放つ者として転生する。それは、地上の最も優れた者、人間以上の存在である天人たち、その最上層に君臨する主（「第六天の主」）といえども、極楽に転生したごく普通の人々の在り方と較べれば、帝王を前にした一人の貧しい乞食《こつじき》のようである。

地獄の業火を極楽の光明に転換させるためには、一体、どうすれば良いのか。源信は、「厭離穢土」の惣結（総括）に、ごく簡潔に、こう記している。世界の真実を「観する」のだ、と。人間は、人間を確固たる存在と考えている。しかし、よく「観察」してみれば、無数の骨から組み立てられ、粗い脈がめぐらされた「不浄」のものに過ぎない。人間の身体はやがて朽ち果て、あとかたもなく消滅してしまう——源信の「観察」は、精緻な解剖学者を思わせる。死した肉体の腐敗から消滅までを段階的に描いた「九相図《くそうず》」は、源信に端を発する身体（死せる身体）の「観察」をそのまま形にしたものである。

世界の真実を観る。そこには確実なものなど何も存在しない。すべては、はかなく移ろう。森羅万象あらゆるものは生滅する運命にあり、その生滅さえ絶したところにこそ、楽が生じる。その有様をこそ「観」なければならない――「諸行は無常なり　これ生滅の法なり　生滅の滅し已れば　寂滅を楽《たのし》となす」（諸行無常　是生滅法　生滅滅已　寂滅為楽）。中世日本文学は、ある意味で、源信がここに記した一節から、そのすべてがはじまっている。

楽が生じてくる寂滅の境地を「観る」。しかしながら、それは簡単なことではない。極楽と娑婆（六道が輪廻する世界）は隔絶している。「死」を通してしか、そうした彼方の世界を「観る」ことはできない。一体どうしたら良いのか。

相対立する二つの世界、「厭離穢土」と「欣求浄土」の情景が対比的に描き出されるのは、『往生要集』の冒頭、全体の四分の一弱に過ぎない。源信は、残りの部分を使って、生者のうちに死者の「観」をもつ方法、娑婆の衆生のうちに極楽の聖衆の「観」をもつ方法を、いかに身につけていったらよいのかを詳述してくれている。「観」を身につけるためには、「念」（念仏）と「行」（常行）を積み重ねていく必要がある。源信は、『往生要集』全三巻の巻上の後半（前半に「厭離穢土」と「欣求浄土」の対比が置かれる）から巻中にかけて、正しい念仏の在り方（仏の正しい念じ方）、正しい観察の在り方（仏の正しい観じ方）、それらを実現するための条件、さらには「念」と「観」を一つに総合する「行」の在り方を、具体的かつ詳細にまとめている――順に大文第四「正修念仏」、大文第五「助念方法」、大文第六「別時念仏」。

源信が、「別時念仏」のはじまりの部分で論じているのが、『般舟三昧経』にもとづいた常行三昧の方法である。源信は、こう記している。常行三昧の「方法」とは、「身《しん》の開遮《かいしゃ》と、口《く》の説黙《せつもく》と、意の止観」からなる。身に「開《ゆる》」されているのは常行である。九十日間、「ただ専ら行《ある》き旋《めぐ》」ることが求められる。口の説黙とは、「九十日、身には常に行《ある》きて休息することなく、九十日、口には常に阿弥陀仏の名を唱へて休息することなく、九十日、心には常に弥陀仏を念じて休息することなかれ」という命を守ることである。最後の、意の止観とは、「西方の阿弥陀仏を念ぜよ」、できる限り正確かつ明瞭に西方極楽浄土と、その中心に座する阿弥陀仏（法身）を「観よ」ということである。

　身と口と意、「行」と「念」と「観」、常行と念仏と観仏が一致し、一つに重なり合ったところに極楽がひらかれる。その西方世界では、無償の楽を受けること限りなく、人と天、すなわち人間と如来が一つに交わり合い、互いのなかに互いを見出すのである――「かの西方世界は、楽を受くること窮りなく、人天交接《にんでんきょうしょう》して、両《とも》に相見ることを得」（「欣求浄土」、快楽無退の楽）。「行」と「念」と「観」を一致させることによって、彼方にある極楽浄土が、いまこの場に立ち現れてくる。娑婆を生きる人間と、極楽を生きる如来が一つに交わり合う。なぜ、そのようなことが可能になるのか。源信は、「正修念仏」に、繰り返し、こう記している。森羅万象あらゆるものは、如来となるための可能性（仏性にして如来蔵）を種子のように、胎児のように孕んでいるのだと。「一切衆生に悉く仏性あり」「一切の有情は皆如来蔵なり」「道を修する者は本有《ほんぬ》の仏性を顕す」「衆生は即ち仏性なり、仏性は即ち衆生なり」、等々。

　すべてのものに仏性があるがゆえに、地獄の業火に焼かれる衆生も、極楽の清浄な光明のなかに転生することが可能になる。「生死即涅槃」にして「煩悩即菩提」である。源信は、最澄の忠実な弟子であった。その源信が、極楽の情景を描く際に依拠し、引用しているのは、後の浄土宗および浄土真宗の信徒が帰依することになる根本経典、『仏説無量寿経』『仏説観無量寿経』『仏説阿弥陀経』の浄土三部経のみならず、『華厳経』からの引用も多かった。さらには常行三昧の「方法」としてまとめた、身と口と意の一致は、密教において即身成仏を可能にする教義そのものである。そうであるとするならば、源信の『往生要集』こそ、如来蔵思想を基盤として、禅と浄土、法華と華厳、円教と密教を一つに総合するものであったはずだ。

さらにそこから一歩を踏み出した地点に、有情のもののみならず非情のものの成仏さえも説く、天台本覚思想が胚胎されることになる。天台本覚思想を代表する諸経典の多くが、その作者として、日本天台の創始者・最澄に加え、日本天台の大成者・源信の名を冠していることは偶然ではなかったはずだ。最澄から源信へ。そこにこそ、中世の宗教思想にして芸術表現――芸能――の核心が秘められているはずである。

一遍

1 阿弥陀聖

『往生要集』を著した源信は、大和（奈良）の当麻《たいま》に生まれた。

当麻は、難波（大阪）と大和との境界、自然が創り上げた巨大な境界線である二上山《ふたかみやま》の麓に位置している。二上山は、その名前の通り、二つの頂点、雄《お》岳と雌《め》岳からなる。二上山は、難波と大和、男と女という二つの極の間に位置し、二つの極を分離するとともに一つにむすび合わせていた。それは、現実の世界、生者の世界だけに限られていたわけではない。二上山はさらに、現実の世界にして生者の世界と、想像の世界にして死者の世界の境界として聳えていた。

二上山の雄岳の頂には、王者となる資質を備えていながら、それゆえに、偉大なる母の恨みを買って滅びなければならなかった悲劇の王子の亡骸が葬られていた。持統女帝を継母にもった大《おお》津皇子《つのみこ》である。志半ばで世を去らなければならなかった悲劇の王子の荒ぶる魂によって、境界の地が鎮められていたのだ。それだけではない。二上山を越えたあちら側、難波の側には、現実に存在する巨大な王家の墓が集中し（古市《ふるいち》古墳群）、こちら側、大和の側には、想像力によって描き上げられた光の楽土――浄土変相図たる当麻曼荼羅――が安置されていた。当麻は曼荼羅の里でもあった。

曼荼羅によって、生者の世界と死者の世界が、現実の世界と想像の世界が、人間の住む有限の世界と如来の住む無限の世界が、一つにむすばれていた。二上山は、葛城山《かつらぎさん》、金剛山へと続いていく修験道の世界の入口にあたり、当麻寺には、曼荼羅という理念とその実物をはじめてこの極東の列島に将来した空海もまた、訪れていたという。修験道への入口であり、曼荼羅への入口であり、浄土への入口でもあった当麻。そこでは、役《えん》の行者、修験道の始祖である小角《おづの》と、密教の行者、真言密教の始祖である空海が一つに重なり合う。源信は、そうした場所に生まれたのだ。

源信がこの世に生を享けたとき、その地の信仰の中心であった当麻寺は、本堂（曼荼羅堂）、その中心に掲げられた当麻曼荼羅も、現在とそれほど違わないかたちで、すでに存在していたはずである。当麻寺も当麻曼荼羅も、その真の起源は、いまだに謎に包まれている。しかしながらそこには、神話として、一つの美しい物語が伝えられており、物語は中世から近世、さらには近代にかけて、さまざまなかたちで読み直され、そのたびごとに新たな生命を吹き込まれ、再生してきたのである。

当麻曼荼羅は、古代、一人の信心深い少女、中将姫《ちゅうじょうひめ》が蓮から紡がれた糸で織り上げた、という。少女が織り上げた曼荼羅には、無限の光（無量光）、無限の時（無量寿）を意味する仏、阿弥陀仏が治める西方《さいほう》の永遠の楽園、極楽浄土の景色が描き出されていた。二つの頂をもった聖なる山を背景とし、光の楽土――極楽浄土――の有様を生き生きと描き出した曼荼羅を、源信がその目で見ていたことは疑い得ない。後世、いくつもの傑作が残されることになる阿弥陀来迎図、「山越《やまごし》阿弥陀像（図）」の作者として、その多くの場合に、源信が仮託されているからだ。源信は、現実の二上山に、想像の浄土曼荼羅を重ね、観ていたはずである。

源信は、二上山の間に沈む夕日に重ね合わせるようにして、極楽浄土の中心に位置する光の仏たる阿弥陀を観想し、その姿を「山越阿弥陀像」の原型として描き残した。それは、当麻寺を舞台に、中将姫と大津皇子――曼荼羅を織る少女と山頂の墓から甦った死者――を主人公として、生涯で唯一完成することができた小説『死者の書』の作者、国文学者であるとともに民俗学者でもあった折口信夫が抱き続けてきた想いでもあった。折口信夫の『死者の書』とは、当麻に生まれた源信がまざまざと幻視した「山越阿弥陀像」を一つの源泉とした、現代的な再話であった。

それでは、源信が、当麻曼荼羅を通して見ていた極楽とは、一体どのような世界だったのか。浄土三部経のなかで、極楽の全体像を最も簡潔にまとめている『阿弥陀経』の冒頭は、こう始まっていた――「その時、仏［ゴータマ・シッダッタ］、長老舎利弗《しゃりほつ》［シャーリプトラ］に告げたもう」「これより西方、十万億の仏土を過ぎて、世界あり、名づけて極楽という。その土《ど》に仏ありて、阿弥陀と号す。（かれ――参照した岩波文庫版による補注、以下同）いま、現に在《い》まして説法したもう。舎利弗よ、かの土《ど》、なにがゆえに、名づけて極楽とする。その国の衆生、もろもろの苦しみあることなく、ただもろもろの楽しみのみを受く。かるがゆえに極楽と名づく（……）」。

わが弟子、シャーリプトラよ。ここより西方はるか彼方に、一つの世界が存在する。名づけて極楽という。その地を治め、そこで永遠の法を説いているのは無限の時（無量寿）、無限の光（無量光）という名をもつ阿弥陀（アミタユース）という仏である。シャーリプトラよ。それではなぜ、彼の地を極楽というのか。その地に生きるものすべてが苦しむことなく、ただ楽しみを享受しているからだ。それゆえ、楽の極まる地、極楽というのだ。

『阿弥陀経』は、極楽の描写を続けていく。そこに生える樹木はすべて宝石のように光り輝いており、そこにある池もまたすべて宝石のように光り輝いている。天には妙なる音楽が鳴り響き、曼陀（荼）羅の花が降り注いでいる。天人たち、鳥たちは、さまざまな色彩を身にまとい、さまざまな響きを、その口から、手にもつさまざまな楽器から、発している。そのような極楽に生まれ変わるには、一体どのようにすればよいのか。「仏」は、こう答えている――「舎利弗よ、もし善男子《なんし》・善女人《にょにん》ありて、阿弥陀仏（の名号《みょうごう》）を説くことを聞き、名号を執持《しゅうじ》せんに、もしは一日、もしは二日、もしは三日、もしは四日、もしは五日、もしは六日、もしは七日（の間）、一心不乱ならば、その人命《いのち》終る時に臨んで、阿弥陀仏、もろもろの聖衆《しょうじゅ》とともに、現じてその前に在《まし》さん。この人（命）終る時、心、顚倒せず。（命終るや）すなはち阿弥陀仏の極楽国土に往生することをえん」。

弟子シャーリプトラよ。この世で善行を積んだ男女であれば、阿弥陀という尊いその名前を聞き、その名前を心に念じ、口に唱えることを（「執持」には複雑な解釈史が存在するが、ここでは最もシンプルに、「念じ唱えること」と解する)、一日、二日、三日、四日、五日、六日、七日と一心不乱に行えば、その人の生命が終わるとき、極楽から阿弥陀が聖衆を引き連れて来迎し、その人の目の前に現れてくれる。そうすれば、死に臨んで心が動転することなく、極楽に往生する、つまりは極楽に生まれ変わることが可能になる。

源信は、『往生要集』で、「穢土」を厭い離れ(厭離穢土)、「浄土」を望み求めた(欣求浄土)、その果てに、自身の身にあらわれる最初の「楽」として、阿弥陀に率いられた「聖衆」の来迎を、その目にすることができると説いていた。すなわち——。

第一に、聖衆来迎の楽とは、およそ悪業の人の命尽くる時は、風《ふう》・火《か》まづ去るが故に動熱にして苦多し、善行の人の命尽くる時は、地・火まづ去るが故に緩慢にして苦なし。いかにいはんや念仏の功積《つも》り、運心《うんしん》年深き者は、命終の時に臨んで大いなる喜自《おのずか》ら生ず。しかる所以《ゆえん》は、弥陀如来、本願《ほんがん》を以ての故に、もろもろの菩薩、百千の比丘衆とともに、大光明を放ち、皓念《ごうねん》として目前に在《ま》します。時に大悲観世音、百福荘厳の手《みて》を申《の》べ、宝蓮の台《うてな》を擎《ささ》げて行者の前に至りたまひ、大勢至《だいせいし》菩薩は無量の聖衆とともに、同時に讃嘆して手を授け、引《いん》接《じょう》したまふ。この時、行者、目《ま》のあたり自らこれを見て心中に歓喜《かんぎ》し、身心安楽なること禅《ぜん》定《じょう》に入るが如し。

「欣求浄土」の最初の果として、「聖衆来迎の楽」を得ることができる。生前、悪業を重ねた人は、身体より風と火がまず去って行くので、その熱く激しい動きで苦が多い。善行を積んだ人は、身体より地と火がまず去って行くので、その涼しくゆっくりとした動きによって苦が少ない。仏の聖なる名を唱える念仏を積み重ね、心に仏の姿を観想することを深めていった者であるならば、生命が終わろうとするとき、自らの内から大いなる悦びがわいてくる。なぜならば、そのとき、自らの本願——すべてのものが極楽往生することがなければ仏とは成らない——によって、阿弥陀仏そのものが、聖衆、すなわち多くの菩薩、多くの比丘を引き連れて、大いなる光明を放ちながら、いまこの目の前にあらわれてくれるのだ。ときに、宝蓮の台を捧げた大悲観世音［観音］菩薩が荘厳された手を差し伸べ、大勢至菩薩もまた無数の聖衆とともに讃嘆しながら手を取り、如来のもとへ引き上げてくれる。その瞬間、死を前にした行者の心には歓喜が芽生え、心身は落ち着き、永遠の安らぎへと入る。

源信が、ここで表現している「聖衆来迎の楽」では、阿弥陀如来が、その両脇に観音菩薩と勢至菩薩を従えている（阿弥陀三尊像）。その姿こそ、当麻曼荼羅が依拠した浄土三部経の一つ、『観無量寿経』が説く最上の往生（「上品《じょうぼん》上生《じょうしょう》」）の際に、目にすることができる光景である。それは、当麻曼荼羅そのものが実現している構図でもあった。源信は、極楽浄土を、その変相図たる曼荼羅を、文として書き（『往生要集』）、画として描いた（「山越阿弥陀像」をはじめとする来迎図）。それだけではない。静的な対象として極楽を表現するだけでなく、動的な主体として極楽を生きる、つまりは生きたまま、聖衆来迎にして極楽往生を演じようとしたのだ。自ら、阿弥陀に率いられて来迎する極楽の「聖衆」となり、聖なる歌をうたい、聖なる踊りをおどる。そのとき、無限にして永遠の極楽は、有限にして瞬間であるこの現在に宿る。

源信は、聖衆来迎を、聖なる演劇、「迎講《むかえこう》」として組織し直したのである。聖衆来迎を上演する聖なる舞台「迎講」では、人間が如来となり（仮面や扮装で如来を演じ）、そこに聖なる音楽が奏でられ、色と音と香が共振し、交響する。視覚、聴覚、嗅覚、味覚、触覚等々すべての感覚が解放され、すべての感覚が一つに入り混じる――源信の故郷に在る当麻寺では、いまに至るまで、毎年五月、曼荼羅を織り上げた中将姫のもとを観音、勢至ら二十五の聖衆が訪れ、姫を極楽に往生させるという迎講の会式《えしき》「練供養《ねりくよう》」が行われている（ただし、その有様は現代的に変容されている）。そのときのみ極楽堂と名前を変えられた西の曼荼羅堂から、東の娑婆堂に中将姫が移され、そこに橋（来迎橋）が架けられ、極楽から娑婆へ、扮装して聖衆へと変身した者たちが来迎し、小さな像の姫を救い上げ、今度は娑婆から極楽へ再び、姫を移し、往生させてやる。その間、集った人々はみな合掌し、熱心に念仏を唱え続ける。練供養は「迎講」そのものではない。しかし、そこには、源信が創出した、聖衆来迎および極楽往生を象徴的に表現する、神秘劇の面影のいくばくかが確実に伝えられているはずである。

「迎講」が可能になるためには、人間の内に仏性が秘められているという思想が必要であり、それを身体表現として外にあらわす技術が必要であった。源信の没後それほど時を置かずにまとめられた、源信の生涯とその往生の様子を記した『大日本国法華経験記《だいにほんこくほけきょうげんき》』には、こう記されていた（巻下「第八十三　楞厳院《りようごんいん》の源信僧都」）。源信は、『一乗要決』という書物をまとめ、「一切衆生皆成仏道の円意を顕し、定性《じようしよう》無性《むしよう》不成仏の偏執を斥《しりぞ》く」、すなわち、始祖・最澄が徳一と論争を重ねたように、生きとし生けるものすべてに仏性が宿り、みな仏となることができると主張し、さらには、「弥陀迎接の相を構へて、極楽荘厳の儀を顕せり」、つまりは「迎講」を組織し、この有限の身体をもったまま無限の仏を演じ、仏と成り、極楽をいまここに顕現させた、と。

曼荼羅は文字として書かれ、画として描かれ、身体として演じられ、この地上に受肉される。阿弥陀と観音および勢至の像を収めた小堂は、そのまま極楽浄土に変ずる。その聖なる劇場を、自らの身体そのものを用いて実現したのが、浄土の教えを極限まで突き進めた遊行僧《ゆぎよう》、一遍《いっぺん》（一二三九―一二八九）であった。一遍の実践が生み落とされるためには、そのモデルとなるような生き方が記録されていなければならなかった。一遍は、そのモデルとしての生き方を、自らの身体を通して、生き直したのである。

一遍のモデルとなったのは、比叡山の「谷」でまとめられた往生伝のなかに記された空也《くうや》の生涯と、やはり比叡山の「谷」で修行し、融通念仏宗《ゆうずう》をひらいた良忍《りようにん》の生涯である。空也は源信にやや先んじ、良忍は源信の後に従った。ここに、宗教と芸術、さらには哲学が一つに融け合った、未曾有の身体表現が生まれ出ることになったのである。

＊

比叡山には、無数の「谷」が存在している。山が連なり形になったいくつもの頂、それらを水平つなぐ尾根ではなく、そこから大地に向かって垂直に、一気に降りていく無数の「谷」がある。そうした谷には、ほとんどの場合、不動明王と阿弥陀如来、闇の破壊仏と光の来迎仏の双方が祀られていた。たとえば、東塔から坂本へと下っていく無動寺谷。そこには不動明王を祀る不動堂があり、親鸞がそこで修行していた。あるいは、横川から坂本へと下っていく飯室《いむろ》谷。そこにも不動堂があるとともに、そのすぐ北に位置する安楽谷では、源信や、源信よりやや年長の慶滋《よししげの》保胤《やすたね》（九三三―一〇〇二）らが集い、念仏結社である二十五三昧会《ざんまいえ》が結成されるにいたった。

源信が、いわば極楽往生の原理とそのための技術の詳細を『往生要集』にまとめ上げたとするならば、その同志であった保胤は、実際に往生した人々の伝記である「往生伝」をはじめて一つに集成した。保胤の手になる『日本往生極楽記』である。この『日本往生極楽記』と、『日本霊異記』を主要な源泉とした『三宝絵《さんぼうえ》』をもとにして、源信自身の往生の詳細が記録された『大日本国法華経験記』がまとめ上げられることになる。さらに、この『法華経験記』の段階になると、往生するのは人間だけに限られず、猿や蛇や鼠、さらには道祖神など「異類」までもが含まれることになる。

『日本往生極楽記』は、往生伝の嚆矢《こうし》であり、原型でもあった。その往生伝のなかに、保胤は、やはりこの後、すべてを捨て、ただ念仏だけを唱え、衆生のなかに入り、衆生とともに遊行する「阿弥陀聖《あみだひじり》」空也（九〇三―九七二）の生涯を記録することになる。保胤は、空也の生涯を、こうはじめている――「沙門空也は、父母を言はず、亡命して世にあり。或は云はく、潢流《こうりゅう》［皇室］より出でたりといふ。口に常に弥陀仏を唱ふ。故《かるがゆえ》に世に阿弥陀聖と号《な》づく、或は市中に住して仏事を作し、また市聖《いちのひじり》と号づく。嶮《さか》しき路に遇ひては即ちこれを鏟《けず》り、橋なきに当りてはまたこれを造り、井なきを見るときはこれを掘る。号づけて阿弥陀の井と曰ふ」。

沙門空也は、自らの父母、生まれ故郷などに関しては一切口をひらかなかった。名籍（広義の戸籍）を離れて――「亡命」して――ただ一人、この世にあった。天皇の血を引いていたともいわれている。つねに阿弥陀仏の聖なる名を口に唱えていた。それゆえ、世の人々は「阿弥陀聖」と呼んだ。あるいは、人々が行き交う市のただなかで仏事をなしていたので、「市聖」とも呼ばれていた。険しい路に出会えば、それを削り、橋がない川に出会えば、そこに橋を架け、井戸がない場所に出会えば、そこに井戸を掘った。その井戸は「阿弥陀の井」と呼ばれている。

空也は、民間の宗教者である「聖」であり、ただ念仏を唱えるだけで極楽往生がかなうと説いた（『観無量寿経』では最も低い価値――「下品下生」――しか与えられていない往生の方法である）、法然および親鸞の遠い祖であり、自ら道を拓《ひら》き、橋を架け、井を掘る社会事業家でもあった。そのような「聖」を、天台は、自らのなかに取り込んでいったのだ。保胤は、空也の生涯の最後を、こうまとめている。遷化《せんげ》の日、空也上人は、浄衣をまとい、香炉を捧げて、西方に向かい端座した。そして、周りに仕えている人々にこう語った。多くの菩薩が私の前に来迎し、私を阿弥陀のもとに引き上げてくれる。息が絶えた後にも香炉を捧げたままだったという。そのとき、妙なる音楽が天から聞こえ、妙なる香気が室内に満ちた。

保胤は、さらに言葉を次ぎ、空也往生伝を、こう締め括る――「嗚呼上人化縁已に尽きて、極楽に帰り去りぬ。天慶より以往《さきつかた》、道場聚落に念仏三昧を修すること希有《けう》なりき。何《いか》に況や小人愚女多くこれを忌めり。上人来りて後、自ら唱へ他をして唱へしめぬ。その後世を挙げて念仏を事とせり。誠にこれ上人の衆生を化度《けど》する力なり」。

嗚呼、上人の仏との因縁が遂にいま尽きて、極楽へと帰り去られた。天慶よりこの方、寺院や町中で念仏三昧がなされることはきわめて稀であった。ましてや、愚かな男たちや女たちは、念仏を忌んでさえいた。そこに上人があらわれて、自ら阿弥陀の尊い名を唱え、他にもその名を唱えることを勧めた。その後に、世を挙げて念仏が唱えられるようになった。まことに上人が衆生を導く力は偉大であった。

「称名念仏《しようみよう》」は空也にはじまる。その念仏を、「融通念仏」にまで拡大していったのが良忍（一〇七三―一一三二）であった。良忍は、空也の生涯が記録された安楽谷でもあるいは飯室谷でもなく、無動寺谷で厳しい修行を重ね、やがて比叡を離れ、洛北、大原の幽地に隠棲する。そこで、空也の「称名念仏」をさらに推し進め、「融通念仏」にまで到達する。良忍の生涯は、没後ほどなく成った、『日本往生極楽記』の流れを引く『後拾遺往生伝』（巻下、あるいは「或本」）に収められている。沙門良忍（仁）は、晩年、大原に隠居し、世の営みから自らを完全に断ち、ただひとえに往生を願っていた（「隠居大原山。永断世営。偏願往生」）。あるいは、自らの手足の指をしきりに焼いて、九年間、仏経を供養し、ただひとえに睡眠を絶ち、常時経を携帯して、ついに命終わる時を迎え、仏の来迎を正しく念じ、安住することができた。そのとき、天の音楽は雲を撃ち、その姿を見る者、その声を聞く者は門に満ちあふれた（「或切燃手足指。九年供養仏経。偏断睡眠。常事経行。已及命終。安住正念。音楽撃雲。見聞盈門」）。

しかしながら、洛北、大原の地に生まれた融通念仏宗は一旦廃絶してしまう。その教えを甦らせたのが、一遍の最晩年に近い頃、この世に生を享けた良尊《りようそん》（一二七九―一三四九）である。この良尊を庇護し、融通念仏宗再興に際して大きな力となったのが「異形」の帝王、後醍醐《ごだいご》であった。融通念仏宗再興の前後、その始祖である良忍の生涯は、後世さまざまな写本を生み出すことになる『融通念仏縁起絵巻』としてまとめられる。現存するその最古の写本は、奥付に正和第三暦（一三一四年）と記されている――良尊が存命中なので、一般的に考えれば、『融通念仏縁起絵巻』は、融通念仏宗中興の祖である良尊の手になると考えられるが、正和第三暦は、良尊が融通念仏宗に改宗する以前にあたるため、作者についてはいまだ確定されていない。

『融通念仏縁起絵巻』正和本をひもといていくと、その作者は、良忍を源信の後継者として位置づけようとしていることがわかる。絵巻のなかに、大原に源信が建立したとされる三千院、往生極楽院の姿が描き出されているからだ。良忍は、往生極楽院の前にぬかずいている。大原は、比叡山の横川から、尾根伝いに二時間ほど歩けば到着することができる。大原と横川は、山の道を介して通底している。源信がその建立者として仮託された、こぢんまりとしたこの聖堂、往生極楽院こそ、源信が実現することを夢見た、聖なる劇場そのものをあらわすものであった。阿弥陀三尊像（阿弥陀如来、観音菩薩、勢至菩薩）が納められているが、観音、勢至の両菩薩はほぼ等身大で、少し前に跪き、いままさに衆生を極楽に導くために立ち上がろうとしている。おそらくは、この阿弥陀三尊像を中心に、聖なる阿弥陀の名を唱えて歩き続ける常行三昧が行われていたと推定される。阿弥陀如来は、等身大をはるかに超えた姿でその中央に鎮座している。

阿弥陀三尊像を納めた極楽往生院の天井は、舟底型に折り上げられ、そこには聖衆来迎および極楽浄土の光景が色鮮やかに描き出されていた。光り輝く天上の仏たちの周りを、聖なるその名を唱えながらめぐり歩いているうちに、口に出す言葉と耳に聞こえる言葉は一つに融け合う。音響と色彩、匂い、香り、その他あらゆる感覚もまた一つに融け合う。黄金色に輝く如来の無限の身体と、世俗の垢にまみれた人間の有限の身体もまた一つに融け合う。『融通念仏縁起絵巻』を描き上げた、あるいはそれを指揮した者の頭のなかには、そのような聖なる劇場で、生身の肉体を介して上演される聖なる演劇を通して、融通念仏が生まれたというヴィジョンが孕まれていたはずである。

融通念仏宗の祖、良忍が隠棲した来迎院は、その三千院、往生極楽院のさらに上に位置する。人間の住む世界と、自然が繁茂する世界の境界に位置する。その来迎院でくつろいでいた昼下がり、良忍は、夢を通じて、阿弥陀如来から直接、「融通念仏」の教えを受ける。阿弥陀如来は、良忍に向けて、こう語りかける――「一人一切人　一切人一人　一行一切行　一切行一行　是名他力往生　十界一念　融通念仏　億百万遍　功徳円満」。『融通念仏縁起絵巻』では、こうなる――「いはゆる円融念仏、これなり。融通念仏は、一人の行をもて衆人の行とし、衆人行をもちて一人の行とするが故に、功徳も広大なり。往生も順次なるべし。一人も往生をとげば、衆人も往生をとげむ事、うたがひあるべからず」。

一人の念仏がすべての人の念仏に通じ——「融通」し——すべての人の念仏が一人の念仏に通じる。さらには、その念仏による一人の往生が、すべての人の往生に通じ、すべての人の往生が、一人の人の往生に通じる。良忍の融通念仏は、文字通り、あらゆる境界を一つに融け合わせる。生と死の境界も、一と多、自己と他者の境界も。さらには、有限と無限、神と仏の境界も。良忍は、大原の地で、称名念仏を一つの音楽にまで組織する（魚山《ぎょざん》の「声明《しょうみょう》」）。良忍が口にする、妙なる音楽としての念仏は、鞍馬の毘沙門天をはじめとする列島の神々を引き寄せ、人間のみならず「異類」である鵄《とび》と鼠までも引き寄せる。生命あるものだけではない。良忍が発する、聖なる音楽としての声明は、来迎院の奥に位置する滝の音とさえ共振し、一つに融け合う（「音無《おとなし》の滝」）。滝の音は声明となって消え失せ、声明は滝の音となって消え失せる。森羅万象あらゆるものが、聖なる声の交響楽を奏でている。「音無の滝」から流れ出る二つの川は、それぞれ律川《りつせん》、呂川《ろせん》と名づけられ、そのせせらぎは「律」と「呂」のリズムを大地に刻みつける。

念仏は、音楽に、自然そのものが奏でる妙なる音楽に変貌を遂げる。一遍は、空也のように生き、そして良忍のように、念仏を、歌と踊りが一つに融け合った身体表現として、世界に解放するのだ。その時、光り輝く極楽は、自らの身体として受肉する。それが列島の祝祭の頂点となる。

2　遊行

比叡山は、その身一つをもって念仏による極楽往生を説き、各地を遊行した阿弥陀聖たちを自らのなかに取り込み、また、そこから輩出した。その典型が空也と良忍だった。

比叡山が取り込んだのは、凡夫である自分たちが生きている娑婆と、如来として生まれ変わる極楽との間にある果てしのない距離を意識させる浄土教だけではない。極楽を、つまりは如来そのものを、凡夫自らの身体としていまここに顕現させる密教をも、その内部に深く取り込んでいった。比叡山において、如来（阿弥陀）の救いにすべてを委ねる他力信仰の極限としての浄土教と、自らの心身を如来（大日）そのものと化す自力信仰の極限としての密教が拮抗しながらも、相互に浸透していった。

比叡山の密教を完成させたのは、最澄の最後の願いを叶えるためにあらためて、相次いで唐へ渡っていった二人の愛弟子、円仁と円珍であり、その二人が将来した新時代の密教にもとづいて、『涅槃経』に説かれた「一切衆生悉有仏性」（六道を輪廻転生する生きとし生けるもののすべて――「有情《うじょう》」の衆生――は仏となる可能性を秘めている）を、「草木国土悉皆成仏」（「無情」にして「非情」のものと考えられる草木さらには国土――「障壁瓦石」、壁土や瓦や石、すなわち無生物にして無機物――さえも自ら仏となることができる）にまで推し進めていったのが、安然《あんねん》である。

九世紀の後半を生きたと推定されている安然は、空海の著作をも読み込み、その理論的な基盤となった如来蔵思想、『大乗起信論』に説かれた「真如《しんにょ》」という理念をその極限まで突き詰めていった。『大乗起信論』には、こう記されていた。「真如」は「心」であり「如来蔵」――如来の種子にして如来としての意識――である、と。安然はその「真如」を森羅万象あらゆるものの唯一の源泉、唯一の母胎として定位し直したのだ。森羅万象あらゆるものは「真如」から産出され、従って、「真如」を表現するものである、と。この時点で、高野山の密教（東密）と比叡山の密教（台密）は相互に通底することとなった。比叡山の密教が高野山の密教を呑み込むことで、きわめて列島的な宗教の体制が整えられた。そこには、「真如」一元論とでも称することが可能な、未曾有の世界がひらかれていた。

有情のものも無情のものも、衆生も草木も、すべては「真如」それ自体であり、それが変化《へんげ》・変様した表現なのだ。「真如」そのものが変化・変様して、具体的なものとして、さまざまなかたちを取る。つまり、世界そのものが、そのまま「真如」である。世界そのものは、そのあるがままで救われている――「真如」自体が、サンスクリットの語源において「あるがまま」を意味している。その解釈が徹底されたのだ。いま現に存在する世界は、そのまま「真如」であり、「心」であり、「如来」そのものなのである。それゆえ、森羅万象あらゆるものは、すでに覚り（「本覚」）に到達し、覚りを得ているのである。

『大乗起信論』では、無明（「妄」）のただなかから光明（「真」）、すなわち覚りへと至るプロセス、「始覚」から「本覚」へと至るプロセスが重視されていた。しかし、安然以降、比叡山においては、「始覚《しかく》」（修行のはじまり）を考慮に入れることのない、あるがままの覚り、「本覚《ほんがく》」のみが重視されるようになっていった。いわゆる、天台本覚思想が確立されたのである。天台本覚思想を、象徴的な仮面劇である能の舞台として表現したのが、「杜若《かきつばた》」や「芭蕉」を著した金春禅竹《こんぱるぜんちく》であった。禅竹の舞台では、両性具有の杜若の精や、芭蕉の精、つまりは非情の草木たちが成仏を遂げる。

天台本覚思想は、ある意味においては、仏教そのもの、宗教そのものの解体でもあった。なぜなら、いまこのあるがままで、ありとあらゆるものが救われているのならば、そこでは、自力にしろ他力にしろ、信仰そのものが消滅してしまうからだ。「修」(修行)にして「証」(その成果としての覚り)という「信」の構造、「信」のプロセス自体が必要なくなってしまう。それはもはや仏教と言うことはできないであろう。あるいは宗教とさえも。森羅万象あらゆるものが一つに混じり合い、一つに融け合う。草も木も石も、有情のもの無情のものも、そのすべてを育んできたこの大地さえ、そのままで「如来(仏)」なのだ。そのような世界に、あえて救いを求めて苦行する必要、修行する必要はない。

安然以降を生きなければならなかった源信をはじめとする比叡の念仏者たち、あるいは道元《どうげん》へと至る比叡の禅者たちは、みな天台本覚思想、「草木国土悉皆成仏」の教えから甚大な影響を受けながら、それを乗り越えたところに、自身の「信」の構造、「信」のプロセスをあらためて構築し直さなければならなかった。そうでなければ、仏教そのものがもつ存在価値が失われてしまう。法然の浄土宗、親鸞の浄土真宗、栄西の臨済宗、道元の曹洞宗が生まれるのは、そうした危機意識からだった。日蓮による日蓮宗創出も、また。

そのような巨人たちのなかでも、源信から法然、さらには親鸞という念仏者たちの系譜の最後に位置し、起源としての阿弥陀聖たる空也（さらには良忍）の精神に還ることで、遊行《ゆぎょう》するその身一つの上に、本覚思想を生み出した「天台」の孕みもっていた可能性のすべてを集約させたのが、「踊り念仏」を唱え、実践した、時宗《じしゅう》の開祖たる一遍であった。親鸞、道元、日蓮、一遍はほぼ同時代を、同じ百年という世紀のなかを生きていた（そのなかでも一遍が最年少である）。法然や親鸞と比して、比叡との直接の関係を追うことができない一遍、遊行に始まり遊行で終わる生涯と思想を生きた一遍こそ、称名（絶対他力としての「南無阿弥陀仏」への帰依）だけに特化されることのない、「観仏」をも兼ね備えた起源の念仏を、自らの「踊る身体」を通して、その最終形態として、再生させたのである。

しかも、列島中世の貴重な風俗そのものを記録してくれている絵巻、『一遍聖絵《ひじりえ》』（『一遍上人絵伝』）に描き出されたその生涯の軌跡は、修験道的な神仏習合からはじまり、空海の密教を経て、空也と良忍の「踊り念仏」を引き継ぐに至るまで、列島の祝祭を可能にしたすべての要素を、遊行による成長の過程として、一つ一つ、自らの内に蓄積していくかのようなものであった——以下、一遍の生涯については、一遍ときわめて近い血縁関係にあったと推定されている聖戒《しょうかい》の編になる『一遍聖絵』（大橋俊雄校注、岩波文庫、二〇〇〇年）を参照している。

＊

『一遍聖絵』のはじまり（第一）には、その父母、生地について、さらには、若き日に「浄土の教門」を学んだことなどが記されている。しかし、真に仏教の教えに目覚めたのは、父の死にともなって故郷に戻り、肉親たちの間で「恩愛」の関係を結び、子どもたちと戯れて、子どもたちがまわす独楽《こま》を見ていたときだった。六道を輪廻する転生の輪も、ここで回りつづけている独楽のように決して絶えることがない。いまこのとき、自らの業《ごう》を断つことによって、その輪廻の輪から外へと出なければならない。そのためには、住み慣れた故郷を捨てて、山林を彷徨する「聖」とならなければならない。

一遍の遊行の生涯が、そこからはじまる。一遍に、極楽浄土の啓示が与えられたのは長野の善光寺、その本尊として据えられた一光三尊像（阿弥陀三尊像）を前にして、だった。その啓示を自らの思想、さらには自らの実践として確立するために一遍がまず籠もったのは、故郷の近くの険しい山中の寺院、巨大な岩に抱え込まれるようにして立てられた「岩屋寺《いわやじ》」であった（『一遍聖絵』第二）。岩屋寺は「観音影現《ようげん》の霊地、仙人練行《れんぎょう》の古跡」、猟師たちによって発見された観音が安置され、女人の「仙人」が巌窟に籠もって験力を磨き上げていった聖なる場所であった。生き物を殺し（猟師）、性にひらかれた身体をもった者（女性）、いわゆる通常の仏教の教えでは決して救われないとされた者たちこそが真の信仰への道をひらいてくれていたのである。後に一遍のまわりにはそのような者たちが集うことになるだろう。女人は『法華経』を読み込むことで「飛行自在の依身」、「仙人」の力を得ていた。

一遍は、さらにここで弘法大師・空海が造り上げたとされる不動明王の像を目にする——「其所に又一の堂舎あり、高野大師〔弘法大師・空海〕御作の不動尊を安置したてまつる。すなはち大師練行の古跡、瑜伽薫修《ゆがくんじゆう》の炉壇ならびに御作の影像すがたをかへずして、此地になをのこれり」。「瑜伽薫修の炉壇」、すなわちヨーガ（瑜伽＝身・口・意の一致）をきわめるために曼荼羅が建立された場所である。仏教以前の山岳信仰の聖地に仏教以降の密教の聖地が重なっていたのである。故郷の「奇巌怪石の連峰」のなかにひらかれたそうした聖なる場所で、一遍は繰り返し「霊夢」を見る。空海からの招きである。

一遍は、空海に導かれるようにして、社会や家族の束縛を断ち切り、すべてを捨てて身一つになって、その西門が極楽浄土の東門に面しているとされた天王寺（四天王寺）、社会から捨てられ、あるいは社会を捨てた者たちが集う「日想観」往生（海に沈む夕陽の彼方に極楽浄土を観想し続けることによって、いまこの場での往生を果たす）の聖地であった天王寺を経て、山上に一輪の蓮華がひらいたように広がる曼荼羅の里たる高野へと向かう――天王寺は聖徳太子の建立になるという古い歴史をもった寺院である。一遍はそこではじめて「念仏」、ただ「一遍の念仏」（南無阿弥陀仏）を人々に勧め、それが書かれた札（念仏札）を配りはじめる。「念仏」による衆生の済度をはじめる。一遍は後に繰り返し、自らの「念仏」のはじまりの地であった天王寺を訪れることになる。聖徳と空海、太子と大師、この二人の「聖」こそが一遍の真の先達であり、いわばその原型であった。

行動は起こされた。しかしその行動を総合する宗教理念、宗教思想を一遍はまだ完成していなかった。天王寺で「念仏」をはじめた一遍は、空海が眠る高野に入る――「天王寺より高野山にまいり給へり。この山はみね五智を表し、やま八葉にわかれて、両部を一山につゞめ、不二を一心にしめす」、高野というこの山は、それを構成する五つの峰が大日如来の「五智」をあらわし（山自体が法身なのである）、そのなかで八葉の蓮華の花のように広がる平地は、そのままそこで胎蔵界と金剛界という両部の曼荼羅が一つに重ね合わされ、同時にあらゆるものを不二として捉える一なる「心」でもあるということを示してくれている。しかも、空海はこの聖なる山を「猟者」の教えによって発見したのだ（「岩屋寺」と同じように）。一遍は、想像力の曼荼羅に導かれ、現実の曼荼羅のなかへと入っていった。一遍はそこからさらなる深みへと一歩を踏み出す。修験道の聖地から密教の聖地へ、そして神仏習合の聖地へと。曼荼羅から習合へ、高野から熊野へと。その地で一遍の宗教思想は完成する。

熊野の奥深い森のなかで遭遇した一人の僧に、一遍は念仏（念仏札）を勧める。しかし、僧は「信心」が起こらないからと、その勧めを断る。そこに熊野参詣の道者たちが集まってくる。一遍は僧に対して、「信心」が起こらなくとも受け取ってくれと、あらためて念仏札を手渡す。それを見ていた道者たちもまた念仏札を一遍から受け取り、僧はいずれとも知れず、その姿を消す。そうした出来事が一体何を意味していたのか考え続け、熊野の本宮、その本殿（「証誠殿」）の前でうつらうつらとしていた一遍の前で、その扉がひらき、なかから「長頭巾」をかけた「白髪なる山臥」（やまぶし）があらわれる。

一遍は「山臥」（山伏＝修験道の行者）の長《おさ》にして白髪の翁、神にして仏である、熊野の「権現」（大権現）と出逢う（『一遍聖絵』第三）。熊野の「権現」は、一遍に向かい、良忍に端を発する融通念仏を、貴賤を問わずあらゆる階層の人々に、分け隔てなく行うことを諭す。人間が人間に勧められて「念仏」を選ぶのではないのだ。「念仏」はすでに有限の人間を超えた無限者、仏（阿弥陀仏）によってありとあらゆる人、ありとあらゆるものに無差別に贈与されている。つまり、人間ではなく仏の力によって、一切衆生の往生はすでに定められているのだ。だからお前は、そのこと、阿弥陀仏による往生が「必定」であることを信であろうが不信であろうが（どちらも選ばず）、浄であろうが不浄であろうが（どちらも嫌わず）、すべての人に覚らせなければならないのだ。そのためにこそ「札」を配る。お前が先ほど経験した不可思議な出来事はすべて、その予兆であり啓示であったのだ、と――。

この事思惟するに、ゆへなきにあらず。勧進のおもむき、冥慮をあふぐべしと思給《おぼしたまい》て、本宮証誠殿の御前にして願意を祈請し、目をとぢていまだまどろまざるに、御殿の御戸をおしひらきて、白髪なる山臥の長頭巾かけて出給ふ。長床には山臥三百人ばかり首を地につけて礼敬したてまつる。この時、「権現にておはしましけるよ」と思給て、信仰し、いりておはしけるに、かの山臥、聖のまへにあゆみより給ての給はく、「融通念仏すゝむる聖、いかに念仏をばあしくすゝめらるゝぞ。御房のすゝめによりて一切衆生はじめて往生すべきにあらず。阿弥陀仏の十劫正覚に、一切衆生の往生は南無阿弥陀仏と必定するところ也。信不信をえらばず、浄不浄をきらはず、その札をくばるべし」としめし給ふ。後に目をひらきてみ給ければ、十二三ばかりなる童子百人ばかり来りて、手をさゝげて、「その念仏うけむ」といひて、札をとりて「南無阿弥陀仏」と申ていづちともなくさりにけり。

ここに一遍の宗教思想は完成する。『一遍聖絵』は、その思想（「融通念仏」）の源泉が「大原の良忍上人」にあることを明記してくれている（同第三）。さらにここで一遍を覚醒させたのが「山臥」の翁であり、一遍の教えをまず最初に受けたのが翁に率いられた三百人の「山臥」たち、あるいはこの挿話の最後にあらわれる百人の「童子」たち、「山臥」の童子にして熊野の童子たちであったことは重要である。一遍の思想もまた修験道的な環境に胚胎され、修験道的な環境で育まれたものだったことが分かるからだ。そのような一遍の宗教思想が列島全土を揺り動かす宗教実践に転化するためには、もう一人の先達、空也がはじめた「をどり念仏」（「踊り念仏」）を自らの身体、自らが率いる遊行の集団の身体を用いて、いまここによみがえらせることが必要だった。『一遍聖絵』は、「をどり念仏」の起源が空也にあることもまた明記し、さらにその上、空也が残した貴重な「詞」をも伝えてくれている。『一遍聖絵』は、一遍の思想と実践が、聖徳太子と弘法大師という二人の「聖」をモデルとし、修験道と密教が一つに融け合う場を基盤として、良忍の「融通念仏」と空也の「称名念仏」（「踊り念仏」）を総合してなったものだと教えてくれる。それは文字通り「列島祝祭論」の総合でもあった。

一遍は、空也の「詞」――「口に信《まか》せて称する三昧なれば市中是れ道場。声に順《したが》つて仏を見れば息精は即ち念珠なり。夜々仏の来迎を待ち、朝々最後に近づくを喜ぶ」――と、中国浄土教の大成者である善導の「御釈」（『無量寿経』の釈である『往生礼讃』）――「神《たましい》を騰《おどら》せ踊躍して西方に入る」——に導かれて、「踊躍」をはじめる。いまここで、この身体を「踊躍」させることで現世を極楽へと変貌させるのだ、現世に法界をひらくのだ。一遍は、こう叫ぶ（『一遍聖絵』第四）。「はねばはねよをどらばをどれはるこまの　のりのみちをばしる人ぞしる」。跳ねよ跳ねよ、踊れ踊れ、春駒のように。そうしてはじめて、仏の道を知ることができ、仏の道を知る人となる。あるいは、「ともはねよかくてもをどれこゝろこま　みだのみのりときくぞうれしき」とも。ともかく跳ねよ、どんなときにでも踊れ、心の駒のように。それこそが、喜びとともに、阿弥陀仏が極楽で説く尊い法をいまここで聴くことなのだ。「念仏」とともに跳ねること、「念仏」とともに踊ること。それが阿弥陀と一体化し、阿弥陀の浄土をいまここにもたらすことになるのだ。

さまざまな対立を無化し、さまざまなものを一つにむすび合わせる一遍の「踊り念仏」がはじまる。修験道、密教、神仏習合。これまで、列島で展開された仏教史にして宗教史を縮約し、反復するかたちで一遍の「踊り念仏」が可能になった。一遍と行動をともにする者たちは、ある場合には、社会の外に位置し、激しく差別される「非人」たちと同一視された。一遍のまわりに集まってくるのは無法で無頼の「悪党」たち、殺生を生業とする「異類異形」のものたち、「よのつねの人」では決してあり得ない人々であった。一遍が説く極楽、すなわち「真如」（法身）としての仏性とは、そうした社会の外を生きる者たち、「異類異形」の「悪党」たちにこそ宿るのだ。

一遍たちは、最初は「悪党」たちと対立し（『一遍聖絵』第五）、やがて融和し、その道行きを保護してもらうようにまでなり（『一遍聖絵』第七）、さらには彼ら彼女ら、「異類異形」のものたちと一つに交わり合うようになった（『一遍聖絵』第八）——「そのあひだ、まいりあつまりたるものどもをみるに、異類異形にしてよのつねの人にあらず。畋猟漁捕《でんりょうぎょほ》を事とし、為利殺害を業とせるともがらなり。このさまにては仏法帰依のこゝろあるべしともみえざりけるが、おの〳〵掌をあはせてみな念仏うけたてまつりてけり」。「畋猟漁捕」、狩りや漁によって生類を殺め、あるいは「為利殺害」、自らの利益のために他人を害するような人々。彼ら彼女らを「踊り念仏」のなかに包み込んでいく過程と並行して、最初は墳墓をめぐる野を舞台に数十人で行われていた「踊り念仏」が、大邸宅を舞台に数百人の規模となり（その邸宅は「踊躍」のあまりの力強さによって一部が破壊されることになった）、やがては専用の「おどり屋」、大規模な仮設の劇場（「道場」）までもが造られるようになった。「踊り念仏」が鎮魂の儀式から芸能として、あるいは芸術として自立したのである。劇場という「舞台」が成立したのである。人々が集う「市」の最中で、あるいはさまざまな聖地を遊行していく過程で、「踊り念仏」の規模は拡大し、熱狂は高まっていった。それとともに現実の社会、現実の政治を治めていた階級、武士階級との衝突も不可避となった。

武士たちから見れば一遍は「狂惑のもの」であり「すてひじり」であり、「けがれたるもの」、『一遍聖絵』のあちらこちらに印象的に描き出された「乞食」や「非人」たちとなんら変わらないものであった。はじめは、個人的な家庭の問題（妻の出家）であったものが、国家的な制度の問題となる。『一遍聖絵』（第五）は、鎌倉を治める（ということは当時の列島の政治のすべてを治める）執権、北条時宗と一遍の対峙を描き、現実の政治による超現実の宗教の排斥を描く。社会の底辺、あるいは社会の「外」から湧き上がってくる不定形で非定形の力、アナーキーな力によって社会自体が脅かされるようになったのだ。

一遍がこの世を去る直前にこの世に生を享けた聖なる帝王、後醍醐は、一遍が自らとともに生き、列島の各地を遍歴した「悪党」たち、「異類異形」のものたちを自身のもとに糾合することによって現実の秩序、現実の政治を転覆させることに成功する。帝王自ら曼荼羅の中心に進み入り、そこで人間を超えた存在となる「灌頂《かんじょう》」を受けることによって、彼ら彼女らを組織したのである。一遍たちと「異類異形」のものたちとの邂逅を描き出した『一遍聖絵』（第八）の最後は、一遍が聖徳太子の眠る「御墓」を訪れた後、源信の故郷でもある当麻寺、「当麻曼陀羅」が安置されていた当麻寺に参籠するという挿話で閉じられている。空海の曼荼羅からはじまった一遍の思想と実践が、源信の曼荼羅によって一つの完成を迎えた、そう言っても良いのかもしれない。

曼荼羅を介した「異類異形」のものたちとの共振と交響。一遍と後醍醐の共振と交響。密教の灌頂を受ける「異形」の後醍醐の「像」（網野善彦が「異形の王権」として紹介したもの）は、一遍がひらいた宗派、時宗の総本山、藤沢にある清浄光寺《しょうじょうこうじ》に蔵されている。「異形」の天皇たる後醍醐と、「遊行」の聖たる一遍は、「元寇」による列島未曾有の変革期、現実の秩序の外を生き、現実の秩序を根底から覆してしまう「悪」（アナーキーな力の発露）を介して一つにむすび合わされていたのだ。そうした遭遇の場、異種結合の場において、列島の祝祭を貫く、破壊にして構築の力が解放される。

一所不住の「遊行」の僧たる一遍はまた、「諸国一見の僧」のモデルとして、世阿弥によって整備された「夢幻能」を観客にひらく、つまりは「夢幻能」を開始するための重要な役割を担うことになった。一遍の宗教と後醍醐の政治は、世阿弥と禅竹の芸術を介して一つにむすばれ合うのだ。一遍から後醍醐へ。その転換点をあらためて世阿弥の「井筒」、禅竹の「杜若」と「芭蕉」に探ることから「列島祝祭論」の最終章をはじめなければならないであろう。

後醍醐

1　芭蕉の女

「諸国一見《いっけん》の僧」、すなわち、諸国をさまよい歩きながら、さまざまな因縁を昇華させてきた放浪（遊行）の聖《ひじり》が、荒れ果てた夜の廃墟にたたずむ年老いた女（もしくは男）、嫗（あるいは翁）と出逢う。年老いた女は、昔は賑わっていたその場所に起こった悲劇的な出来事を、放浪の聖に向かって語りはじめる。それとともに時間と空間はともに過去へとさかのぼり、いつの間にか年老いた女は年若い女へと変貌を遂げ、あらためて、その廃墟に起こった出来事を、自らの身体、言葉と動作（舞）を介して、聖の前で反復していく。放浪の聖は、変身した女、いまここに甦ってきた過去の亡霊がとらわれていた想い、執心を、自らが鍛え上げてきた聖なる力によって、解き放ってやる。すべては、過去にとらわれた廃墟の亡霊が見せた一夜の夢であった。

それが、能楽の大成者、世阿弥が確立した複式夢幻能の基本構造である。ほとんどなにも存在しない空虚な舞台が媒介となり、時間と空間が、現在と過去さらには未来が、人間が発する声と楽器が発する音が、一人の主人公（シテ）の歌と集団の合唱であるコロス（コーラス＝地謡）が、言葉と身体、歌と踊りが、互いに浸透し合い、一つに融け合う。列島に胚胎され、受け継がれてきた祝祭が、芸術（芸能）としての完成を迎えた到達点でもある。

「諸国一見の僧」の一つの原型である一遍の生涯と思想を祖述し終えたいま、あらためて遊行のものたちが解放した芸能の力が、いかにして王権の力と重なり合っていくのかを解き明かしていくために、世阿弥と禅竹が切り拓いてくれた能楽の世界にいま一度還ってみたい。折口信夫は、この極東の列島に根付いた芸能の本質は「反復」にあるという。モデルとは少しだけ異なったコピーが、モデルの動作をやや誇張して繰り返していく。コピーのすばしっこく滑稽な身ぶりが観客たちに喝采をもって迎えられ、やがてモデルは忘れ去られる。芸能にとって重要なのはモデルではなくコピー、「もどき」の方なのだと折口は断言する。「もどき」に「もどき」が重なる。モデルとコピーの差異、過去と現在の、時間と空間の差異が消滅してしまう。一遍から後醍醐への通路をひらくため、世阿弥の「井筒《いづつ》」から禅竹の「杜若《かきつばた》」と「芭蕉《ばしょう》」へと深められていった変身の力をここにふたたび召喚する——以下、内容的には「翁の発生」の章の最終節、「宿神」の冒頭部分といくぶんかは重なり合うが、「列島祝祭論」の最後の総合として、私自身が能楽の最高傑作と考えているこの三作を論じ直すことからはじめてみたい。

世阿弥の夢幻能の代表作に、『伊勢物語』にもとづいた、より正確に記せば、『伊勢物語』を読み解いていく際に付された古注などを参考に換骨奪胎して成った、「井筒」がある。諸国一見の僧が、荒れ果てて廃墟となった寺——実際には近世に至るまで人々が集う大寺であった（前述したように、「廃墟」とは世阿弥が創り上げたフィクショナルなイメージなのである）——大和石上《いそのかみ》、布留《ふる》の里にある、在原業平《なりひら》に由来する在原寺を訪れる。秋の夜長の月影のなか、そこには、はるか以前にこの世を去った業平とその友であった紀有常《きのありつね》の菩提を、井戸から汲んだ聖なる水、「閼《あ》伽《か》」の水を塚に注ぎながら弔う一人の女がいた。女は、業平を弔いながら、自らも極楽浄土に導かれ、生まれ変わることを希《ねが》っている。

放浪の聖は、板で囲まれた井戸から聖なる水を汲み上げては、供花とともに、亡き主の塚に注ぎかけている女に対して、あなたは一体何者なのかと問う。女は、この里の者であり、この古い塚ただ一つを残して滅び去ってしまった遠い過去の栄華を偲んでいるのだ、と答える。聖は、女がその詳細を知っているであろうこの廃墟の由来、在原寺に紡がれていた昔の物語、業平の栄華の物語をあらためて語ってくれることを乞う。女は、聖の願いを聞き入れ、こう語りはじめる。昔、在原の中将、業平は、この石上で、紀有常の娘と契り、長い間、ともに暮らしていた。やがて業平は、河内の国、高安の里の女のもとへと通いはじめるようになってしまった。しかし、有常の娘は、何ら不満を漏らすことなく、夜毎に、業平を高安の女のもとへと送り出していた。不審に思った業平が、ひそかに様子をうかがっていると、有常の娘は、夜半、高安へと向かう業平の不安な道中を案じる歌を詠んでいた。有常の娘が自らを想う気持ちに深く打たれた業平は、高安へ通うことをやめ、有常の娘との契りを全うした。

しかし、女の物語は、ここで終わらない。業平と有常の娘が堅い契りをむすんだ過去の物語が生まれるためには、さらなる過去からの因縁が存在していたのである。近い過去の記憶に、過去の過去、遠い過去の記憶が重なり合う。重層するすべての記憶、すべての思い出は、井戸のなかから湧き上がってくる聖なる水の面に映し出されていた。心という井戸の奥深くには、永遠に滅びることない、不滅の記憶が秘められていたのだ。世阿弥は、コロス（地謡）の輪唱と主人公（シテ）の独唱を交互に組み合わせ、過去の過去、記憶の記憶、その根底にあるものをいまここに甦らせる――。

（地謡）昔この国に、住む人のありけるが、宿を並べて門の前、井筒に寄りてうなゐ子の、友だち語らひて、互ひに影を水鏡《みずかがみ》、面《おもて》を並べ袖をかけ、心の水もそこひなく、移る月日も重なりて、大人しく恥がはしく、互いに今はなりにけり。その後かのまめ男《おとこ》、言葉の露の玉章《たまずさ》の、心の花も色添ひて、

（シテ）筒井筒《つついづつ》、井筒にかけしまろが丈《たけ》

（地謡）生《お》ひにけらしな、妹《いも》見ざる間にと、詠みて贈りけるほどに、その時女も比べ来し、振分髪《ふりわけ》も肩過ぎぬ、君ならずして、誰が上《あ》ぐべきと、互ひに詠みし故なれや、筒井筒の女とも、聞こえしは有常が娘の古き名なるべし。

昔、この里に住んでいた人たちの物語である。隣同士で家を並べたその門の前に井戸があった。その井戸の奥を、寄り添うようにしてのぞき込んでいる、垂れ髪姿の幼い二人の子供がいた。互

いに親しい友だちのように語り合う二人の姿を、井戸の水がちょうど鏡となって映し出していた。顔を並べ、袖を井戸に掛け合って、互いの心の奥底もまた、透き通った井戸の水のように通い合っていた。やがて月日が経ち、二人とも大人になり、その頃になると互いに恥ずかしがり合うようになって、言葉も交わせないまま、今という時代になった。その少し後に、女性に対して誠実な男となったあの男（業平）は、珠玉のような言葉を連ねて、一つの歌を作り、自らの恋心を幼なじみに伝えた。

井戸の囲いと比べあっていた私の背丈は、もうそれを越してしまいましたよ、あなたと会わないうちに。その歌を贈られた女性もまた、子どものように振り分けていた私の髪も肩を過ぎました、大人の女性になった印として、聖なる契りを結ぶ印として、その髪を上げてくれる人は、あなたをおいて他に誰がいるのでしょうか、と応えた。そのようにして、お互いに歌を詠み合った。「井筒」の女とも呼ばれているのは、この紀有常の娘が古《いにしえ》に名乗っていた名前である。

放浪する聖に、在原寺の過去を語る里の女は、在原業平と契った紀有常の娘であり、さらに「井筒」（井戸）にその面影を映し出す、記憶のなかに永遠に生きる少女でもあった。

聖なる水を用い、永遠の生命、永遠の記憶をいまここに甦らせる「井筒」（井戸）の女。永遠の生命をつかさどる、聖なる「水」の女。世阿弥は、この「水」の女、過去と現在を通底させる「井筒」の女を、性の分割を無化し、男性と女性を通底させてしまう両性具有の女として描き出す。しかも、その聖なる「水」の女が、過去と現在、死と生、男と女を横断する重要な契機として、これもまた列島の祝祭を貫徹する「憑依」を、作品の心臓部に位置づけ直す。「憑依」によって、さまざまな分割が無化され、相対立する二つの項、相対立する二つの極が一つにむすび合わされる。

紀有常の娘であり、「井筒」の女でもあった里の女は、業平が形見として残した衣装（「直衣《のうし》」）を身にまとい、今は亡き業平の魂を自らに「移《うつ》」し、業平そのものとなって、舞を舞う――「われ筒井筒の昔より、真《ま》弓槻弓《ゆみつきゆみ》年を経て、今は亡き世に業平の、形見の直衣身に触れて、恥づかしや、昔男に移り舞」。世阿弥がここで用いている「移り」という言葉が、直接に「憑依」をあらわしたものかどうかについては種々の議論がある。しかし、室町末期の「井筒」の演出では、この場面で、「物狂《ものぐるい》」（憑依による狂乱）の相をもつ「十寸《ます》髪《かみ》」の面を用いる場合があったとも伝えられている。世阿弥自身、『風姿花伝』のなかで、天の岩戸神話における天鈿女命（アマノウズメノミコト）の「神憑り」を猿楽の起源の一つとして位置づけている。さらに、この両性具有の舞の終盤に、世阿弥は、業平に成り変わった「井筒」の女とは、見るものにして同時に見られるものでもあった（「見《み》見《み》えし」）、と記している。見るものにして同時に見られるものとは、女であるとともに同時に男であるものでもある――「さながら見見えし、昔男の、冠《かむり》直衣は、女とも見えず、男なりけり、業平の面影」。

「憑依」は分断されたものを回復する。能楽を大成した世阿弥は、空虚としてひろがる舞台の上で、現在と過去を、時間と空間を、死者の記憶と生者の認識を、言葉と身体を、男性と女性を、一つにむすび合わせる。世阿弥の達成を、さらにその彼方にまで突き詰めていったのが世阿弥の娘婿、天台本覚思想の教義の核心（「草木国土悉皆成仏」）そのものを舞台化した金春禅竹であった。禅竹は、「井筒」に描き出された業平の両性具有の身体を、「杜若」において、神（精神）の領域にして草木（物質）の領域にまでひらき、さらに「芭蕉」において、一方では芭蕉（草木）という具体性の極致から、もう一方では「無相」（無色無相）の真如（宇宙の真理）という抽象性の極致に至るまで展開した。その舞台では、森羅万象あらゆるものが生み出されてくる、生命の生殖性そのものが露呈されているかのようであった。

禅竹が、「杜若」、さらには「芭蕉」を通して、虚構の舞台の上で表現しようとした原初の「性」（生殖性）のもつ激烈な力を、世阿弥や禅竹に先立って、現実の世界、現実の政治の舞台の上に解放し、可視と不可視の秩序を、いずれも根底から変革してしまったのが、「異形の帝王」たる後醍醐《ごだいご》であった。放浪する聖たちと異形の帝王が出逢う。そこで時代が大きく転回し、世阿弥や禅竹の芸術が可能になった。それでは、帝王・後醍醐が解放した力とは、一体どのようなものだったのか。その詳細を知るためには、世阿弥が表現した、両性具有の「井筒」の女から、禅竹が表現した、森羅万象のもつ本覚を目覚めさせる「芭蕉」の女が、いかにして生み落とされてきたのか、そのプロセス自体を探っていかなければならない。解明の鍵となるのが、作者も制作年代もいまだ不明の「杜若」という作品である――「杜若」の作者は現在でも不詳とされているが、多くの研究者たちが、そこに禅竹的な語彙や世界観がきわめて濃厚に見出されると説いている。「杜若」は、「井筒」と同じく在原業平を主人公とし、しかもその業平を両性具有の身体としてのみならず、男女の交合をつかさどる「陰陽の神」、さらには、極楽の歌舞の菩薩の化現として提示し、そうした両性具有にして神仏習合の身体を中心として、天台本覚思想の根本教義、「草木国土悉皆成仏」の教えそのものを作品化したものだった。まさしく禅竹が「芭蕉」で十全に表現する世界観そのもの、あるいは、その原型である。

「井筒」の女から「杜若」の女へ、さらには「芭蕉」の女へ。世阿弥から禅竹へ。そこにこそ、「諸国一見の僧」、つまり放浪し遊行する聖と異形の帝王、乞食《こつじき》と王に通底する力の秘密が隠されている。

＊

「杜若」もまた、「諸国一見の僧」(遊行の聖)が、在原業平に縁のある場所を訪れることから、物語がはじまる。しかし、「井筒」とは異なり、そこは荒れ果てた場所ではなかった。多くの川が蜘蛛の手足のように分かれ、また一つに交わる三河の「八橋《やつはし》」、杜若が今を盛りと咲き乱れる、沢辺であった。そこを通りかかり、杜若の花に見とれていた遊行の聖の前に、やはり「井筒」と同じく里の女があらわれ、ここここそが、業平(「ある人」)が求められ、「かきつばた」という五文字を句のはじめに置いて、遠く離れてしまった「妻」への想いを詠み込んだ見事な歌を残した、そうした由緒ある場所なのだ、と告げた。杜若は、昔と変わらず、いまこの時においても、その想いを「形見」にしたように、沢一面に咲き誇っている。

やがて里の女は、遊行の聖に向かって、自分の粗末な庵で一夜を過ごすようにと誘う。その庵のなかで、里の女は両性具有の身体へ、さらには人間的な身体を乗り越えた、草木の身体にして菩薩の身体へと変身してゆく。女は、僧の前で、男の「冠」と女の「唐衣《からきぬ》」を身にまとう。そして、こう告げる。自分がいま身にまとっている「唐衣」こそ、業平が「かきつばた」の歌でその想いを詠んだ「妻」、遠い昔に夫婦の契りを結び、その後、清和《せいわ》天皇の女御として入内した「二条の后《きさき》」高子《たかこ》のものなのだ。そして、「冠」は、業平その人が、新嘗祭《にいなめさい》の翌日に行われる「豊《とよ》の明《あかり》」の節会の際に、頭にかぶったものなのだ――「これこそこの歌に詠まれたる唐衣《からころも》、高子の后の御衣《ぎょい》にて候へ。またこの冠は業平の、豊の明の五節《ごせち》の舞の冠なれば、形見の冠唐衣、身に添へ持ちて候ふなり」。

里の女は、「井筒」の女のように、現実に生きている自らの身体、生者としての身体の上に、二人の過去の亡霊、その死者としての身体を受肉させる。里の女は、生者であり死者である。さらには、業平であり高子である。男性であり女性である。「杜若」の成立にあたって深く関与したと推測される禅竹は、世阿弥が「井筒」で描き尽くした両性具有の身体を、もう一歩深める。生者にして死者、男性にして女性の身体は、一方では物質性の極――輪廻する生命をもたない、すなわち、「有情」（動物）ではなく「非情」の草木国土（植物と鉱物）――にひらかれ、もう一方では精神性の極――菩薩にして如来――にひらかれている。生と死の分割、男と女の分割を乗り越えた身体は、物質と精神の分割を乗り越え、ミクロコスモスとしての草木と、マクロコスモスとしての仏の分割をも乗り越えてゆく。

遊行の聖から、業平であり高子でもあるあなたは一体何者なのか、そう問われた里の女は、こう答える。私こそは「杜若の精」であり、そして天上世界（極楽）の菩薩が、いまここに化現してきた存在としての「業平」なのだ。禅竹は、こう記している——。

まことはわれは杜若の精なり。植ゑ置きし昔の宿の杜若と、詠みしも女の杜若に、なりし謂れの言葉なり。また業平は極楽の、歌舞の菩薩の化現なれば、詠み置く和歌の言の葉までも、皆法身《ほっしん》説法の妙文なれば、草木までも露の恵みの、仏果の縁をとぶらふなり。

まさしく私は杜若の精なのです。「植ゑ置きし昔の宿の杜若」と『後撰集』に詠まれた、鮮やかな色彩を形見として残し、夢に女として現れたという、あの杜若の精なのです。その私が、いまここで演じている——変身している——男であり女でもある業平とは、極楽浄土の歌舞の菩薩が、いまここに、人間の身体をもって現れ出た存在であるのです。だからこそ、業平が詠んだ歌の言葉もまた、そのすべてが、法身——西方極楽浄土の阿弥陀如来であり、曼荼羅の中心に位置する大日如来でもある——が直接私たちに説いてくれた法の言葉そのものだったのです。それゆえ、非情の草木までもが、その有難い恩恵に授かり、そこに、仏と成る縁を求めることが可能になったのです。

『伊勢物語』の古注で、業平は、「極楽の、歌舞の菩薩」であり、そのなかでも特に「馬頭《ばとう》観音」の化身なのだ、と説かれていた。あたかも「水」がさまざまなものに姿を変えてあらわれるように、観世音菩薩もまたさまざまなものに姿を変えてあらわれる。千手千眼、十一面、如意輪、等々、その変化は数知れない。その無限の変化身をもつ菩薩のなかでも業平は、馬の頭をもった半獣半神の観音の化身だったというのだ。音楽をつかさどる半獣神にして、永遠に残る鮮やかな色彩とともに咲き誇る半草神。植物と動物と鉱物（大地）が、そこで一つに交わり合い、一つに融け合う。

禅竹は、過去と現在、死者と生者が交わる舞台を、生命のもつ生殖性そのものを体現する場として提示する。杜若の精は、『伊勢物語』に記された、業平とさまざまな女性たちとの交情の軌跡を語ってゆく。三河の八橋、そこに咲き乱れる杜若とは、業平が契りを結んだ、貴賤入り混じる多くの女性たちをあらわしている。「三」「八」は、女性たちをあらわす数なのだ。多くの川、すなわち多くの性の関係が交錯するその中心、花々の中心には、業平が位置している。業平こそ、「性」を通して衆生に済度（救い）をもたらす存在、「本覚真如の身」――すでに覚りを得た如来の身体、森羅万象あらゆるものに覚りをもたらす如来の身体――をもつ者にして、「陰陽の神」――性の交わりをつかさどり、性の交わりを体現した神の身体――をもつ者だったのだ。

禅竹は、自らが造形した「杜若」の身体、「性」そのものを体現した身体によって、二つの密教、天台の本覚思想と真言の即身成仏思想を、さらには、仏教と神道を、一つに総合する。しかも、「杜若」の身体は、男性と女性に分化する以前、あらゆる動物がそこから生み出されてくる生命の原初形態、非情の「草木」、動物と植物のみならず鉱物（大地）をもそこから分化させる原初の生殖細胞にまで還元してしまうものでもあった。「杜若」の最後、遊行する聖に、業平のもつ秘密を打ち明けた杜若の精は、その想いを昇華することであとかたもなく無の世界に消え去る。そこには、ただ空虚な舞台しか残されていなかった。「杜若」の末尾は、こう閉じられていた――「すはや今こそ、草木国土、すはや今こそ、草木国土、悉皆成仏の、御法《みのり》を得てこそ、失《う》せにけれ」。

金春禅竹は、天台本覚思想を芸術として、芸能の舞台として、結晶化させることができた唯一無二の表現者であった。その禅竹の、自他ともに認める代表作こそが「芭蕉」である。「芭蕉」は、「井筒」と「杜若」の独創的な総合であり、禅竹がもつ宗教思想、その遍歴を過不足なく表現した思想劇でもあった。『法華経』、禅、浄土、さらには密教と神道。そのすべてが、「芭蕉」の身体の上に集約されている。

禅竹が物語の枠組みを借りてきているのは、南宋の怪異譚集に収録された一つの説話である。「小水《しょうすい》」（地名）の芭蕉の精が女に化し、人間と強引に契ろうとする。禅竹は、人間と草木の間の種を越えた愛欲の物語を、思想の劇（ドラマ）にまで磨き上げていったのである。即身成仏の達成を、内的な超越者との性の交わり、その絶頂になぞらえた密教に深い関心を抱き続けてきた禅竹にとって、愛欲の物語はそのままで思想の物語に変容することが可能なものであった。

「唐土楚国の傍」「小水」という奥深い山にただ独り住まい、日夜『法華経』を読誦している僧のもとを夜な夜な訪れてくる人がいる。不審に思った僧が、思い切って、こちらから尋ねてみると、女は、この機会に、より身近に、『法華経』の読誦を聴き、その功徳にあやかりたいと、僧が独り住む庵室に入ることを願う。女の『法華経』に対する熱意に動かされた僧は、読誦の間だけ、女を自らの庵室に上げることにする。そこで、僧（ワキ）と女（シテ）は、『法華経』に説かれた草木の成仏について問答を重ねる。

女は僧に問いかける。この経を聴聞すれば、私のような「女人非情草木の類」も成仏が可能であるといいますが……。僧は応える。ええ、まことによく御聴聞なされました。『法華経』では、「一切非情草木の類」までもの成仏を説いています。特に、薬草喩品《ゆほん》――広大な仏の教えが、あたかも慈雨のように草木、さらには森羅万象あらゆるものの上に降り注いでいる有様を説く――があらわれて、「草木国土有情非情」あらゆるものが、みなこれ「諸法実相」（自らのなかに、この世界を成り立たせているすべての法を、「真如」としてもっている）の証として存在することを明らかにしてくれました。高い山の峰を激しく吹く風の音も、深い谷に響き渡る水の音も、すべては仏の働き（「仏事」）をなしているのです。そこでは、清浄なる寺に掘られた井戸の底から湧き上がってくる聖なる水のように、すべてが清らかに澄み切っている。

女と僧、ワキとシテの問答と共振するかのように、コロス（地謡）は、こう歌う――「されば柳は緑、花は紅《くれない》と知る事も、ただそのままの色香の、草木も成仏の国土ぞ、成仏の国土なるべし」。すべてが澄み切った水のように清浄であるならば、柳は緑、花は紅、万物はそのあるがまま、色や香りのそのままで仏である。草木の世界も、そのままですべてが仏となる国土となり、国土がそのまますべて仏である。「柳は緑、花は紅」――この一節こそ、天台の教えを構成する一つの重要な柱である「禅」の体験を集約するものであった。

そして、僧と問答を重ねた女は、地謡によって「諸行無常」が繰り返し説かれるなか、いったん舞台から消え去る。「諸行無常」――『平家物語』の冒頭にも記されたこの言葉は、「禅」と並んで天台の教えを構成する、もう一つの重要な柱である「浄土」の体験の根幹をなすものでもあった。法華、禅、浄土、密。列島に根付き変容した大乗仏教の可能性のすべてがここに集約されている。

生身の身体をもった現実の女として舞台を退場したシテは、あらためて、草木の身体をもった「芭蕉」の女として舞台によみがえる――「まことはわれは非情の精、芭蕉の女としてあらはれたり」。非情の精であるからこそ、芭蕉すなわち草木の女であるからこそ、森羅万象あらゆるものが如来になる可能性を種子のように秘めていることを、その特異な身体を通して、いまここで、ありとあらゆる人々の前であらわに示すことができる。シテと地謡は世界の真理にして、世界の真の美しさを歌い上げる――「それ非情草木と言つぱまことは無相真如の体《たい》、一塵法界の心地《しんち》の上に、雨露霜雪の形を見す」。

非情の草木であるからこそ、形をもたない世界の真の姿(「無相真如」)をあらわすことができる。小さな塵のなかにこそ、仏の無限の世界が存在することを明らかにすることができる。草木の種子には無限の可能性が秘められている。その有様は、「水」が雨露霜雪とさまざまな姿をとりながらも「水」そのものであることと等しい。「井筒」の女のつかさどる聖なる「水」の在り方が、「芭蕉」の女のつかさどる聖なる「種子」の在り方として昇華されている。さまざまな草木の種子から、一斉に、さまざまな草木の花がひらき、世界の生命が更新され、世界に新たな美しさがもたらされるように、いまこの思想の劇、生命の舞台を通して、世界の真実(「真如」)が明らかにされる。

聖なる種子に秘められた潜在的な力、聖なる力の解放。列島の祝祭の核心が、列島の政治の核心へとつながる。

２　菊慈童

「井筒」から「杜若」へ、そして「芭蕉」へ。世阿弥から禅竹へ。万物の生命を活性化させ、更新させる「聖なる水」をつかさどる女から、千変万化する「水」そのものを体現する「非情」の生命、花々の精たちへ。人間のみならず森羅万象ありとあらゆるものは、そのあるがままで、すでに覚りをひらいている。あるいは、仏である。草木国土悉皆成仏。如来蔵の思想から生み出された本覚の思想。それを育んだのは、真言の密教にいう即身成仏、「真如」の論を消化吸収した上で大成された天台の密教、『法華経』を基盤としてそこから禅と浄土の思想を生み出すことになる天台の密教であった。

　生命を活性化し、更新する「水」は、権力をも活性化し、更新する。そう語っているのは、後醍醐天皇による倒幕の企てからはじまる『太平記』である。『太平記』巻十三の冒頭には、いわゆる「菊慈童《きくじどう》」の説話が収められている。伝説の古代中華帝国、周を治めていた聖なる帝王、穆《ぼく》王は、天から授かった八匹の駿馬にまたがり、天竺（インド）にまでいたる。そこで穆王は霊山（霊鷲山）で『法華経』を説いていた釈尊と出逢い、八句の偈《げ》に集約されたその教えを授けられる。穆王はやがて故郷である中華の帝国へと還るが、釈尊から授けられた教えだけは自らの胸のなかに秘め、決して他言することはなかった。

穆王の傍らには、王からの寵愛を受ける一人の童子（慈童）がつねに侍っていた。あるとき、その慈童は、誤って、不在の王がいつも使っていた聖なる枕の上を踏み越えてしまう。通常であれば死罪を免れないが、偶然の誤りであったこと、さらにはおそらくは王の寵愛を受けていたことを考慮され、死罪ではなく流罪、最も重い辺境の「深山」への流罪に処せられた。「深山幽谷の底」に打ち捨てられ、朽ちていく慈童を憐れんだ王は、釈尊から授けられた八句の偈のうち、普門品《ふもんぼん》にある二句の偈を慈童に授け、毎朝、周囲の十方を礼拝するとともに、必ずその偈を唱えるよう諭した。流罪となった山深くの地で、慈童は、王の教えに忠実に従おうとする――。

ここに慈童、君の恩命に任せて、毎朝に必ずこの文を唱へけるが、忘れもやせんずらんと思ひければ、傍《そば》なる菊の下葉に、この文をぞ書き付けたりける。その後より、この菊の葉に浮ける露の、わづかに落ちて流るる谷の水、皆天の霊薬となる。慈童、渇《かち》に臨んでこれを呑むに、水の味はひ天の甘露《かんろ》の如くにして、宛《あた》か百味《ひやくみ》の珍に勝れり。

慈童は王の言いつけを堅く守り、毎朝必ずこの二句の偈を唱えていたが、それを忘れてしまうことを恐れ、自らの傍に生えていた菊の下葉に書き記しておいた。やがて、その聖なる句を書き記した菊の葉に露が浮かぶと、それが毎日わずかずつ下に落ち、深い谷を静かに、かつ厳かに流れていく深い川となった。谷を流れる聖なる水は、天から授けられた霊薬そのものであった。慈童は、渇きに襲われる度にその聖なる水を口に含んだが、その味わいは天から滴り落ちる甘露のようであり、あらゆる珍味を優に超えてしまう、美味と滋養を兼ね備えていた。

……それだけでなく、聖なる水とともに生きる慈童の前には、天人が花を捧げてあらわれ、鬼神が手をつかねて仕えるようになり、「虎狼悪獣」からの襲撃をも免れ、慈童自身も、「換骨羽《う》化《げ》」の――人間の身を脱して、大空を自由に飛翔することができる――仙人となり、また、深谷を流れる聖なる水を汲んで飲んでいた辺境の民「三百余家」もみな、「不老不死」の長寿を得た。それから八百余年、慈童はいまだ少年のままの姿形を保ち、名を彭祖《ほうそ》と替え、聖なる水による生命の再生という術（芸術《アート》にして技術《アルス》）を魏《ぎ》の帝王に授けた。永遠の生命を象徴する聖なる水を、その頭頂から濯がれることによってはじめて聖なる王として即位し、この地上を統べる王国に君臨することが可能になる。いわゆる、「即位灌頂《かんじょう》」という術である。

『太平記』は、さらに、この極東の列島を統べる聖なる王である天皇もまた、深山に湧き出る聖なる水による「即位灌頂」を受けることによってはじめて正真正銘の帝王となることができるようになった、と続けていく――。

それより後、皇太子の、位を天に受けさせ給ふ時、必ず先づこの文を受持し給ふ。これによつて、普門品を当途《とうず》王経《おうきょう》と申すなり。この文、わが朝《ちょう》に伝はつて、代々の聖主御即位の日、必ずこれを受持し給ふ。もし幼主の君践祚《せんそ》ある時は、摂政先づこれを受けて、御治世の始め、君に授け奉る。

彭祖が魏の帝王に聖なる水による灌頂の術を授けて後、皇太子が王となるそのとき、まずは必ず、この『法華経』に由来する二句の偈を授け、聖なる儀式を執り行うこととなった。こうした事実によって、『法華経』の普門品は、「当途王経」——当世に流布しているうちでも最も偉大な王のような経典——と称されるようになった。聖なる王として即位することが可能になる二句の偈、その偈にもとづいた聖なる儀式は、極東に位置する「わが朝」にも伝わり、代々の聖なる主が即位して王となるとき、必ず執り行われることになった。王となる者がまだ幼少で、いまだ践祚——王位を継ぐ位に就く——の段階にとどまる場合には、その幼少の君を補佐する摂政の位に就いた者が、まずこの儀式を受け、即位の日にあらためて君に授ける。

後醍醐が王として即位したのは、そのような環境だった。さらには、世阿弥が生き、自らの芸術を実践としても理論としても完成させた環境も、また。

なお、本稿では、世阿弥の能楽論における「慈童」（稚児）のもつ重要性、自身も「慈童」としてそのキャリアをはじめた世阿弥の能と『太平記』が描き出す婆娑羅（バサラ）や無礼講、そして時宗《じしゅう》の徒たちとの関係、これらを先駆的に論じた松岡心平の著書『宴の身体——バサラから世阿弥へ』（岩波書店、一九九一年）を、全体にわたって参照し、論を進めている。

密教的な「即位灌頂」が当たり前に行われていた環境で育った後醍醐は、さらにそこから一歩を踏み出す。先の帝王、実の父である後宇多《ごうだ》天皇の熱狂を受け継ぐかたちで、この列島に将来された密教そのものの起源に位置する真言の密教、その祖である空海への帰依を深め、より正確に言えば、空海その人の生——その理論と実践——を、自らの精神と身体をもって反復しようとした。現実の世界の主である「治天の君」後醍醐は、超現実の世界の主である「真言密教の君」空海に、出家して「法体《ほったい》」となることなく、「俗体」である天皇であるまま、なろうとしたのである。後醍醐は空海の「再誕」、その生まれ変わりたろうとした——以下、後醍醐天皇と密教の関わりについては、内田啓一『文観房弘真と美術』（法藏館、二〇〇六年）および『後醍醐天皇と密教』（同、二〇一〇年）を参照している。

また、兵藤裕己『後醍醐天皇』（岩波新書、二〇一八年）が強調するように、現在の研究においては、後醍醐は禅の僧侶たちとも深い関係をもち、さらにその「新政」の真のモデルとなったのは、仏教ではなく、宋の時代に朱熹《しゅき》（朱子）によって整理し直された新しい儒学、広義の「宋学」（朱子学）であることが跡づけられている。男女の交合を即身成仏の基盤とした「邪教」（立川《たちかわ》流）としての密教に熱狂的に帰依した「異形《いぎょう》」の天皇という、網野善彦によって提出された後醍醐天皇のイメージは修正される必要がある（密教的な「即位灌頂」の歴史も後醍醐以前に起源をもつ）。とはいえ、そうした兵藤の著作においてさえも、後醍醐の治世に天皇制の画期を見出し（明治の革命である「維新」の原型、「一君万民的な天皇制の起源」として位置づけられる建武の「新政」）、政治と宗教が一つに重なり合った後醍醐の治世の導き手となり、それを特徴付けている二つの極を、「怪僧」文観弘真《もんかんこうしん》と「悪党」楠正成《くすのきまさしげ》に置いている。さらに、兵藤は、後醍醐の宮廷に「日本的」な諸芸諸道の源泉、「日本的」な芸能の発生を見出してもいる——「今日もっとも「日本的」と考えられている諸芸諸道の文化は、後醍醐天皇の「新政」の企てとともに噴出したバサラと無礼講の芸能空間に、その淵源がもとめられるのだ」。

後醍醐のもつ異形性がより深く、より正確に測られるようになってきた、といえる。それは、列島の祝祭が結晶した芸能のもつ異形性と等しい。宗教を介して政治と芸術が共振し、貴種である天皇と賤種である芸能民が共振する。

＊

後醍醐（一二八八―一三三九）にとって政治と宗教は表裏一体の関係にあった。

その生涯に影のようにつき従い、現実世界の王としてのみならず、超現実世界の王としても君臨させるために、産婆の役割を果たしたのが、律宗の勧進聖《ひじり》から真言宗の大阿闍梨《あじやり》（醍醐寺座主、東寺長者、東寺大勧進）にまで昇り詰めた文観弘真であった。

文観は、密教の理論と実践をきわめた芸術家にして技術者であった。網野善彦の『異形の王権』（平凡社、一九八六年）刊行以来、広く知られるようになった、時宗の総本山、藤沢の遊行寺（清浄光寺）に相承されてきた後醍醐天皇の肖像画（「後醍醐天皇御影」）。それはまさに「灌頂」の瞬間を描いたものであり、しかも文観の直接の指示によるもの、あるいは文観その人が描いたものではないかとさえ言われている。この画像に付された清浄光寺の「記録」、その「相承」の次第によれば、醍醐寺の座主であった文観から、二人の座主（その名は醍醐寺関係の記録には見出すことができないという）を経て、遊行十二代の上人に渡されたもの、とのことである。この遊行十二代の上人は、南朝の皇嗣の血を引くとも「記録」されているが、その真偽は不明である。おそらくは文観の付法《ふほう》――伝授の相承――であったが、当時正統とは認められなかった「南朝」の天皇から直接補任されたが故に、公の記録には残されなかった二人の座主を含め、「南朝」と清浄光寺、すなわち王たる後醍醐と放浪する芸能者たちの一つの源泉である一遍の徒、時宗の民たちとの密接な関係を証立《あかし》てるものであろう。

それでは、そこに描き出されている「灌頂」はどのようなものであり、その「灌頂」を経ることで後醍醐は一体、何になろうとしていたのか。清浄光寺に残された「記録」には、元徳二年（一三三〇）の十月二十六日に宮中で挙行された「瑜祇《ゆぎ》灌頂」の際の姿であるという。この「灌頂」を後醍醐に施したのは文観である。後醍醐が身にまとっている装束についても、清浄光寺の「記録」は詳しく記してくれている――「御装束は仲哀《ちゅうあい》天皇の御宸服、神武天皇の御冠、同じくこれを着御す、御袈裟は龍猛《りゅうみょう》菩薩、南天鉄塔を開かれてより已来、三国相承の乾陀穀子の袈裟なり、今に東寺にこれあり」（原文は漢文、引用は内田前掲書『後醍醐天皇と密教』より、ルビは一部省略）。後醍醐はさまざまな照応により仲哀天皇を自らの分身のように感じていたという。その仲哀が身につけていた宸服を身につけ、天皇の起源に位置する神武の冠を被り、さらにはそこに東寺に保管されていた「三国相承」、つまりはインドの龍猛から中国の恵果へ、そして日本の空海に伝えられたとされる袈裟をまとっているのだ（現在でも東寺に保管されている、空海自身がさまざまな灌頂の際に何度も身にまとった袈裟である）。

後醍醐は、ここで、文字通り、神武になり、空海になっているのである。そして、さらにもう一人、後醍醐が生涯にわたって執着した聖徳太子、「聖《ひじり》」のはじまりに位置する人を加えてみるならば、後醍醐は、自らの身体を介して、王法の起源（神武）と仏法の起源（聖徳と空海）への遡行を成し遂げていることになる（ただし、この画像が描かれたのが吉野に立て籠もった晩年であると推定されているため、「記録」と実際の画像には齟齬が生じている）。それだけではない。この画像を綿密に分析した黒田日出男によれば（『王の身体　王の肖像』、平凡社、一九九三年）、後醍醐は「灌頂」の際、右手には金剛杵《しよ》（五鈷《ごこ》杵）、左手には金剛鈴（五鈷鈴）をもち、仏たちが座るべき八葉蓮華を象った獅子座に座っている。つまり後醍醐は、この段階で、人間を超えた存在、仏（菩薩）となっているのである。

黒田は、さらに考察を進めていく。右手に五鈷杵、左手に五鈷鈴をもつ密教の仏とは何者なのか。それは曼荼羅の中心にして宇宙の中心に位置する毘盧遮那仏、大日如来から直接話しかけられる密教付法の第二祖、執金剛秘密主（金剛主）、すなわち金剛薩埵《さった》なのである。空海が自らの教えの体系を築くにあたって、その基盤となったのは『大日経』であった。『大日経』は、その内容を、毘盧遮那仏（大日如来）が秘密主（金剛薩埵）に語りかけるという形式をもっている。金剛薩埵とは、大宇宙を成り立たせている根本原理である大日如来が自ら発している聖なる言葉を、われわれ衆生に伝えてくれるものなのである。つまり、金剛薩埵は、大日如来と衆生の間の媒介となる存在である。金剛薩埵が存在しなければ、われわれには、大宇宙の真理は永遠に理解不能である。

後醍醐は、「灌頂」を通して王法の始原にして仏法の始原、王法と仏法がともに生み出されてくるその源泉に還ろうとしたのである。文観が後醍醐に施した「瑜祇灌頂」とは、密教における、いわば「究極の灌頂」である（以下、内田前掲書『後醍醐天皇と密教』より要約）。「瑜祇灌頂」とは、『瑜祇経』に説かれている金剛界三十七尊の三昧耶《さんまや》形と種子《しゅじ》二十二種を順次に観想した上で、師から印明（手で結ぶ印相と口で唱える明呪）を授かるというものであった。密教の宇宙観を熟知した者でなければ、決して授受できないものだ。後醍醐は、そうした「灌頂」を授けられたのだ。それだけではない。人間たちの王となり仏たちの王となった後醍醐は、京都を追われ、あるいは京都を自ら脱して吉野に赴いた後、やはり文観の力を借り、今度は自身の天皇としての身体のうちに、野生の神々の力をも習合しようとしたのである。

　人間たちの王となり、密教の仏たちの王となり、野生の神々の王となる。後醍醐の最後の願いに、文観は自らが独自のかたちに磨き上げてきた秘法、「三尊合行《ごうぎょう》法」で応えた。それでは、「三尊合行法」とは、一体いかなるものであったのか――以下、文観の「三尊合行法」については、阿部泰郎による論考「宝珠と王権――中世王権と密教儀礼」（岩波講座・東洋思想第十六『日本思想2』所収、岩波書店、一九八九年）および単行本『中世日本の宗教テクスト体系』（名古屋大学出版会、二〇一三年）に収録された、特に第九章「中世密教聖教の極北――文観弘真の三尊合行法テクスト」と第十八章「修験道における宗教テクスト空間」を参照し、引用する。

　文観は、この宇宙を成り立たせている二つの相矛盾する極を、そのまま一つにむすび合わせようとする。真如と生滅、如来と衆生、悟りと迷い、等々。正と邪、聖と凡は不二にして一如である。迷える衆生の始覚は、悟りを得た如来の本覚と等しい。文観の「三尊合行法」は、天台の密教が磨き上げてきた本覚思想を、真言の密教にふさわしいかたちに表現し直したものである。文観は、相反する二つの極を、二つの明王で、その合一を一つの如来で、すなわち「一仏二明王」という概念にしてイメージの形式を用いてあらわす。阿部の言葉を借りれば、こうなる――「本尊の分身として脇侍の二尊を設定し、三尊を併せて修法することにより、二元的な次元を超越し、不二を止揚した〝三位一体〟の究極的な秘伝」であり、その儀式化である（前掲「中世密教聖教の極北」より）。

文観は、脇侍の二尊を、不動と愛染の二明王とする。不動は破壊にして「死」を、愛染は生産にして「愛」をつかさどる。それでは、その不動と愛染、死と愛、破壊と生産の二極を一つに止揚するものとは何か。文観が不動と愛染の二明王の中央に置く本尊は、如来の姿をもったものではなく、一つのもの、「宝珠」（如意宝珠）であった。透明に輝く一つの「珠」。なぜ、如来ではなく「宝珠」だったのか。中世、真言の密教で最も重視されたのが、空海が将来した「舎利《しゃり》」（仏舎利、すなわち入滅した釈尊の遺骨）であった。この「舎利」を収めた器が、「宝珠」へと変成されていったのである（阿部の前掲論考「宝珠と王権」より）。そして文観は、この「宝珠」を童子としての空海、童形の大師像（「肉童子」）に置き換える。この地点で、天台密教の「即位灌頂」の中心に位置づけられた「菊慈童」と、真言密教の「即位灌頂」の中心に位置づけられた「肉童子」が一つに重なり合う。

さらに文観は、仏たちの曼荼羅の上に神々の曼荼羅を重ね合わせる。宝珠・不動・愛染からなる「三尊」の上に、天照大神・八幡大菩薩・春日大明神からなる「三尊」を重ね合わせるのだ。清浄光寺に相承された後醍醐天皇の画像の上方には、中央に天照大神、向かって右に八幡大菩薩、左に春日大明神という三社の「託宣」（名前）が記されていた。まさに文観による神仏習合的な「三尊合行法」をそのまま図像化したものである。この画像を分析した黒田日出男は、ここに描き出されている後醍醐の被っている「冠」の不自然さに言及している。後醍醐が被っているのは灌頂に用いられる「宝冠」ではなく、天皇が用いる「礼冠」であり、中央に光り輝く太陽を戴いた「冕冠十二旒《べんかんりゅう》」と呼ばれるものだった（前掲書より）。上方の天照大神と、下方の太陽を戴いた金剛薩埵たる後醍醐。中世の伊勢神道において太陽の仏であった大日如来は太陽の女神である天照大神と同一視されていた。

そうすると、この後醍醐天皇の画像において、二重、三重の意味での習合が重ね合わせられていることになる。上方の天照大神と大日如来、上方の天照＝大日と下方の金剛薩埵、下方の金剛薩埵と後醍醐。神と仏、神＝仏と仏、仏と人間。さらにそこに、天台密教の「慈童」（聖なる少年）を中心とした「即位法」と対照的に発展してきた真言密教の「物忌《ものいみ》」（伊勢の童巫女である「子良《こら》」による）を中心とした即位法を重ね合わせてみる。

文観が「三尊合行法」をまとめるのとは別に、真言の密教では、聖なる少年（慈童）を用いた「即位法」ではなく、聖なる少女（物忌＝子良）を用いた「即位法」が行われていた。伊勢の聖なる少女である「子良」は、狐の女神である「ダキニ天」から秘法を授かる。その秘法の核心には、天照大神こそがダキニ天、怪物的な狐の女神であるという秘密が隠されていた。神は仏であるとともに獣、魔的な獣でもあった。しかも性愛の力そのものを体現するような。文観によって伊勢の聖なる少女が「肉童子」という聖なる少年に変身させられたとき、神と仏と獣の習合は、「非情」の草木にまで拡大される端緒を得たはずである。『太平記』の時代以降、政治と芸術という二つの表現領域に新たな次元がひらかれた。そして、われわれはいまだにその次元を脱していない。

聖なる王の変身に隠された秘密と、穢なる芸能民の変身に隠された秘密は同じものであった。吉野の地で、その生命を終えようとしている地上の帝王たる後醍醐の最後の望みに応えるために、文観は「三尊合行法」をさらに拡大してゆく。「三尊合行法」の本尊として、吉野の山中より湧出した修験道の守護神にして修験道の根本神、金剛蔵王権現を据えるのである。蔵王権現が顕現した金峯山を中心に天河と熊野を、蔵王権現を本尊として天河弁才天と熊野権現を不二の秘尊とした「三尊合行法」を完成させる。密教を媒介として、神道と仏教と修験道の習合曼荼羅が完成するのだ。その中心には、「太陽」(大日如来にして天照大神)を戴冠した地上の帝王にして天上の帝王、空海の生まれ変わりにして神武あるいは聖徳の生まれ変わりでもある後醍醐が据えられていた。

3　戴冠するアナーキー

政治的な権力を武士たちに奪われ、王族たちにはきわめて薄弱な宗教的権力しか与えられなかった時代。王家の中心――しかし、そこは二つの家系(大覚寺統と持明院統)が後継者を争う混沌とした場所でもあった——に生を享けた若き後醍醐にとって、極東の列島に王国を打ち立てた古代の帝王たちの治世、祭政一致の治世を理想とし、その黄金時代をいまここによみがえらせるためには、自らが就いた「天皇」という地位自体をはじめ、この社会を成り立たせているすべての制度を根底から覆していく必要があった。それは、当時としては異例に遅く、しかも自ら一代限りという条件のもとで即位させられた後醍醐が、生き抜くために選ばざるを得なかった捨て身の生存戦略でもあった。

そのために後醍醐は、「天皇」以外のすべての身分秩序を解体してしまう。一人の超越的な帝王と、それに従う完全に平等が担保された民衆、すなわち臣民たち。そこに特権階級が存在することは許されないし、またその余地もない。絶対的な権力をもった天皇を中心とした絶対的な民主制。民衆は天皇と直結し、天皇は民衆と直結する。明治の維新が、建武の新政の完全な反復であることがよく分かる。後醍醐は上からの革命、「維新」としての「新政」を断行したのである——北一輝の『日本改造法案大綱』(一九二三年)に述べられた天皇からの革命、それによる天皇制社会主義の実現は、実にこのときほぼ完全なかたちで果たされていたのである。だからこそ、後醍醐の可能性と不可能性を問うことは、日本の可能性と不可能性を問うことと等しいのだ。

後醍醐にとって、自身がこれから起こしていくであろう革命のためには、なによりも「自由」と「平等」が、言葉の真の意味でアナーキー(無政府主義的)な「自由」と「平等」が必要不可欠であった。『太平記』は、冒頭の巻(巻一)で、後醍醐が革命にとりかかるにあたって欠かすことのできなかった「無礼講」について記している。倒幕——体制の転覆——のための謀議に参加する者たちは、その瞬間、自身が縛り付けられている日常の秩序から自由に、つまりは「裸」に、ならなければならなかった。日常の秩序から脱して「裸」になった、自由にして平等となった者たちが、アナーキーなコミュニケーションを現実にもたらしてくれるのである――。

その交会遊飲の体、見聞耳目を驚かせり。献杯の次第、上下を云はず、男は、烏帽子を脱いで髻《もとどり》を放ち、法師は、衣を着せずして白衣《びやくえ》なり。年十七、八なる女の、みめ貌《かたち》好《いつくし》く膚《はだえ》殊に清らかなるを二十余人に、褊《すずし》の単《ひとえ》ばかりを着せて、酌を取らせたれば、雪の膚透き通つて太液《たいえき》の芙蓉新たに水を出でたるに異ならず。山海の珍を尽くし、旨酒《ししゅ》泉の如くに湛へて、遊び戯れ舞ひ歌ふ。その間には、ただ東夷を亡ぼすべき企ての外は、他事《たじ》なし。

その倒幕の討議の交会、遊飲の有様は、それを見た人、聞いた人の目と耳を大変に驚かせた。献杯の次第では、身分の上下を問うことなく、宮仕えの男性たちは、官位をあらわす烏帽子をとって髻をさらし、僧侶たちであれば、僧位をあらわす上衣を脱いで白い下着となっていた。そこにあらわれた十七、八歳の女性たち、見目麗しく肌が清く透き通るような女性たち二十余人に、練らない絹で織られた薄い肌着をつけさせ、酌をさせた。その様子は、伝説の長安の庭園にあった池（太液）、その薄く積もった雪の表面から顕れ出る芙蓉（蓮）のようであった。山海の珍味が山と積まれ、旨い酒が絶えることのない泉のように饗された。人々はただ遊び戯れ、舞い歌った。その間、東国にある現行の秩序の源泉たる武士たちの幕府を滅ぼすための密議しかなされなかった。

身分の秩序が一切撤廃されて、人々はただ遊び戯れ、舞い歌う。性的な自由が政治的な自由へつながり、性的な解放が政治的な解放につながる。

それでは後醍醐がもたらしたアナーキーな自由、「無礼講」が解放する力とは、一体どのように表現されるものだったのか。おそらくは、これもまた、『太平記』が何度も印象的に書き記す、「田楽」の者たちが行う芸能の力、「能くらべ」の猿楽、さまざまな「能」（ものまね芸）が披露される「猿楽」の力と等しいものであったはずだ。「猿楽」の力は、それを見物するために四条河原に建てられた数階建ての巨大な桟敷を崩壊させてしまうほどのものであった。「河原」は、社会から排除されてしまった者たちが集う場所であり、「亡者供養の場」（前掲、松岡心平『宴の身体』より）でもあった。天皇と同様、芸能の民たちも、社会の外側に存在し、社会を根底から覆してしまう激烈な力に直接触れ、そうした力を自らのうちに宿す。彼ら、彼女らはともに社会の内側からは追放され、社会の外側、あるいは、内と外の「境界」を生きなければならなかった。「境界」を生きる者たちの身体を媒介として、外と内、死と生、非日常と日常、貴と賤、神仏と人間、王と乞食が一つにむすばれ合う。差異が際立てられたまま、合一する。

『太平記』の作者たちは、芸能のもつ力の解放と、その力による秩序の破壊を、さまざまな色彩の乱舞、音響の乱舞、人々の乱舞、美しく着飾られた童（「慈童」）たちの乱舞として描き尽くす（巻二十七）。あえて現代語を付すことなく原文を引用してみる——。

すでにその日になりければ、馬、車、輿《こし》、河原に充満して、見物の貴賤雲霞の如し。幔幕風に飛揚して、薫香天に散漫す。律雅の調べ清くして、颯声《さつせい》耳を冷やかならしむる時、勢粧《せいそう》に紅粉を尽くせる容儀美麗の童《わらわ》八人、一様に金襴の水干《すいかん》着して、東の楽屋より出でたれば、白く清らかなる法師八人、金黒《かねぐろ》にて、白金の乱紋打つたる下濃《すそご》の袴に、白手打の笠を傾け、西の楽屋より出で会うたり。一の簓《ささら》には、本座の阿古、乱拍子は、新座の彦夜叉、立ち会ひ畢《おわ》つて、日吉山王の示現利生の新たなる事をしけるに、見物の貴賤上下、喚《おめ》き叫んで感じける程に、いかがして崩れ初めけん、三重に構へたる将軍の御桟敷、下桁《したげた》微塵に打ち砕けて、鳴りはためく。「あれや」と、云ふ程こそありけれ、作り続けたる物どもなれども、何としても拘《とど》むる所はあるべきに、上下二百四十九間の桟敷ども、将碁《しょうぎ》倒しをする如く、一度にどつとぞまろびける。

『太平記』の作者たちは、この直後から、桟敷の崩壊は「天狗」や「山伏」の所行なのではないか、とする風説を記していく。「猿楽」のもつ力の解放、それは「異類異形の怪物」を招き寄せる。あるいは、「猿楽」の徒たちこそが「異類異形の怪物」に変身し、秩序を破壊し、秩序を再生する力をもたらす。

この挿話にはるかに先立って(巻五)、『太平記』の作者たちは、鎌倉幕府末期、十四代執権、「相模《さがみの》入道」北条高時の田楽狂いの有様を記している。高時は、この頃、洛中では「田楽を弄ぶ事昌《さか》んにして、貴賤皆これに婬せり」という状況であると風の噂に聞き、自分でも田楽の新座の者たち、本座の者たちを呼び寄せ、日夜朝暮、これを弄び、これに婬することになった。『太平記』の作者たちは、ここにも「天狗」や「山伏」たちを登場させる。ある晩、高時が酔いにまかせて踊っていると、いつの間にか新座、本座の田楽の徒たちがあらわれ、ともに舞い歌い、遊び戯れていった。部屋から聞こえてくる「囃す声」のあまりの面白さに、高時の官女が、障子の破れ目より、そのなかをこっそりと覗いてみると――「新座、本座の田楽と見えつる者、一人も人にてはなかりけり。或いは嘴《くちばし》勾《まが》りて鳶の如くなるものあり、（或いは身に翅《つばさ》あつて頭は山伏の如くなるものあり。）ただ異類異形の怪物《ばけもの》どもが、姿を人に変じたるにてぞありける」。嘴が曲がって鳶のようになったもの、山伏のように頭《と》襟《きん》を戴き身体から翅を生やしたもの。異形異類の「怪物」たちが出現していた。

「猿楽」は、外なる怪物を引き寄せ、内なる怪物を解放するのだ。

『太平記』による田楽や芸能のダイナミックな描写は、ほとんど合戦における戦士たちの闘いの描写と等しい。徹底的なゲリラ戦を行い、後醍醐を助けた「悪党」の楠正成。昭和になって発見された観阿弥と世阿弥という父子にはじまる観世家の系図のなかには、観阿弥の母を楠正成の姉妹とするものがあるという。「異形異類の怪物」と「悪党」、芸能の民とゲリラの戦士は一つに重なり合うのである。そしてまた、幕末を揺るがし、明治の維新を準備した「草莽《そうもう》の志士」という言葉にして理念もまた、この芸能の父にしてゲリラの父、「悪党」の楠正成に由来する（以上、前掲、兵藤裕己『後醍醐天皇』より）。

列島の祝祭を構成するすべての要素がここに総合される。宗教と政治と芸術が密接に関連し合った革命と反革命と。われわれがかつて生き、いま生き、これからも生きていかなければならないのは、そのような時空間なのだ。

後記　後醍醐から現在へ

「花祭り」や「雪祭り」が行われている天竜川流域から、諏訪、伊勢、熊野、長谷、室生、そして大和へ。あるいは出羽三山、高野山、比叡山、大峯山（山上ヶ岳）、さらには二上山から葛城、金剛へ。夜を徹して水と炎の儀礼を見続け、あるときは断崖絶壁に眩暈を覚え、あるときは雪のなかに道を失い、それでもこの極東の列島に胚胎された原初の祝祭の姿を、自分なりに追い続けてきた。

そのようななかで可能になった列島祝祭論という試みを「後醍醐」で終えようと思いはじめた頃、最後にもう一度だけ「国栖」を訪れようと決心した。天武、空海、後醍醐と列島の祝祭の骨格を築き上げてきた宗教者にして権力者たちはみな山中に突如としてひらかれる神仙境である吉野に逃れ、吉野をはじまりにして再生の場として選び取り、そしてまた魂の「ふるさと」として、つねに同じその吉野に還っていった。吉野は、あるいはその奥にひらかれる聖なる平原たる「国栖」は、列島最古の歴史の書である『日本書紀』以来、人間を超えた、あるいは人間以前である

「異類異形」の人々にして神の獣たち、神という獣たちの棲む場所であった。

芸能者たちは、自らが演じる演目のなかで、繰り返し、自らが行っている芸能の起源が、天武のはじめた「五色の舞」にあることを宣言している。天上世界と地上世界を一つにつなげる天女たちの舞、翁たちの舞の起源は吉野にある。だからこそ、謡曲、浄瑠璃、歌舞伎の傑作、「国栖」や「二人静」、『妹背山婦女庭訓』や『義経千本桜』などが、吉野を舞台にして次々と生み出されることになったのだ。現実の闘いに敗れた者たちが吉野で精神的かつ身体的な再起をはかり、別の世界へと転生していく。流離する貴種たちが吉野で再生を果たす。吉野は、「国栖」は、そうした物語の母胎そのものであった。物語の母胎であるとともに、現実を容易に覆してしまう想像力の母胎、想像力による革命の舞台そのものであった。

結局は本文のうちに書き残すことができなかった「国栖」をめぐる最後の旅の詳細をまとめ、「後醍醐」から現在にまで続く糸、解釈の革命にして現実の革命の系譜をあらためて確認することで、『列島祝祭論』の全体、この「後記」を閉じたいと思う。私をあらためて「国栖」へと導いてくれたのは、やはり「吉野」に囚われた作家、谷崎潤一郎がまとめてくれた小説『吉野葛』である。小説と銘打たれてはいるが、『吉野葛』もまた自明のジャンルに収められることを拒否する特異な作品である。吉野の「国栖」を経めぐる作家自身のドキュメントであるとともに、谷崎という巨大な作家に胚胎された物語的な想像力の原型を指し示してくれる、希有な作品論にして作品論——自らが偏愛する異類婚姻譚の批評的な分析であるとともにその創造的な書き直し——である。作品中で、虚構の物語（『義経千本桜』）が展開されていく軸となる「初音の鼓」、母の狐の皮を張ることによって作り上げられた、つまりはフィクションとして創り上げられた「鼓」が吉野のある家に現実に保管されていた、というのである。一つの壊れかけた「鼓」を媒介として虚構が現実化し、現実が虚構化する。物語が歴史となり、歴史が物語となる。吉野は、「国栖」は、現実と虚構が、歴史と物語が何重にも重なり合う、作家にとって特権的な場所であった(それは個人としての作家、谷崎だけにあてはまるものではない)。『吉野葛』を、谷崎は、「国栖」に伝えられた一つの血なまぐさい神話=伝説からはじめ、実際にその神話=伝説の起源となった地を自ら訪れることで閉じている。「自天王」の神話=伝説である。

後醍醐にはじまる吉野の王朝(南朝)は、室町幕府三代将軍となった足利義満の時代に京都の王朝(北朝)と合体させられ、公には地上から滅び去る。しかし、その後、後醍醐の血(大覚寺統の血)を引く万寿寺宮《まんじゆじのみや》を奉じた南朝方の楠二郎正秀という者が挙兵し、天皇たる徴、三種の神器を奪い取り、比叡山に立て籠もる。その乱はすぐに鎮圧されたが、神器のうち「神璽」だけは南朝方に残り、宮の子二人とともに転戦を重ね、やがて「国栖」からさらに山奥に隠れ潜み、若き一の宮を「自天王」すなわち現実の偽の天皇を超える真の天皇と崇め、二の宮を征夷大将軍として、後醍醐の王朝、吉野の王朝を「国栖」の人々との密接な協力のもとで再興したというのだ(いわゆる後南朝)。「国栖」の人々にとって後醍醐の王朝は、神話的な「自天王」の代、あるいはそれ以降まで続いているのである。「自天王」は悲劇的な最後を遂げるが、雪のなかに埋められたその首は血を噴き上げて自らの在処を教え、「国栖」の人々の手に奪還され、手厚く葬られたという。

谷崎は、「自天王」をめぐる物語に深く魅惑される。「南朝、——花の吉野、——山奥の神秘境、——十八歳になり給うら若き自天王、——楠二郎正秀、——岩窟の奥に隠されたる神璽、——雪中より血を噴き上げる王の御首、——と、こう並べてみただけでも、これほど絶好な話題はない」。谷崎は、自らが出逢った理想の物語、しかも史実にもとづいた理想の物語をなんとか作品として書き上げようとする。そのために友人の案内で「国栖」の旧家、「昆布」氏の家を訪れ、自天王が匿われていた山中の王朝、自然の要塞であった「三の公」の有様を詳しく聞き出す。すなわち——。

「……」私は、「入の波」と書いて「シオノハ」と読むこと、「三の公」は「サンノコ」であることなどを、この家へ尋ねて始めて知った。なお昆布氏の報告に依ると、国栖から入の波までは、五社峠の峻嶮を越えて六里に余る道程であり、それから三の公へは、峡谷の口もと迄が二里、一番奥の、昔自天王がいらしったと云う地点までは、四里以上ある。尤もそれも、そう聞いているだけで、国栖あたりからでもそんな上流地方に出かける人はめったにない。ただ川を下って来る筏師の話では、谷の奥の八幡平と云う凹地《くぼち》に炭焼きの部落が五六軒あって、それから又五十丁行ったどんづまりの隠し平と云う所に、たしかに王の御殿の跡と云われるものがあり、神璽を奉安したと云う岩窟もある。が、谷の入り口から四里の間と云うものは、全く路らしい路のない恐ろしい絶壁の連続であるから、大峰修行の山伏などでも、容易に其処までは入り込まない。普通柏木辺の人は、入の波の川の縁に湧いている温泉へ浴《ゆあ》みに行って、彼処《あそこ》から引き返して来る。その実谷の奥を探れば無数の温泉が渓流の中に噴き出で、明神が滝を始めとして幾すじとなく飛瀑が懸っているのであるが、その絶景を知っている者は山男か炭焼きばかりであると云う。

結局のところ、谷崎は「自天王」をめぐる歴史小説の執筆を断念する。『吉野葛』全体は、「国栖」へと案内してくれた友人をめぐる「異類婚姻譚」(『義経千本桜』や『葛の葉』に見出される「狐」と人間の触れ合いにして婚姻)に終始する。しかし、物語の最後、谷崎は自ら悪戦苦闘し、「死」の恐怖さえをも感じながら、地元の案内人によって導かれた「自天王」の宮殿、その廃墟たる「三の公」の訪問で締め括る。谷崎は間違いなく「自天王」に取り憑かれていた。巨大な歴史そのものの裏側にひらかれたもう一つ別の歴史の可能性を、巨大な物語というかたちにまとめようとした野心を抱いた作家として。

谷崎の見聞、谷崎の体験は、現実に遭遇する情景をきわめて正確に描き出したものである。「国栖」の集落の奥、「柏木」は大峯山、山上ヶ岳への一つの入口にあたる。そこから「入の波」の温泉を経て、八幡平から「三の公」、自天王の「隠し平」へ。文字通り、道なき道、「絶壁の連続」を歩んでいかなければならない。私もまた国栖に生まれ、国栖に育った一人の若者に同行と道案内を頼み、「三の公」に入った。渓流のなかに湧き出でる無数の温泉はただ想像するしかなかったが、「明神が滝を始めとして幾すじとなく飛瀑が懸っている」風景は実際にこの眼にした。「国栖奏」が浄御原神社へ奉納される前日、旧暦一月十四日の前日、その年はすでに三月であったが、幾筋となく懸かる「飛瀑」はそのままのかたちで凍りついていた。凍りついた滝の「飛瀑」をいくつも越え、二時間ほど絶壁を登っていくと、そこに突如として平地がひらかれる。自天王の王宮の跡、後醍醐の王朝が現実に滅び去った後も「国栖」の人々が支えた、現実を超える夢の王朝の跡である。自然が築き上げた天空の要塞には、しかし、なにも存在していなかった。ただ空虚だけが広がっていた。私はその空虚のただなかに立ち、後醍醐の執念を受け継ぎ、天と接するこのような地の果てにまで赴かなければならなかった人々のことを想い、感動とともに戦慄した。

　後醍醐の執念は、現実を越えた超現実の王朝を「国栖」に存続させた。その執念は現実の革命とともに解釈の革命をも引き起こした。文観が後醍醐の宗教的な同行者にして盟友であったとしたならば、後醍醐の政治的な同行者にして盟友であり、中世の解釈革命を一身に担った者こそ、北畠親房であったはずだ。親房は、後醍醐を帰結として、それまでの天皇家の神話と歴史を再編成しようとする。『神皇正統記』の執筆にして編纂である。親房の時代まで、極東の列島の正史は『日本書紀』のみであった。しかし、『日本書紀』には一つの「正史」(「正文」)の他に、無数のヴァリアントが「一書」として収録されていた。だから、通常の人間、つまりは通常の読者には通読できないものだったのだ。無数に可能な歴史の断片の間で、解釈によって「正史」を確定していかなければならなかったからだ。親房はそこからヴァリアント、複数の歴史の可能性を切り捨て、宇宙の始まりにして生命の始まりである「混沌」とした「鶏子」(卵)、すなわち分化にして差異化の可能性を無限に孕んだ原初の生殖細胞からアマテラス(大日孁《おおひるめ》尊)の発生へ、さらにはその皇祖神から後醍醐(その子である後村上)に至るまでの神の系譜にして天皇の系譜を、一つの直線、一つの歴史として確定しなければならなかった。それが親房の使命であり、『神皇正統記』に賭けられたものであった。

日本は神の国であり天皇の国である。だから『神皇正統記』は、こうはじまるのだ。「大《おお》日本《やまと》」は「神国《かみのくに》」なり、と。その「神国」を正統に引き継ぐ者こそが後醍醐だった、あるいは後醍醐の王朝だった。おそらくは、親房が『神皇正統記』を執筆する過程で、『日本書紀』とは異なったもう一つの、異形の歴史の書が発見される。ヴァリアントを一切もたず、宇宙の始まりにして生命の始まりから神々の発生、そして神々のなかから生み落とされた天皇の事蹟にいたるまで一つの直線、一つの歴史として語る『古事記』である。現在にまで伝えられる『古事記』の最古の写本は、いまだ王朝が南と北に分かれていた応安四年（一三七一）から翌年にかけて書写された「真福寺本」である（つまりテクストとしての『古事記』は南北朝時代にまでしかさかのぼれない）。しかし、『古事記』本文ではなく、注釈としてならば、その百年近く前（文永一〇＝一二七三年）、卜部兼文が残した『古事記裏書』までさかのぼることが可能である。そして、この『古事記裏書』の大部分が、『神皇正統記』をまとめた親房の手になるのではないかと推定されているのだ。『神皇正統記』の編纂と『古事記』の発見は表裏一体の関係にあった。

親房は、それまでまったく読まれていなかった『古事記』にスポットライトをあてた最初の聖典解釈者だった。それでは『日本書紀』ではなく、『古事記』にしか記されていない宇宙の始まりにして生命（霊魂）の始まりには一体何が、あるいは一体どのような神が位置づけられていたのか。森羅万象あらゆるものに霊魂を付与し、森羅万象あらゆるものに生命を授ける「産霊《ムスヒ》」の神である。「産霊」の神のもつ「産霊」の力によって森羅万象あらゆるものが生成されたのだ。この「産霊」の神の在り方は、最澄と空海以降の列島の仏教が主張する「如来蔵」の在り方とほとんど等しい。事実、親房が依拠した伊勢の神道（両部神道）は仏教との相互浸透、つまり神仏習合によってその神学の根本が形づくられたものだった（親房も『神皇正統記』のなかで仏教的な世界観、さらには否定的ではあるが道教的な世界観を無視していない）。

その後、北畠親房による中世の解釈革命を引き継ぎ、近世の解釈革命を引き起こしたのが、ただ徹底的に『古事記』を読み解くことによって「神国」思想に神学の体系を与えた本居宣長だった。宣長の死後、平田篤胤によって近世の解釈革命は完成する（大胆にも篤胤は、一神教的な世界観を、宣長の解釈革命に導入する）。篤胤は「産霊」の神にして「産霊」の力、つまりは霊魂の不滅を主張する。「神国」日本は、「顕」である人間たちの世界と、「幽」である霊魂たちの世界の二つからなる。生み出す原因となる霊魂と、生み出された結果としての人間である。それゆえ、人間たちの世界には差別が存在するが、霊魂たちの世界には差別などまったく存在しない。現実の世界を治める者を「将軍」、霊魂たちの世界を治める者を「天皇」とするならば、「将軍」を廃して「天皇」のみに帰依することによって永遠に霊魂の平等が保たれる世界、霊魂による社会主義革命にして共産主義革命、言葉の真の意味での「神国」が到来する。

「尊皇」にして「攘夷」。「神国」の実現を目指した明治の革命は、政治の革命にして宗教の革命、現実の革命にして解釈の革命だった。その淵源は後醍醐の革命にまでさかのぼる。しかし、現実の世界情勢、政教の分離と信仰の自由を旗印に掲げた近代国民国家の原理に阻まれ、明治の革命から宗教の革命が切り離される。明治の革命は政治の革命だけにとどまる。その結果として、近代国民国家の主権者として、前近代的な、霊魂の操作者である呪術王、すなわち天皇が据えられることになる。前近代的な霊魂の宗教が、宗教であることを禁じられたまま（「国民」の道徳として）、近代的な人間の政治に直接接合されることになった。その点に近代日本の可能性と不可能性の双方が存在する。明治維新に引き続き大正維新、昭和維新が相次いで主張されなければならなかった所以でもある（しかもそれらの維新があらかじめ失敗を運命づけられていたことも、また）。いびつな近代を真に抜け出すためには、あるいは、いびつな近代を真に乗り越えていくためには一体何をなせば良いのか。

そのような難問に簡単に答えることなど誰にもできはしないであろう。ただ、近代を条件としながらも近代に徹底的に抗った表現者たちは、皆、政治の革命だけでなく解釈の革命の根源に還ろうとしていた。柳田國男も折口信夫も、自分たちが行っているのは、近世に本居宣長と平田篤胤が引き起こした解釈の革命である「国学」を近代に引き継いだもの、「新国学」であると明言していた。現在を知り、現在を根本から変革していくためには政治の革命、現実の革命のみならず宗教の革命、解釈の革命こそが必要なのである。その系譜を知り、理論においても実践においても、引き継ぐことが必要なのである。そのために列島の祝祭の起源、その原型にさかのぼる必要がある。近代的な天皇の起源である中世的な天皇にさかのぼり、さらには天皇という概念そのものをいったん解体してしまう必要がある。再構築は、あるいは脱構築は、そうした徹底的な解体、解釈の――批評の――徹底からしか生まれないであろう。

＊

本書は、雑誌『すばる』に二〇一六年七月号から二〇一八年九月号に至るまで二十五回にわたって連載された「列島祝祭論」を一冊の書物としてまとめたものである（そのうち二〇一七年六月号と二〇一八年八月号の二回は休載）。連載時にどうしても書き切れなかった「一遍」の章の最後を増補し、全体を見直し、修正を加えた。実際に連載が開始される数年前から相談を重ね、連載中は毎回超過する締め切りをぎりぎりまで待ってもらい、つねに的確なアドバイスをいただいた『すばる』編集部の吉田威之さんに、まずは深く御礼申し上げたい。

私はこれまで、折口信夫や鈴木大拙や井筒俊彦など近代に生まれた思想家を主題とした批評を続けていく過程で、近代を問い直すためにはできる限り遠く近代を離れ、そこから近代を相対化していく必要があることを強く感じはじめていた。折口信夫の神道、鈴木大拙の仏教、井筒俊彦の一神教は、そうした淵源に還ることではじめて真に理解することができる。近代日本が生んだ卓越した表現者たちは皆、近代日本を乗り越えていくために、時代を超えた自らの源泉に立ち返り、そこからもう一つ別の近代、もう一つ別の世界の可能性を表現として探究し、実践していった。そこには政治と宗教と哲学、理論と実践を分けて考えることのできない表現の母胎、極東の列島に根付き開花した「祝祭」が存在する。

批評家を自称するということはすべての分野に対してアマチュア（素人）であると宣言するこ

とである。それゆえ、自分がもたざるを得ない限界については充分に認識している。本書で取り上げた主題、あるいは人物たちは、まさにそれらを専門とする分野で現在きわめて精力的な研究が進められている対象ばかりである。アマチュアが手を出すことは許されない。しかし、表現のあらたな可能性は、「歴史」そのものを解釈し直すことでしか生まれてこない。そうした信念もまた文学の批評の場に居続けることによって得られた。未熟を恐れぬ蛮勇こそが表現を活性化する。私が批評家を自称するのは、そうした自負があるからでもある。もちろん、当然のことながら至らぬ点も多々あるはずだ。今後出される批判に対しては率直に応答していきたいと考えている。

列島祝祭論という試みに着手することは、批評家としての私にとって避けて通れない道であった。ただ、ここまで述べてきたような理由によって、自分のなかでは今後も「封印」しておこうと決心していたものでもある。そうしたなか、作品社の髙木有さんから、これはぜひとも一冊の書物として世に問うべきだと、思いもかけない言葉をいただいた。髙木さんは連載の全篇をわざわざ読み込んでくれていたのだ。髙木さんは、文芸の最先端を領導し、それとともに哲学の重厚な書物、世界的な古典の翻訳を次々と出版し続けている著名な編集者である。これまで空海や最澄、後醍醐や天台本覚思想に関する書物を出版されていたことにあらためて気がついた。そもそも、髙木さんと知り合ってすでに三十年近くなろうとしている。機会があるごとに髙木さんからさまざまなお話をうかがっていた。髙木さんは私にとって編集の師であり、文学の師であり、批評の師であった。私は髙木さんの後を懸命に追いかけていたのである。髙木さんのお言葉に甘え、お申し出をありがたく受けさせていただいた。

しかも高木さんは、装丁を、司修さんに依頼して下さった。私にとって「夢」であるような書物をここに実現することができた。あらためて高木有さんに深く御礼申し上げたい。

二〇一九年八月

安藤礼二

古典作品からの引用および謝辞

本文中に明記したもの以外の引用および参照は下記の書物にもとづき、いずれもルビは適宜選択し、原則として新仮名づかいで付した。古典からの現代語訳は、一部を除き、それぞれの校注などを参考にしながら独自に行った。

世阿弥と禅竹の著作については日本思想大系24『世阿弥　禅竹』（校注＝表章・加藤周一、岩波書店、一九七四年）に基本的に準じながら、世阿弥については読みやすさを考慮して新潮日本古典集成『世阿弥芸術論集』（校注＝田中裕、新潮社、一九七六年）から行い（そのため表記にやや揺れがある）、禅竹については『金春古伝書集成』（校注＝表章・伊藤正義、わんや書店、一九六九年）を参照している。私が禅竹という存在を知ったのは中沢新一の著書『精霊の王』（講談社、二〇〇三年、現在は講談社学術文庫）を通してであった。

謡曲については新編日本古典文学全集58・59『謡曲集①』『謡曲集②』（校注・訳＝小山弘志・佐藤健一郎、一九九七・一九九八年）から行い、その解釈については角川学芸出版から刊行された『能を読む②世阿弥　神と修羅と恋』（二〇一三年）、『能を読む③元雅と禅竹　夢と死とエロス』（同年）

を参照している。松岡心平の諸著作、諸論考から一貫して大きな影響を受けた他、世阿弥の芸術論に関しては渡辺守章の「美しきものの系譜　花と幽玄」（講座日本思想第五巻『美』所収、東京大学出版会、一九八四年）をも参照している。

『日本書紀』については新編日本古典文学全集2から4、『日本書紀①』から『日本書紀③』（校注・訳＝小島憲之・直木孝次郎・西宮一民・蔵中進・毛利正守、小学館、一九九四から一九九八年）から行っている。その他、本文中での引用はごく一部ではあるが、『古事記』『風土記』『万葉集』についても同じく小学館版の新編日本古典文学全集にもとづいている。『続日本紀』については新日本古典文学大系12、『続日本紀一』（校注＝青木和夫・笹山晴生・稲岡耕二・白藤礼幸、岩波書店、一九八九年）、『日本霊異記』については新編日本古典文学全集10（校注・訳＝中田祝夫、一九九五年）から行っている。

東大寺の修二会については『東大寺お水取り　二月堂修二会の記録と研究』（著者代表＝堀池春峰、小学館、一九九六年）および奈良国立博物館における展示と図録、出羽三山の修験については本文中にも記した宮家準の諸著作の他、内藤正敏の著書『修験道の精神宇宙　出羽三山のマンダラ思想』（青弓社、一九九一年）、山内志朗の著書『湯殿山の哲学　修験と花と存在と』（ぷねうま舎、二〇一七年）を参照している。

空海の著作からの引用（書き下し文）は筑摩書房版『弘法大師空海全集』から行い、『大日経』に関しては新国訳大蔵経密教部1『大日経』（校注＝福田亮成、大蔵出版、一九九八年）、『金剛頂経』および『理趣経』に関しては同密教部4『金剛頂経・理趣経他』（校注＝乾仁志・松長有慶他、同、二〇〇四年）にもとづく。その際、宮坂宥勝による仏教経典選8『密教経典』（筑摩書房、一九八六年）をも参照している（『大日経』『理趣経』『大日経疏』『理趣釈』）。

最澄については日本思想大系4『最澄』（校注＝安藤俊雄・薗田香融、岩波書店、一九七四年）、源信については同6『源信』（校注＝石田瑞麿、同、一九七〇年）、各往生伝は同7『往生伝　法華験記』（校注＝井上光貞・大曾根章介、同、一九七四年）から行っている。『阿弥陀経』に関しては『浄土三部経（下）』（訳注＝中村元・早島鏡正・紀野一義、岩波文庫、一九六四年）、『融通念仏縁起絵巻』に関しては続日本の絵巻21『融通念仏縁起』（編集・解説＝小松茂美、中央公論社、一九九二年）にもとづいている。天台本覚思想については日本思想大系9『天台本覚論』（岩波書店、一九七三年）の巻末に付された田村芳朗の解説「天台本覚思想概説」の他、本文中に記した以外にも末木文美士による諸著作、諸論考を参照している。

『太平記』については『太平記』全六冊（校注＝兵藤裕己、岩波文庫、二〇一四から一六年）から行い、各冊の巻末に付された兵藤の「解説」も参照している。

『列島祝祭論』という試みを進めて行くなかでさまざまな出会い、偶然であり幸福な出会いがあった。建築家の磯崎新さんからは「春日若宮おん祭」にお誘いいただき、その過程で春日の「神」に関する考察が深まった。磯崎さんを介して、春日大社の宮司である花山院弘匡さん、渡辺弓雄さんと知り合い、何度も貴重なお話をうかがうことができた。多武峰で摩多羅神面をつけて舞う「翁」を観ることを可能にしてくれた「談山能」の主催者である能楽小鼓方大倉流十六世宗家である大倉源次郎さん、原瑠璃彦さん、「談山能」を介して知り合うことができた談山神社の宮司である長岡千尋さん、與喜《よき》天満神社の宮司である金子清作さんからお聞きしたお話もまた大変貴重なものであった。さらには、「国栖奏」見学の際に知り合い、その後二度にわたって国栖の隅々まで、「後記」の冒頭に記した後南朝最後の王宮跡までご一緒していただいた普門山清谷寺の副住職で吉野ビジターズビューローでも働いている長谷政和さん。長谷さんの助力がなければ、これほど深く吉野を知ることはできなかった。皆さんとの出会いにあらためて深い感謝の念を記しておきたい。

【さ行】

【た行】

人名索引

■日本人

【あ行】

【か行】

著者略歴

安藤礼二（あんどう・れいじ）

1967 年、東京生まれ。文芸評論家。多摩美術大学教授。同芸術人類学研究所所員。

早稲田大学第一文学部考古学専修を卒業。出版社編集者を経て、

2002 年「神々の闘争——折口信夫論」で群像新人文学賞評論部門優秀作を受賞。

元出版社勤務（雑誌・書籍編集）。元早稲田大学大学院非常勤講師。

2006 年『神々の闘争　折口信夫論』（講談社）で芸術選奨文部科学大臣賞新人賞を受賞。

2009 年『光の曼陀羅　日本文学論』（同）で大江健三郎賞と伊藤整文学賞を受賞。

2015 年『折口信夫』（同）でサントリー学芸賞と角川財団学芸賞を受賞。

他に『近代論　危機の時代のアルシーヴ』『場所と産霊　近代日本思想史』

『祝祭の書物　表現のゼロをめぐって』、近著に『大拙』（講談社）などがある。

列島祝祭論

二〇一九年一〇月一五日第一刷発行
二〇二〇年 三 月一〇日第三刷発行

著者 安藤礼二
装幀 司 修
発行者 和田 肇
発行所 株式会社 作品社
〒一〇二-〇〇七二
東京都千代田区飯田橋二ノ七ノ四
電話 (〇三)三二六二-九七五三
FAX (〇三)三二六二-九七五七
http://www.sakuhinsha.com
振替 〇〇一六〇-三-二七一八三
本文組版 (有)一企画
印刷・製本 シナノ印刷(株)

ISBN978-4-86182-773-0 C0010